ABC du BAC

Excellence

la mention en plus

Histoire-Géographie
Géopolitique
Sciences politiques
Term

Alain Rajot (coordinateur)
Laëtitia Benbassat
Frédéric Fouletier
Servane Marzin
Johann Protais
Cécile Vidil
Éric Zdobych

Nathan

Direction éditoriale : Raphaëlle Mourey
Coordination éditoriale : Marion Gautier, Julie Langlais
Édition : Mirna Bousser
Conception graphique intérieur : Élise Launay
Couverture : Hugues Vollant, Marc Henry
Schémas et cartes : Nathalie Cottrel, Carl Voyer
Iconographe : Laurence Vacher et Angèle Domenech
Compositeur : Facompo
Fabrication : Kevin Magar

ISBN : 978-2-09-157498-1

Mode d'emploi

Un ouvrage efficace pour réviser et aller plus loin

COURS

- **Un cours très complet**, illustré de nombreux documents (tableaux, cartes, graphiques, schémas, photos).
- **Des petits encadrés** donnent des informations complémentaires, des explications **pour mieux comprendre**.

ZOOM SUR...

- **Des pages pour faire le point** sur une question précise ou sur une étude de cas.

REPÈRES

- Ces pages présentent :
  - les mots clés ;
  - les biographies ;
  - les chiffres clés ;
  - les dates clés ;
  - les repères chronologiques ;
  - les documents majeurs.

MÉTHODE

- **Des méthodes détaillées** pour commencer à s'entraîner à l'épreuve du Bac et gagner des points.

CORRIGÉS

- **Les corrigés sont accompagnés de petits encadrés** présentant des conseils, des remarques, des astuces pour gagner des points…

- En fin d'ouvrage, un **Cahier spécial Bac** contenant :

– **la description détaillée de l'épreuve** et des conseils pour aborder l'épreuve écrite ;
– **un sujet complet** type Bac corrigé ;
– **une partie sur le Grand Oral** dont un sujet d'exposé corrigé.

COURS | ZOOM SUR... | REPÈRES | MÉTHODE | CORRIGÉS | CAHIER SPÉCIAL BAC

SOMMAIRE

Le nouveau Bac

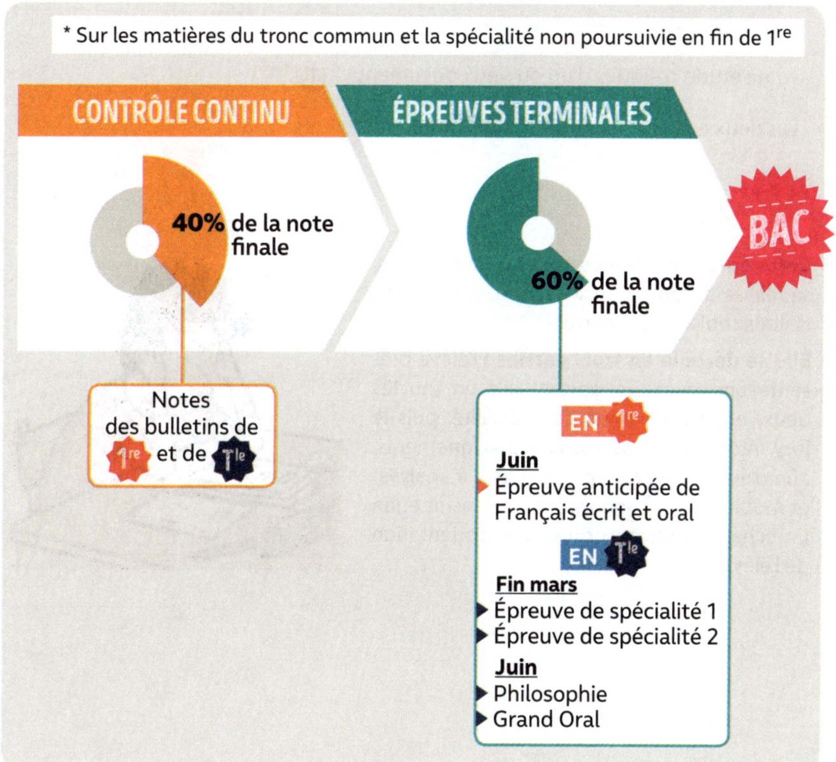

3 spécialités en Première, 2 spécialités en Tle

- À la fin de l'année, les élèves de Première décident de ne pas poursuivre une des trois spécialités choisies en début d'année.
- Les deux spécialités conservées en Terminale sont évaluées par une **épreuve finale** en fin de Terminale (60 % de la note finale). Cette épreuve se déroule au printemps.
- Par ailleurs, toutes les notes des **bulletins scolaires** de Première et Terminale comptent pour 40 % de la note finale.

---

* Toutes ces informations correspondent aux instructions officielles de décembre 2021.

L'épreuve finale en HGGSP

4 h 00 | Coeff. 16 | 2e trimestre

Épreuve écrite 20 pts

2 exercices :

– une dissertation 10 pts ;

– une étude critiques d'un ou deux document(s) 10 pts .

Les deux exercices portent sur des thèmes différents.

Le « Grand Oral »

- **Cette épreuve, d'une durée de 20 minutes**, se réalise devant un jury et porte sur les spécialités choisies par l'élève.
- **Elle se déroule en trois parties :** l'élève présente une question portant sur un (ou les deux) enseignement(s) de spécialité, puis le jury interroge l'élève sur ces enseignements, afin d'évaluer la capacité de l'élève à analyser et mobiliser des connaissances. S'ensuit enfin un échange à propos du projet d'orientation de l'élève.

Les grands moments de l'année de Tle

CALENDRIER DU BAC | **CALENDRIER PARCOURSUP**

Novembre

Recherche des informations sur Parcoursup

Janvier

Inscription sur Parcoursup

Février

Constitution de votre dossier complet, saisie et confirmation de vos vœux

Fin mars

Deux épreuves écrites de spécialité

Avril

3e trimestre dates au choix de votre lycée

Mai

Pensez à répondre aux propositions des établissements.

Juin

Épreuve écrite de Philosophie et « Grand Oral »

Juillet

Éventuellement, phase complémentaire

Septembre

* Informations mises à jour en décembre 2021

CHAPITRE 1

De nouveaux espaces de conquête

DE QUOI S'AGIT-IL ?

Les grandes puissances du monde se définissent par leur capacité à peser dans les relations internationales, mais surtout à étendre leur influence dans l'espace mondial. Elles ont ainsi une vision géostratégique. Après la domination des espaces terrestres, deux nouveaux espaces de conquête s'imposent de nos jours : les mers et les océans, ainsi que l'espace extra-atmosphérique. Territoires d'affirmation scientifique, militaire ou économique, ils deviennent très logiquement des espaces de rivalités, voire de tensions. Les puissances, et plus largement la communauté internationale, les envisagent également comme des espaces de coopération par le biais d'actions concertées, de traités, voire la création de nouvelles institutions. Les logiques géopolitiques de ces deux espaces sont très similaires à l'organisation multipolaire du monde terrestre : l'espace et l'océan en représentent des prolongements.

La Chine s'impose aujourd'hui comme une puissance de premier plan dans ces deux nouveaux territoires. Le rattrapage économique, technique et stratégique sur ses rivaux occidentaux est un fait marquant du début du XXIe siècle.

1 Introduction : océan et espace, quelles spécificités ?

A Une connaissance et une maîtrise en constante évolution

1. Explorer

- **La conquête de l'espace s'insère dans la grande histoire de la connaissance de l'univers et de la compréhension de ses « lois ».** La révolution copernicienne (héliocentrisme), les observations de Galilée qui proposent une vision mécanique et mathématique du monde et la théorie de la gravité d'Isaac Newton en représentent les jalons principaux.

- **C'est au début du XXe siècle que les scientifiques inventent des missiles à longue portée en Russie (orgues de Staline) et dans l'Allemagne nazie (V2).** Cette technologie militaire est mise au service d'intérêts civils et scientifiques dans les années 1950-1960. Le père allemand des V2, Werner von Braun, est embauché par la NASA après la Seconde Guerre mondiale. Une forte proximité entre la conquête spatiale et l'appareil militaire demeure : les deux astronautes les plus célèbres de l'histoire (Youri Gagarine et Neil Armstrong) étaient tous deux pilotes de chasse.

- **La conquête spatiale peut être lue comme une conquête de l'infiniment grand** : le premier vol en orbite a lieu en 1957, le premier vol habité en 1961, le premier homme pose le pied sur la Lune en 1969, mais l'immensité et les distances quasi incommensurables du système solaire (envoi de sondes) et probablement infinies de l'univers rendent l'homme conscient de ses propres limites.

- **La connaissance et la maîtrise des océans doit être replacée dans le contexte des grandes découvertes, de la colonisation et des grandes campagnes d'exploration** qui leur sont liées. La « triade océanique » – découpage du monde en trois océans (Atlantique, Pacifique et Indien) – ne date que du XIXe siècle et s'impose avec les progrès de la scolarisation de masse. Les deux océans polaires apparaissent en tant qu'entités après la conquête du pôle Nord par Robert Peary en 1909 et du pôle Sud par Roald Amundsen en 1911. La division en cinq océans que nous connaissons actuellement n'est reconnue internationalement qu'en 1928, avec la création du bureau hydrographique international fondé dans la lignée de la Société des Nations (SDN).

- **Si la dimension horizontale des mers est bien maîtrisée** grâce à la cartographie marine et l'élaboration de la latitude et la longitude, **les profondeurs de l'océan sont nettement moins connues.** Il faut attendre l'impulsion du commandant Cousteau dans les années 1950 pour voir l'homme s'intéresser davantage au « monde du silence » et atteindre le point le plus profond du globe, la fosse des Mariannes, en 1960. Paradoxalement, les fonds marins mesurés grâce à la technique sonar restent aujourd'hui un espace plus mystérieux et inaccessible que le système solaire.

2. Exploiter

• **Les projets de conquête spatiale obéissent à des enjeux scientifiques, militaires, mais également économiques.** Derrière les projets de colonisation de la Lune ou de Mars, se cachent des enjeux d'exploitation de ressources (eaux, métaux rares), comme le stipule le Space Act adopté en 2015 par l'administration Obama. L'espace extra-atmosphérique proche de la Terre compte près de 2 600 satellites qui tournent autour de la Terre à environ 450 km pour les plus proches et jusqu'à 36 000 km. Au-delà de leur intérêt militaire (observation et renseignement) ou scientifique (climatologie), les satellites présentent un intérêt pour les télécommunications (télévision par satellite, communications téléphoniques, GPS). Ici encore, les usages militaires ont souvent précédé leur utilisation civile (le GPS ayant été mis au point par l'armée américaine).

• **La mer représente un espace de ressources alimentaires grâce notamment à la pêche hautière (en haute mer).** La consommation mondiale de poisson est toujours croissante, la Chine, l'Indonésie et les États-Unis représentant aujourd'hui les plus gros pays de pêche.

• **Les sous-sols marins sont devenus, depuis la création de la première plateforme offshore en 1947, un gisement d'hydrocarbures très convoité.** Cette exploitation, accompagnée et facilitée par le progrès technique, s'est avérée cruciale après la guerre du Kippour et l'explosion du prix du baril depuis 1973. On estime que les mers contiennent 30 % des réserves mondiales de pétrole. Aux plateformes fixes, utilisées sur les petits fonds marins, a succédé une nouvelle génération de plateformes mobiles ou flottantes permettant les forages et l'exploitation à près de 2 500 mètres de profondeur. Le golfe du Mexique, la mer du Nord mais également des mers plus profondes comme le golfe de Guinée ou le nord de l'Indonésie sont devenus des lieux d'exploitations aménagés et convoités. Face à l'appauvrissement des ressources terrestres en métaux, les fonds océaniques représentent une véritable manne, grâce aux nodules polymétalliques. Se présentant sous la forme de sphères de la taille d'une pomme de terre, ces agglomérats situés sur les fonds marins sont riches en fer, manganèse, nickel, cuivre, zinc ou baryum, très utiles pour la téléphonie mobile et les industries de pointe. Ils se trouvent en général sur les crêtes océaniques, en plein cœur des océans. Pour l'instant peu rentable, leur exploitation va s'avérer un enjeu essentiel de la course aux ressources dans les décennies à venir.

● **La mer reste enfin la principale route de commerce grâce à la révolution des modes de transport opérée depuis les années 1950.** Cette révolution est tout d'abord technique par le gigantisme naval et l'utilisation massive de méthaniers, pétroliers, supertankers, minéraliers. La révolution est aussi commerciale, grâce à l'invention du conteneur et du porte-conteneurs par le transporteur américain Malcolm Mc Lean. Cet objet est le facteur essentiel de l'explosion des échanges commerciaux depuis le milieu des années 1990.

Doc. Les plateformes de pétrole offshore

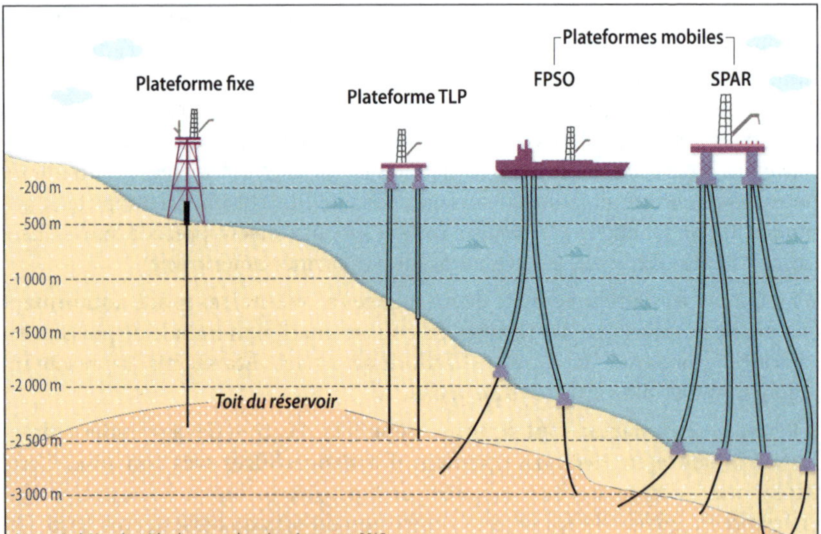

Source : André Louchet, *Atlas des mers et des océans*, Autrement, 2015.

B De nouvelles frontières ?

1. Les espaces maritimes

● **L'appropriation des espaces maritimes débute déjà par leur dénomination.** Si le nom des océans est aujourd'hui l'objet d'un consensus international, de nombreuses mers, détroits ou îles sont l'objet de litiges ou de revendications, à l'image de la « mer de l'Est » pour la Chine, appelée également « mer du Japon ». Le golfe Arabo-Persique est désigné sous ce terme ou en tant que golfe Arabique (par l'Arabie Saoudite notamment), mais aussi Persique (par l'Iran).

● **Les mers et océans, explorés et maîtrisés par de nouveaux moyens techniques, deviennent progressivement des objets de possession juridique.**

Pendant trois siècles, le « droit de la mer » a d'abord été édicté par la tradition des marins, guidée par la nécessité de l'assistance aux naufragés et le principe de « mare liberum » édicté par le Hollandais Grotius au XVIIe siècle. Selon ce principe, toutes les mers sont ouvertes aux navigateurs. En 1958, quatre conférences internationales vont faire de la mer une « mare claustrum ». Ces conventions, d'abord liées au règlement de la pêche, définissent la mer territoriale, la haute mer et le plateau continental – ce dernier terme indiquant déjà des progrès importants réalisés dans l'exploration et la cartographie des espaces sous-marins.

2. L'espace

- **Si, en droit international, l'espace aérien relève de la souveraineté nationale, après la conquête spatiale, il faut fixer des règles pour l'espace.** Le traité « cadre » de l'espace, initié par les deux Grands de la guerre froide, est signé en 1967. Il fixe la définition de l'espace extra-atmosphérique dont bien des points rappellent sur le plan juridique la définition de la haute mer. Trois grands principes le composent : la liberté d'explorer, la liberté d'utiliser et le principe de recherche scientifique. Il est également défini comme un espace de « paix » et de « non appropriation nationale », c'est-à-dire par un État. Il est de plus interdit aux États d'installer des armes nucléaires ou de destruction massive en orbite, ce qui n'empêche pas des usages militaires, commerciaux ou la participation d'acteurs privés. Sous l'égide de l'ONU, ce traité est ratifié par une grande partie des États du monde.
- **Le traité de 1979 sur la Lune se place dans la droite lignée du traité de 1967** : la Lune est considérée comme une « res nullius », c'est-à-dire un espace non appropriable. Ce traité n'est signé que par une poignée d'États, à l'exception notable des États-Unis, de la Russie et de la Chine.

L'ESSENTIEL

Océan et espace : quelles spécificités ?

- Grâce aux progrès techniques, les océans et l'espace extra-atmosphérique sont devenus des objets stratégiques pour les nations en raison de leurs opportunités militaires et de leurs potentialités économiques.
- Les océans et l'espace extra-atmosphérique représentent donc, à l'image des frontières terrestres, un espace approprié, disputé et négocié dans le cadre de grandes conférences et de textes internationaux.

2 Conquêtes, affirmation de puissances et rivalités

A Les enjeux géopolitiques de la course à l'espace

1. Les deux Grands dans la course à l'espace : une logique bipolaire

- **La rivalité entre les deux Grands (États-Unis et URSS) pendant la guerre froide prend la forme de conflits indirects, de tensions armées** (crise des missiles de Cuba en 1962), **mais surtout d'une rivalité idéologique** particulièrement visible lors des Jeux olympiques ou avec les projets de conquête de l'espace extra-atmosphérique. La conquête spatiale doit avant tout être lue comme une rivalité scientifique aux enjeux militaires : la technologie des lanceurs (fusées) évoluant parallèlement à celle des missiles. De plus, dans ces deux pays, l'appareil militaro-industriel est très lié aux agences spatiales.

- **La première période, qui court de 1957 à 1969, peut être lue comme un rattrapage américain sur l'avance russe.** Les Russes sont les premiers à envoyer un satellite artificiel dans l'espace, Sputnik I, en octobre 1957. Un mois plus tard, il est suivi du vaisseau Sputnik II, qui héberge la chienne Laïka. Youri Gagarine (1934-1968) est le premier homme à effectuer un vol dans l'espace au cours de la mission Vostok 1, le 12 avril 1961. Choisi personnellement par le dirigeant de l'URSS Nikita Khrouchtchev, il incarne à la perfection l'homme nouveau, fier de ses capacités, promu par le régime. Dans l'idéologie communiste, la science et le progrès technique sont au cœur de l'avènement d'une ère nouvelle promue par les dirigeants de l'URSS aux yeux du monde.

- **Les États-Unis, distancés, fondent l'agence spatiale américaine (la NASA) sous la présidence d'Eisenhower dès 1958.** La conquête spatiale américaine reste surtout liée à la figure du président américain John Fitzgerald Kennedy (1917-1963) qui fait de la doctrine de la « nouvelle frontière » une ambition nationale. Après la conquête de l'Ouest, il revient aux États-Unis de repousser toujours plus loin la frontière de la connaissance et du progrès technique au nom et devant les yeux des peuples du monde. La mission Appollo XI en 1969 voit Neil Armstrong et Buzz Aldrin planter le drapeau américain et poser le pied sur la Lune au nom de l'humanité entière – l'événement étant retransmis en direct à la télévision.

- **À l'image de la guerre froide, cette rivalité amorce une phase de « détente ».** Le traité de l'espace initié par les deux Grands en 1967 interdit la prolifération des armes de destruction massive dans l'espace extra-atmosphérique. Le vol Apollo-Soyouz (noms respectifs des programmes américain et russe) en 1975 est un exemple de coopération spatiale. Les deux pays organisent un amarrage dans l'espace de leurs deux navettes dans une mise en scène d'un rapprochement diplomatique, mais surtout scientifique. Les travaux sur l'amarrage de deux technologies différentes joueront un rôle essentiel dans l'élaboration de la future Station spatiale internationale.

• **L'espace redevient un enjeu de tensions avec l'épisode de la guerre fraîche et la présidence de Ronald Reagan (1980-1988).** Le président américain engage un projet ambitieux : l'initiative de défense stratégique (IDS, appelée couramment « guerre des étoiles ») et prévoit de déployer un bouclier antimissiles en orbite grâce à l'utilisation des satellites détecteurs ou intercepteurs (équipés de rayons laser). Avec la chute du communisme et l'éclatement de l'URSS, le projet est mis en sommeil.

Sachez que...

Dans son ouvrage *Conquête spatiale : du rêve au marché*, paru en 2002, le géographe Alain Duret livre un récit détaillé de la conquête spatiale. Son ouvrage permet de comprendre les aspects techniques de la conquête spatiale (satellites, lanceurs, navettes et stations spatiales). Cette lecture permettra de consolider vos connaissances et d'impressionner le jury par la maîtrise d'un vocabulaire de spécialiste.

Doc. L'URSS, puissance spatiale

2. Une logique multipolaire

• **De nouveaux acteurs rejoignent les deux grands à partir des années 1960 pour des raisons militaires ou civiles** (liées à l'essor des télécommunications). Leurs relations oscillent entre rivalité et coopération.

• **L'Europe s'impose progressivement comme le troisième grand acteur de la conquête spatiale.** L'Agence spatiale européenne est fondée en 1975 et ouvre son cosmodrome en Guyane française à Kourou. Le lanceur européen Ariane est financé grâce à des participations surtout française, allemande, italienne, mais aussi espagnole, belge, hollandaise, suisse ou norvégienne. Le Japon développe ses propres lanceurs Mu entre 1975 et 1987. L'Inde s'impose comme une grande puissance spatiale à partir de 1980 avec le développement de lanceurs à longue portée. L'enjeu est de taille pour la plus grande démocratie du monde, puisqu'il lui faut supplanter son rival le Pakistan dans une région très tendue sur le plan géopolitique. Elle appartient aujourd'hui au club très fermé des nations capables de détruire un satellite en orbite (avec les États-Unis, la Russie et la Chine).

• **La carte des cosmodromes révèle ainsi une logique devenue aujourd'hui multipolaire** (voir Zoom, p. 20). Le Brésil rattrape progressivement son retard et bénéficie d'un cosmodrome idéalement situé à Alcantara, au niveau de l'équateur. À l'image de nombreux pays émergents, il doit compter sur des technologies américaines ou européennes et n'hésite pas à signer des partenariats de lancement avec les États-Unis, qui y envoient des fusées Pegasus ou la Russie, qui y lance la fusée Tsyklon. Aux principaux pays émergents (BRICS), s'ajoute l'État d'Israël, particulièrement performant sur le plan militaire et spatial. Il a développé tout d'abord pour des raisons militaires le lanceur Shavit et a noué des partenariats avec les États-Unis et l'Afrique du Sud pour bénéficier de sites plus adaptés pour le lancement de ses fusées.

• **La Lune redevient un objet d'affrontement** : l'administration Trump signe un nouveau programme lunaire en 2017, la Chine pose une sonde sur la face cachée de la lune en 2019. La Russie et l'Inde s'y sont également posées, tandis que des sondes européennes et brésiliennes l'ont survolée.

Sachez que...
En 2014, les Émirats arabes unis annoncent la création d'une agence spatiale nationale et d'un projet de sonde qui doit atteindre la planète Mars pour 2021, année anniversaire des 50 ans de la fédération. Pour accélérer le processus, ils ont signé des coopérations avec la France et la Grande-Bretagne. Pour les EAU, l'enjeu est d'incarner le rôle d'un pays pionnier pour les activités scientifiques aux yeux du monde arabe et de renouer avec les exploits scientifiques de l'âge d'or islamique.

3. L'arrivée d'acteurs privés

• **Au départ impulsée par les États par le biais de leurs agences spatiales, la conquête spatiale voit une tendance à leur désengagement et à l'irruption d'acteurs privés** dans le monde occidental. Le traité de l'espace de 1967 prévoit en effet la possibilité d'une ouverture de l'espace extra-atmosphérique aux activités de recherche et d'exploitation et permet donc une activité de type économique. L'essentiel des objets en orbite autour de la Terre sont des satellites de télécommunication, dont la construction et le lancement représentent l'essentiel du « marché spatial ». Il existe aujourd'hui une petite poignée de compagnies capablent de construire ces objets ou des lanceurs (fusées). La concurrence est notamment importante entre le programme européen Arianespace (et son lanceur du même nom) et ses homologues américains Lockeed-Martin (fusées Atlas) ou Boeing (modèle Delta). Ces fusées sont chargées de placer en orbite les satellites de télécommunication des pays développés et scientifiquement avancés comme la Norvège, la Turquie, l'Argentine ou l'Espagne.

• **Dans l'industrie aérospatiale, la tendance est à la concentration et favorise la naissance de géants de l'aérospatial, de la défense ou de la sécurité.** On peut citer trois américains : Boeing-Hugues, Lockeed-Martin et Loral, et les européens Alcatel Espace (franco-italien) et Astrium (britannique) pour la construction de satellites. La Chine développe actuellement ses propres projets de satellites One Space. L'Europe crée, au début des années 2000, le géant de l'aéronautique EADS (European Aeronautic Defense and Space company) qui assure son indépendance sur le plan militaire et scientifique. Bien qu'étant des entreprises de statut privé, les États soutiennent leurs activités, soit par la protection du marché intérieur qui leur est réservé, comme aux États-Unis, soit par leur soutien aux activités de recherche ou leur participation au capital – l'État français détient 48 % du capital d'EADS.

• **La conquête spatiale est également le terrain de jeu de nouveaux acteurs depuis le début des années 2000, connus sous l'appellation « New Space »**, les figures de proue étant Elon Musk pour Space X, Jeff Bezos pour Blue Origin et Peter Beck pour Rocket Lab. Ces fondateurs, le plus souvent anglo-saxons, s'illustrent par une communication offensive et une politique entrepreunariale audacieuse, qui vise à fournir un accès « low cost » à l'espace. Ils assurent aujourd'hui le lancement de satellites avec leurs propres lanceurs. On peut citer la fusée Falcon d'Elon Musk et la fusée Blue Origin.

• **Les pays occidentaux y trouvent un moyen de stimuler la recherche et cherchent à dégager des espaces de rentabilité dans un contexte économique difficile** marqué par les grandes difficultés financières posées par la crise financière de 2008. Encourager le « New Space » est un des points essentiels du Space Act adopté par l'administration Obama en 2015. Dans une démarche relevant tout autant de la science que du marketing, ces entrepreneurs sont partie prenante des projets les plus audacieux, comme la colonisation de la planète Mars. En 2020, Elon Musk annonce un projet sur trente ans de peuplement de la planète rouge.

ZOOM SUR...

Les cosmodromes dans le monde

1 Une grille de lecture géographique et historique

→ **Un cosmodrome est une base de lancement d'engins spatiaux.** Leur nombre a considérablement augmenté depuis les deux premières installations des deux Grands de la guerre froide : Cap Canaveral pour les États-Unis et la Cité des étoiles de Baïkonour pour l'URSS. L'Agence spatiale européenne construit la base de Kourou en Guyane pour le lancement d'Ariane à la fin des années 1970. Suivront la Chine, l'Inde, le Japon, le Brésil ou l'État d'Israël. La carte des bases révèle aujourd'hui un monde multipolaire.

→ **Leur localisation dépend tout d'abord de facteurs géographiques** : ceux-ci sont toujours au plus près de l'équateur, là où la couche d'atmosphère est la plus fine et où les lanceurs peuvent être projetés dans l'air et échapper plus facilement à la gravité grâce à l'« effet fronde » de la rotation terrestre. Ils sont majoritairement situés sur le littoral est des masses continentales, afin que les débris retombent dans la mer.

2 Une grille de lecture géopolitique

→ **Le cosmodrome de Baïkonour est ouvert par les Soviétiques en 1956.** C'est depuis la « porte des étoiles » que toutes les missions habitées de l'URSS vont décoller, à l'image du premier vol de Youri Gagarine en 1961. Quand l'URSS implose en 1991, la République de Russie signe un accord de coopération avec la jeune République indépendante du Kazakhstan pour continuer à exploiter ce site situé hors de sa zone de souveraineté. Face aux tensions croissantes entre les deux pays, dues notamment à de nombreux incendies dans les plaines provoqués par les tirs de fusée, la Russie de Vladimir Poutine a programmé de déplacer ses installations sur son propre sol à Vostotchny, au sud-est de la Sibérie. Baïkonour reste aujourd'hui le seul cosmodrome qui permet de gagner la Station spatiale internationale (ISS), il représente en cela un haut lieu de coopération spatiale internationale.

→ **C'est pour des raisons géopolitiques également, liées au Brexit, que l'agence spatiale britannique va développer son propre « spatioport »** depuis Sutherland, sur le littoral de l'est de l'Ecosse.

→ **L'État d'Israël est quant à lui handicapé par sa position géographique** : il doit tirer dans le sens inverse de la rotation de la Terre et les débris risquent de retomber chez ses voisins, comme la Jordanie. Il a donc signé des partenariats avec le Brésil et l'Afrique du Sud pour bénéficier de sites plus adaptés aux tirs de fusées.

Doc. Les cosmodromes dans le monde

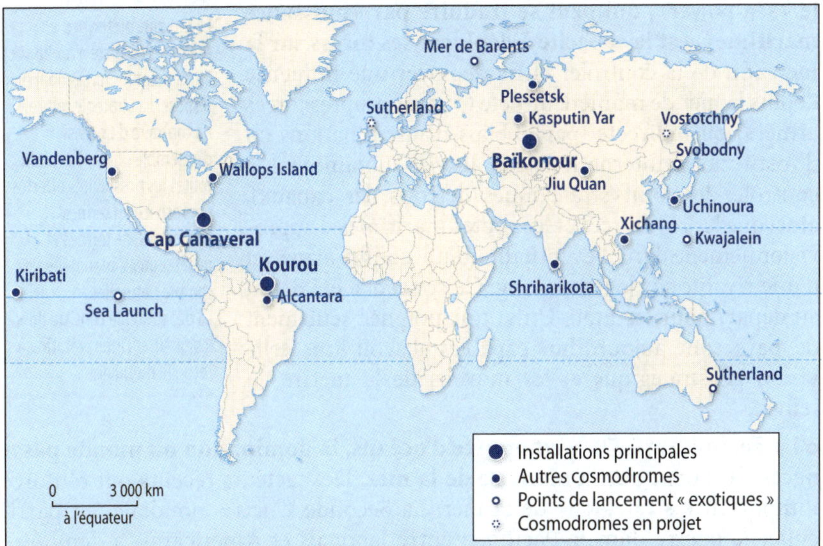

Source : d'après Alain Duret, *Conquête spatiale : du rêve au marché*, Gallimard, 2002.

COURS

B Affirmer sa puissance à partir des mers et des océans

1. Qu'est-ce que le « sea power » ?

- **Théorisé au XIXe siècle par l'amiral Alfred Mahan, le « sea power », qui peut se traduire par « puissance maritime », est la capacité à déployer ses forces sur la mer** afin de la contrôler et de déployer une influence depuis la mer de manière directe (par ses propres forces armées) ou indirecte (par le biais d'autres nations ou d'institutions internationales). Il vise notamment à contrôler des points stratégiques (détroits, îles, canaux), ainsi que les ressources et les routes maritimes d'approvisionnement dans l'éventualité d'un conflit armé ou d'une rivalité sur le temps long. Ce concept a été défini au départ pour les États-Unis ; une poignée seulement de pays sont aujourd'hui capables d'avoir une telle vision géostratégique et les moyens de la mettre en œuvre.

Sachez que...
La tactique en termes militaires consiste à mobiliser localement les forces dont on dispose. La stratégie relève au contraire d'une vision d'ensemble et vise à exploiter toutes les possibilités offertes par l'espace en termes d'étendues, de formes et de ressources, matérielles comme naturelles.
La géostratégie consiste donc à globaliser l'interprétation à l'échelle mondiale.

- **La Terre étant à 70 % composée d'océans, la domination du monde passe nécessairement par la maîtrise de la mer.** Des facteurs récents ont renforcé l'importance stratégique de la mer. La Seconde Guerre mondiale, en particulier la guerre dans le Pacifique entre Japonais et Américains, a démontré l'importance des groupes aéronavals, avec notamment les batailles de Midway et de Guadalcanal. La mondialisation, et plus précisément la maritimisation des économies, a renforcé cette approche. Grâce à la révolution des transports, l'approvisionnement en matières premières, notamment en énergie (pétrole, charbon et gaz liquéfié), se fait par voie maritime. L'essentiel des exportations est réalisée par le biais des conteneurs et porte-conteneurs. La mer devient donc le vecteur essentiel de la puissance politique, mais surtout économique. Les nations du monde ont ainsi tout intérêt à assurer la sécurisation de leur approvisionnement.

- **Deux atouts essentiels sont à mentionner pour la maîtrise du « sea power ». Le porte-avion** est un immense navire qui permet de projeter des avions de chasse grâce à un pont d'atterrissage et des catapultes. Déployé en haute mer, il joue le rôle de véritable base flottante, qui peut se déplacer sans violer la souveraineté d'un État quand il se situe dans les eaux internationales. Sa capacité de frappe en fait un outil très puissant d'intervention, mais également de dissuasion : les États-Unis ont par exemple déployé leur vaisseau *USS Abraham Lincoln* au large de l'Iran lors de la crise de 2019. Navire visible et donc fragile, il est accompagné de forces de protection : sous-marins et frégates ou destroyers, le tout formant ainsi une « task force » (force organisée pour une opération) déployée en surface et en profondeur. La task force permet donc un large périmètre d'action, de manière mobile.

- **Les sous-marins lanceurs, les SNE et les SNLE chargés d'ogives nucléaires et indétectables représentent l'autre pilier essentiel.** Ces sous-marins, au même titre que les missiles terrestres, sont des outils de dissuasion nucléaire et sont capables de frapper n'importe quel État du globe depuis les profondeurs.

2. Une poignée de puissances maritimes

Doc. Les principales forces navales mondiales

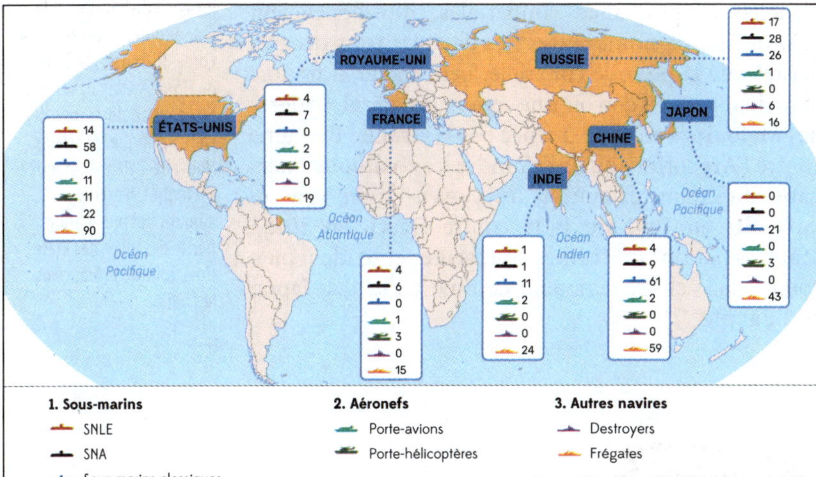

Source : *Atlas militaire et stratégique*, Autrement, 2019.

- **Le nombre de ces unités de déploiement et de dissuasion permet d'établir la hiérarchie des puissances maritimes dans le monde.** Comme le montre la carte, les États-Unis dominent largement le classement mondial et peuvent être qualifiés de « puissance impériale ». La marine américaine est organisée en onze flottes. Elle est la seule au monde capable de se déployer dans tous les océans du globe. Les navires peuvent compter sur un réseau mondial de bases fonctionnant comme de véritables hubs. Autrefois très présents dans l'Atlantique Nord en raison de l'importance stratégique des affaires européennes, les États-Unis ont aujourd'hui tendance à concentrer leurs forces en Méditerranée (hub de Naples), mais surtout à redéployer leurs forces dans l'aire Asie-Pacifique, nouvel épicentre des relations internationales, en raison notamment de leur rivalité croissante avec la Chine.

• **La Russie, qui possède encore un nombre de sous-marins important datant de la guerre froide, a un matériel vieillissant, mais néanmoins encore opérationnel.** Elle renforce sa présence en Méditerranée (port de Tartous en Syrie) et dans le cercle polaire arctique. La Chine et l'Inde s'imposent également comme des puissances maritimes régionales. Lancées dans des programmes de construction intensifs, elles entendent agir dans leur océan respectif et cherchent à sécuriser leur approvisionnement en énergie en provenance du Moyen-Orient. La France et la Grande-Bretagne sont d'anciennes puissances impériales, qui bénéficient aujourd'hui de nombreuses îles dans les trois océans, héritées de la période coloniale. Leur matériel performant leur permet d'avoir une action unilatérale (guerre des Malouines en 1982, menée par la Grande Bretagne contre l'Argentine) ou de rejoindre les coalitions internationales dans les conflits du Moyen-Orient (guerre du Golfe en 1991 ou lutte contre Daech en 2015). D'autres nations maritimes émergentes entendent bien compter à l'échelle régionale, comme le Brésil, le Japon ou l'Égypte.

Sachez que...

Le Rim of the Pacific Exercise (RIMPAC) est un exercice militaire réalisé tous les deux ans sous le commandement de la marine américaine au large de l'île d'Hawaï. C'est le plus grand exercice naval au monde. Le but de l'exercice était au départ de parer à l'éventualité d'une invasion de Taïwan par la Chine continentale ou de la Corée du Sud par la Corée du Nord. Au départ réservé aux pays anglo-saxons de l'aire Pacifique (Australie, Nouvelle-Zélande, Grande-Bretagne), il accueille aujourd'hui une grande partie des alliés des États-Unis, comme la France ou le Chili.

L'ESSENTIEL

Conquêtes, affirmation de puissances et rivalités

- Les océans et l'espace extra-atmosphérique sont deux lieux de rivalités géostratégiques. L'espace voit d'abord s'affronter les deux Grands pendant la guerre froide, avant d'assister à l'intervention d'un plus grand nombre de puissances et de nouveaux acteurs privés depuis les années 2000.
- Les océans obéissent également à cette logique multipolaire, d'abord marquée par une nette domination des États-Unis et le rôle croissant de puissances secondaires, comme l'Inde et surtout la Chine.

ZOOM SUR...

La thalassocratie américaine

1 Les États-Unis, une « pseudo île »

→ **Si les États-Unis sont considérés comme un « État continent » ils peuvent également être vus comme une « pseudo-île »** selon l'analyse de spécialistes de géopolitique. Ils sont en effet entourés de trois océans, d'une mer (les Caraïbes) et leur territoire est organisé par trois façades maritimes majeures (Nord-Est américain, littoral californien, golfe du Mexique). Depuis la doctrine Monroe édictée en 1923, ils ont pris soin de rester à l'écart des affaires du monde, et notamment de l'Europe, dans une logique insulaire.

→ **La mer devient pourtant un espace de vulnérabilité au moment des deux guerres mondiales** et des attaques du *Lusitania* en 1915 (dans l'Atlantique) et de Pearl Harbor en 1941 (dans le Pacifique). La Seconde Guerre mondiale dans le Pacifique contre le Japon est avant tout une guerre maritime, la victoire américaine reposant sur des groupes aéronavals (porte-avions accompagnés et protégés par des sous-marins et des frégates). La guerre de Corée (1950-1953) et la guerre du Vietnam (des années 1960 à 1975), comme les deux guerres d'Irak, nécessitent de déployer des forces militaires loin du territoire national par voie aérienne, mais surtout maritime.

2 Le « sea power », une doctrine américaine

→ **S'ils sont héritiers d'une culture de navigateurs par leur passé britannique, c'est surtout l'amiral Mahan qui, au début du XIXe siècle, se fait le théoricien du « sea power ».** Il appelle de ses vœux l'avènement de la thalassocratie américaine, après l'exemple athénien de l'Antiquité ou de la Grande-Bretagne au XIXe siècle. Cette notion est aujourd'hui enseignée dans toutes les académies navales du monde.

→ **La puissance maritime repose sur la capacité à déployer et projeter ses forces militaires sur la mer** (destroyers, frégates, troupes, et surtout porte-avions), mais également à s'assurer le contrôle de points d'appuis stratégiques et nécessaires à l'économie (canaux, détroits, îles). Les Américains ont bâti leur politique maritime sur cet ouvrage fondateur, tout en restant très attachés au principe de liberté des mers.

3 Le « sea power » américain : les outils

→ **Ainsi, leur statut de puissance s'explique notamment par leur capacité à se déployer sur les mers du globe.** La stratégie maritime américaine est notamment coordonnée par un secrétaire d'État à la marine et pensée dans le cadre du Naval War College, lieu d'enseignement et véritable organe de réflexion.

→ **L'espace maritime mondial est aujourd'hui en très grande partie occupé ou maîtrisé par les États-Unis, ce qui en fait la plus grande puissance du monde.** Le pays est doté de flottes qui ont des bases et des points d'appui dans le monde entier. Le port de San Diego en Californie, Hawaï en plein cœur du Pacifique, Naples en Méditerranée et Diego Garcia dans l'océan Indien font office de véritables hubs militaires où sont stationnés et ravitaillés les navires. La force de projection repose sur la capacité de frappe et de dissuasion avec les porte-avions et les sous-marins nucléaires.

→ **Les États-Unis ont surtout la plus grande marine militaire du monde** : dix porte-avions, près de soixante-deux sous-marins et trois corps de marine. L'US Navy et l'US Marine Corps (dont l'unité d'élite, les Navy Seals) constituent la Blue Water Navy ; et l'US Coast Gards (garde-côtes) sécurise les « eaux intérieures » (Brown Water Navy).

4 Alliés et rivaux

→ **En tant que grande puissance, les États-Unis ont également un réseau d'alliés qui servent d'autant de points d'appui à leur politique impériale** : Naples en Italie est le siège de la 6e flotte des États-Unis et l'île de Diego Garcia est louée par la Grande Bretagne depuis 1986. Elle permet par exemple aux chasseurs américains de décoller pour l'Afghanistan.

→ **Ils ont aussi des rivaux** : à l'ancien ennemi russe, très actif dans l'Atlantique Nord pendant la guerre froide, succède maintenant la menace du rival chinois, particulièrement sensible dans l'aire Asie-Pacifique.

→ **Ils doivent également affronter d'autres acteurs, comme les réseaux de trafiquants de drogue dans les Caraïbes, et les réseaux terroristes,** aujourd'hui largement neutralisés au Moyen-Orient, depuis l'attaque du porte-avion *USS* par Al-Qaïda au large du Yémen en 2000.

Doc. La thalassocratie américaine

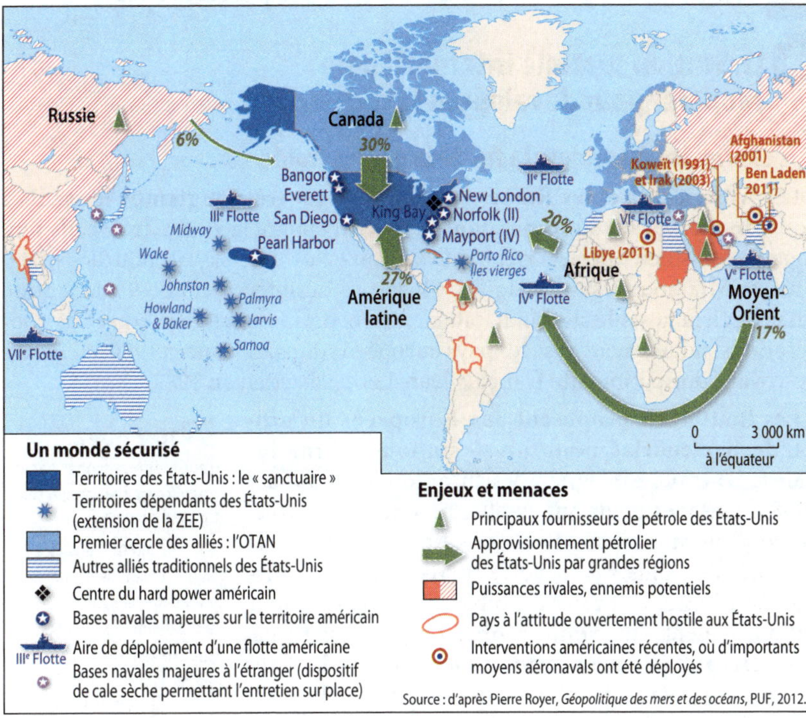

Source : d'après Pierre Royer, *Géopolitique des mers et des océans*, PUF, 2012.

3 Enjeux diplomatiques et coopérations

A La Station spatiale internationale : coopérer pour développer la recherche

1. Les origines du projet : la fin de la guerre froide

• **Les Américains et les Russes restent pendant très longtemps les seuls à pouvoir envoyer des hommes dans l'espace.** Pendant la guerre froide, ils sont engagés dans deux projets rivaux de station en orbite : Skylab pour les États-Unis et Mir pour les Soviétiques. Skylab se désintègre en 1979 : la station russe devient la seule station habitable. Cette dernière fait déjà l'objet de coopérations, notamment avec les pays européens dans les années 1980, à l'image du voyage du spationaute français Jean-Loup Chretien en 1982.

• **Les États-Unis proposent aux Européens un projet de partenariat pour une « station internationale ».** Le traité est signé à Washington le 29 janvier 1998. Les Américains ont en effet renoncé à un projet de nouvelle station dès 1984 sous Ronald Reagan : la priorité n'est plus à la science, mais bien à la balistique militaire. Le projet est ouvert à la Russie, après l'effondrement du communisme. Le pays est ruiné, mais riche d'un savoir-faire unique au monde, fruit de décennies de recherche. La Russie possède la meilleure navette de transport : le vaisseau Soyouz. Les Russes abandonnent alors Mir et concentrent leurs efforts et leurs recherches sur la station internationale, répondant aux exigences américaines de réduction des autres programmes scientifiques et militaires. Le cosmodrome russe de Baïkonour (la « porte des étoiles ») au Kazakhstan reste le seul point de décollage pour accéder à la station.

Sachez que...
Lancée et coordonnée par l'agence spatiale américaine (NASA), l'ISS (Station spatiale internationale) est actuellement développée avec l'Agence spatiale européenne (ESA), l'agence spatiale fédérale russe (ROSKOSMOS), l'agence du Japon (JAXA) et celle du Canada (ASC), et sera utilisée jusqu'en 2024.

2. La coopération technologique des puissances

• **L'ISS est aujourd'hui le plus gros satellite envoyé par l'homme en orbite** : elle pèse 115 tonnes au début des années 2000 pour atteindre 420 tonnes en 2019, mesure 108 mètres de long sur 74 mètres de large et 30 mètres de hauteur. Son coût est estimé à 150 milliards de dollars. Elle est donc un défi financier, mais surtout technique. Elle est en effet un concentré et une addition des savoir-faire accumulés par les grandes puissances spatiales du monde depuis la fin de la Seconde Guerre mondiale.

• **La participation russe s'avère cruciale pour la réussite du projet** puisque les deux premiers caissons lourds, Zarya («aube») et Zvevda («étoile»), sont mis en orbite par le lanceur géant Proton, de technologie soviétique. Le vaisseau Soyouz convoie les premiers équipages. Ils ont ainsi apporté un premier module de service habitable et un module d'amarrage universel.

• **La NASA supervise les travaux** et fournit les poutrelles, les panneaux solaires, véritables batteries de la station, un module d'habitation et un laboratoire. L'Agence spatiale européenne fournit très vite le laboratoire Colombus et s'engage sur un projet de cargo pour le ravitaillement. Elle assure également la gestion informatique de la station. Le Japon fournit un module habitable et de recherche, le Canada un bras manipulateur et l'Italie des laboratoires transportables. Au total, quinze pays participent au projet, à l'exception notable de la Chine, en raison de la méfiance américaine concernant des risques de transfert technologique. La Chine s'est quant à elle engagée de manière unilatérale dans le projet de station «palais céleste» Tiangong 1 (2011-2016), puis Tiangong 2 (2016-2019), son futur projet de «grande station modulaire» devant être lancé en 2021-2022.

• **Il a fallu au total cent quarante lancements pour convoyer le matériel et les hommes**, dont quatre-vingt-onze sont assurés par la Russie, trente-sept par les États-Unis, sept par le Japon et cinq par l'Europe. Également concernée par le New Space, elle a reçu de nombreuses visites de vaisseaux cargo Dragon de la société SpaceX et de vaisseaux cargo Cygnus de la société Northrop Grumman. La stratégie actuelle des États-Unis consiste à désengager l'agence d'État (NASA) au profit d'acteurs privés dans un souci de recherche d'économies et de rentabilité.

Doc. **L'ISS : un « Lego » international**

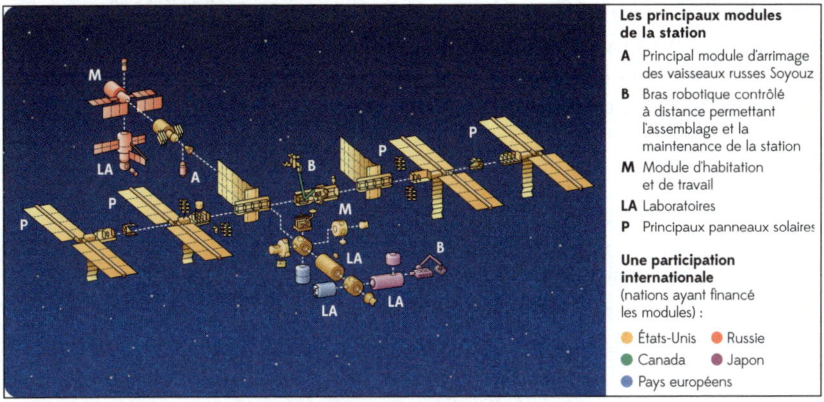

COURS

3. Un outil scientifique

- **La station représente un laboratoire de recherche en « chute libre » dans l'espace.** Parce qu'elle se situe en orbite, elle offre à ses habitants la possibilité de vivre en microgravité et de repousser les limites de la connaissance, notamment de la science physique, dans le domaine « extra-terrestre ».
- **L'ISS a deux objectifs principaux. Elle permet de réaliser des expériences scientifiques en apesanteur** et notamment observer le comportement de la matière, solide, liquide, gazeuse et du quatrième état, le plasma, grâce notamment au laboratoire DECLIC (dispositif d'étude de la croissance et des liquides critiques). Le module « Colombus » est à ce titre la première installation de recherche européenne permanente dans l'espace. Lancé en 2008, il permet de conduire des expériences et de tester différentes applications.
- **Les astronautes y séjournant entre quelques semaines et quelques mois, elle permet de mesurer les effets d'un séjour en orbite sur le corps humain**, notamment sur le système immunitaire et le système cardio-vasculaire (programme CARDIOMED développé par le Centre national d'études spatiales français). Des mesures sont également effectuées sur le métabolisme (allongement des os et des membres en apesanteur), mais surtout sur l'horloge interne, les rythmes de sommeil et les besoins alimentaires. Elle fait donc office de « centre de préparation » aux projets de longs vols habités, dans l'optique d'une colonisation de la planète Mars.
- **Poste d'observation privilégié, elle permet d'avoir un point de vue unique sur la Terre et son évolution** depuis l'observatoire à sept vitres « Cupola » : fonte des glaciers, évolution des nuages et des océans, comportement de la barrière de corail…

Sachez que…

La mission Proxima est un projet de l'Agence spatiale européenne qui s'étale sur 6 mois entre novembre 2016 et mai 2017. Accompagné du commandant russe de Soyouz Oleg Novitskiy, le spationaute Thomas Pesquet a battu de record de longévité pour un Français dans l'espace au terme d'un séjour de 196 jours. Hormis ses objectifs scientifiques complexes, la mission a permis de populariser le rôle de l'ISS auprès du grand public en France.

B Rivalités et coopérations dans les mers et les océans

1. La difficile gestation d'un droit de la mer

- **Si les frontières terrestres sont l'objet d'une réflexion juridique et sont le fruit de négociations depuis le XVIIe siècle, les espaces maritimes n'ont intéressé les États que très tard.** Peu de nations, à l'image de la Grande-Bretagne au XIXe siècle, étaient capables de se projeter sur les océans. Avec la création de la Société des Nations (SDN) en 1920, une première tentative de codification internationale du droit de la mer est entreprise. Elle échoue cependant sur la question de l'étendue de la mer territoriale.

- **De nombreux pays adoptent une législation sur la mer de manière unilatérale après la Seconde Guerre mondiale.** En 1945, les États-Unis, sous la présidence de Truman, proclament leur droit à exploiter les ressources au large. Les pays arabes, conscients de la manne pétrolière et de l'importance de leurs ressources sous-marines, déclarent en 1949 leur souveraineté sur le plateau continental. Une première conférence interétatique en Amérique du Sud débouche en 1952 sur la déclaration de Santiago : le Chili, l'Équateur et le Pérou s'entendent sur l'extension de leur souveraineté sur un espace de 200 milles marins, mesure qui servira de référence pour les négociations futures.

- **Avec les progrès de la marine marchande, de meilleures techniques d'exploitation pétrolière et la militarisation croissante des océans liée à la guerre froide, l'idée d'un droit international de la mer refait surface.** L'ONU, institution de gouvernance mondiale, organise au total trois conférences de négociation entre 1956 et 1982. En 1970, un traité interdisant de placer des armes nucléaires et d'autres armes de destruction massive sur le fond des mers et des océans ainsi que dans leur sous-sol est rédigé. Il est accompagné d'une déclaration de principes juridiques régissant les utilisations du fond des mers et de ses ressources. Il manque cependant un traité international unique qui régirait toutes les affaires maritimes.

2. La conférence de Montego Bay : la territorialisation de l'océan mondial

- **Après des années de négociation, les Nations unies font adopter un traité unique international en 1982 à Montego Bay, en Jamaïque.** La Convention des Nations unies sur le droit de la mer (CNDUM en français, UNCLOS en anglais) est adoptée par 117 États. Elle en compte aujourd'hui 168. C'est donc une très large majorité des États du monde – pays européens, URSS, Japon et une grande partie des pays africains et asiatiques – qui s'entendent autour des nouveaux principes du droit maritime. Il est notamment marqué par la naissance des zones économiques exclusives (ZEE). Entrée en vigueur en 1994, la CNDUM fonctionne comme une véritable « constitution de la mer ».

COURS

• **La CNDUM définit une territorialisation des océans en trois zones distinctes.** La mer territoriale, large de 12 milles marins, est un territoire de pleine souveraineté de l'État riverain. La ZEE, comprise entre 12 et 200 milles marins, est une zone mixte, de souveraineté économique, mais non politique. Elle prévoit pour l'État riverain le droit exclusif d'exploiter les ressources, avec notamment la pêche et les ressources sous-marines. La liberté de circulation pour les navires étrangers est cependant maintenue. Au-delà de la limite des 350 miles marins, la « haute mer » correspond aux eaux internationales. L'invention de la ZEE est un compromis entre le principe de non appropriation et le concept très ancien de liberté. Les pays du tiers monde ont notamment fait pression pour s'assurer de la propriété et la préservation de leurs ressources face aux convoitises des pays développés et de leurs entreprises.

• **Une poignée d'États refuse néanmoins cette convention**, à l'image de la Turquie, du Venezuela et du Pérou, engagés dans des litiges maritimes avec leurs voisins et refusant le principe d'un arbitrage international. Le traité est également refusé aux États-Unis par le président Ronald Reagan au nom du principe de « liberté des mers » en termes de circulation, mais surtout d'exploitation.

• **La Convention donne naissance à une série d'institutions de « gouvernance de la mer » pour régler les litiges et prévenir les conflits.** L'Organisation maritime internationale, basée à Londres et chargée des affaires maritimes, notamment en termes de transport, existait déjà depuis 1948. Le Tribunal international du droit de la mer est créé en 1982. Il siège à Hambourg et juge les différends en fonction des termes de la convention. La Commission des limites du plateau continental (CPLC) veille à régler les litiges liés aux prospections sur la continuité du plateau continental. L'Autorité internationale des fonds marins (AIFM), créée en 1994, contrôle toutes les activités relatives aux ressources minérales des fonds marins des eaux internationales. Les litiges restent en effet nombreux, notamment lorsqu'ils mettent aux prises des États à plateau continental et des îles appartenant à d'autres États.

Doc. Le partage et la gouvernance des océans

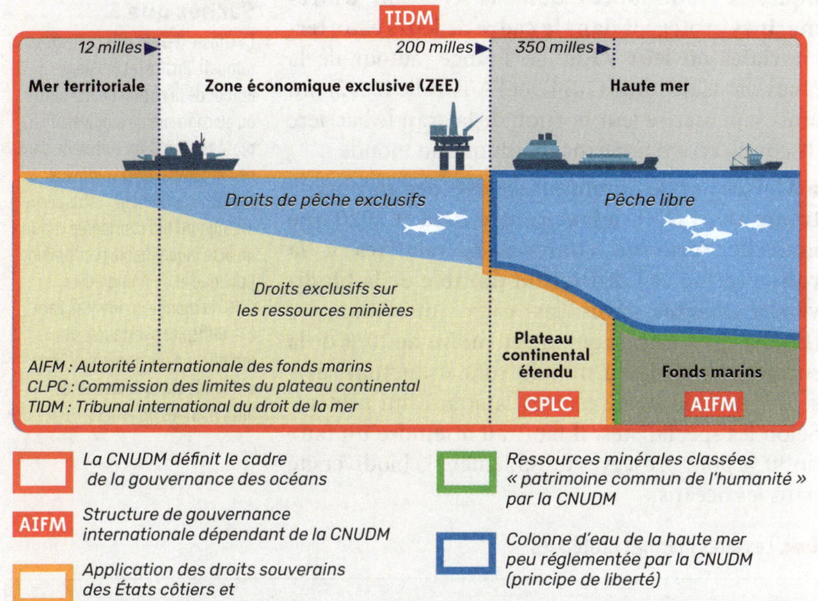

Sources : d'après OCEAN University Initiative, CNRS, 2019.

3. Vers une gestion durable des océans

● **Les océans du monde subissent les effets de la pression croissante des activités humaines depuis le début du XXe siècle.** L'intensification du commerce par voie maritime a augmenté les risques de marée noire, quand les navires n'opèrent pas de dégazages sauvages au large. La surpêche est également une menace mondiale et particulièrement visible dans l'océan Indien et dans l'aire Asie-Pacifique. L'augmentation du CO_2 dans l'atmosphère est également liée à une acidification des océans qui dérègle les équilibres de l'environnement marin. Les deux menaces principales pesant sur l'océan sont les immenses gyres de pollution plastique qui se concentrent en quelques points du globe en raison des courants, ainsi que la menace sur la biodiversité dans les océans. Certaines espèces de poisson, dont les requins, sont menacées, ce qui risque de totalement bouleverser la chaîne alimentaire et de poser à terme des problèmes alimentaires plus globaux.

- **Quelques États, le plus souvent dans le Pacifique, se sont lancés dans la création d'aires marines protégées dans le cadre de leurs eaux territoriales ou leur ZEE.** La France, autour de la Nouvelle-Calédonie (2014), et l'Australie (2012) ont ainsi sanctuarisé leur portion de la grande barrière de corail, écosystème marin unique au monde.
- **Alertée par de nombreuses ONG depuis plus de trente ans, l'ONU a lancé entre 2018 et 2020 une nouvelle série de conférences relatives à la conservation et l'utilisation durable de la biodiversité marine** dans les eaux internationales (BBNJ). Si on estime qu'un peu moins de 20 % de la surface des ZEE du monde sont « sanctuarisés », seul 1 % de la haute mer est aujourd'hui protégé. Selon les spécialistes, il faudrait atteindre un taux de 30 % pour préserver durablement la biodiversité dans les océans.

Sachez que...
La chasse des cétacés (baleines, rorqual) illustre les tensions autour de la notion de ressource ou au contraire de biodiversité à protéger. Tradition culturelle dans de nombreux pays, comme le Japon ou la Norvège, cette pêche est aujourd'hui considérée comme un acte inqualifiable par l'opinion publique et de nombreuses ONG du monde occidental. Face à la difficulté d'instaurer son interdiction, de nombreux États ont fait le choix de définir des aires marines protégées.

Doc. Les aires marines protégées

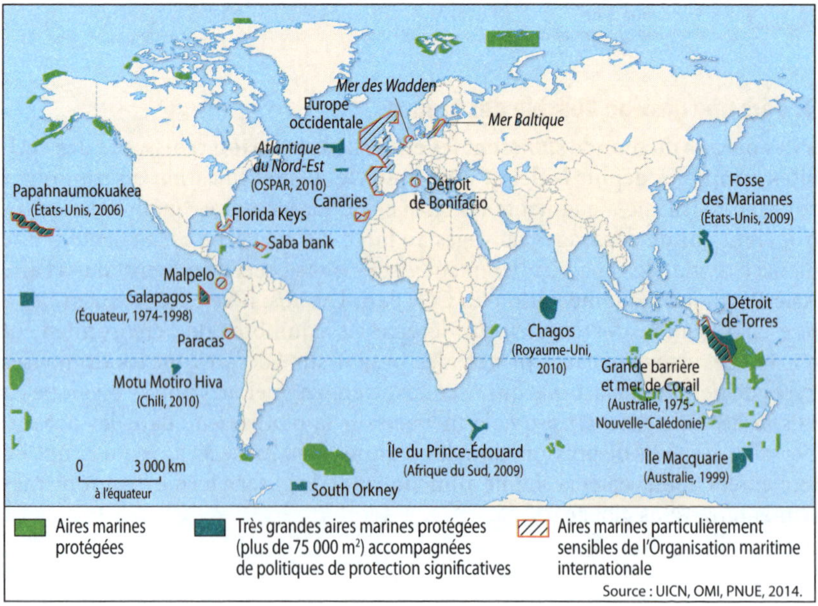

Source : UICN, OMI, PNUE, 2014.

L'ESSENTIEL

Enjeux diplomatiques et coopérations

- Malgré des décennies de rivalités, l'espace est devenu un enjeu de coopération à travers la Station spatiale internationale (ISS). Ce projet prend forme à la fin de la guerre froide et révèle la coopération scientifique et géopolitique entre les grandes puissances du monde occidental, la Chine faisant quant à elle « cavalier seul ».
- L'océan mondial a connu un processus croissant d'appropriation après la Seconde Guerre mondiale, grâce à l'amélioration des moyens techniques de la marine et d'exploitation des ressources (pêche et pétrole offshore). La CNDUM issue de la conférence de Montego Bay élabore une nouvelle territorialisation des espaces en mer, enjeu de négociation et de tensions. Une gestion plus durable de l'océan n'en est qu'à ses balbutiements.

4 La Chine à la conquête de l'espace, des mers et des océans

A L'émergence d'une puissance mondiale

1. Un pays d'abord isolé sur la scène internationale (1949-1978)

- **Après la victoire des troupes communistes à la fin de la guerre civile chinoise en 1949, la Chine est tout d'abord un État isolé sur la scène internationale.** Le président de la République populaire de Chine (RPC), Mao Zedong, signe un traité d'alliance avec l'URSS de Staline. Le pays n'a alors une action internationale que très limitée, avec par exemple l'invasion du Tibet en 1951 ou la participation à la guerre de Corée (1950-1953).

- **L'irruption de la Chine sur la scène internationale se fait lors de la conférence de Bandung en 1955**, lorsqu'elle assume son rôle de leader du tiers monde, mais surtout avec le rapprochement des États-Unis pendant la guerre froide. Il permet à la Chine de récupérer le siège permanent au Conseil de sécurité de l'ONU en 1971 en lieu et place du gouvernement installé à Taïwan.

2. L'ouverture de la Chine sur le monde (depuis 1978)

- **Le successeur de Mao, Deng Xiaoping, est l'artisan de l'ouverture économique du pays au monde avec les « Quatre Modernisations » en 1978.** Le pays s'ouvre aux investissements étrangers et s'industrialise à une vitesse vertigineuse à partir des années 1980. Cette ouverture est particulièrement visible dans les zones économiques spéciales (ZES), sur la côte et l'île de Hainan. Sa façade littorale et notamment ses ports prennent leur envol à l'image de la ville de Shanghai qui s'affirme comme la « tête du dragon ». Pays longtemps replié sur lui-même, la Chine se tourne vers la mer et part à l'assaut du monde.

- **Avec l'essor du commerce par conteneurs et l'accélération de la mondialisation au milieu des années 1990, ce pays émergent classé parmi les BRICS se hisse bientôt au 2e rang des puissances économiques mondiales.** Elle adhère à l'OMC en 2001 et devient en quelques décennies l'« atelier du monde », qui importe massivement des hydrocarbures et réalise une grande part des exportations en produits manufacturés

Sachez que...

Les « Quatre Modernisations » sont des réformes menées par Deng Xiaoping à partir de la fin des années 1970 dans les domaines de l'agriculture, de l'industrie, de la science et de la défense. Ces réformes conduisent la Chine à devenir l'une des principales puissances mondiales. Elles ouvrent le pays sur le plan économique (économie de marché), mais non politique (le pays demeure un régime autoritaire).

du monde. Le pays s'impose aussi comme une grande puissance scientifique : il est aujourd'hui le champion du monde des dépôts de brevets. La Chine crée une nouvelle réunion de gouvernance internationale, l'OCS (Organisation de coopération de Shanghai) en 2001, qui compte la Russie et de nombreux pays d'Asie. Elle s'impose également comme un acteur clé de l'économie africaine, avec de très forts investissements et des relations diplomatiques privilégiées avec les pays du continent africain, comme le Kenya, l'Angola ou l'Algérie : on parle de « Chinafrique ».

B La Chine et la conquête spatiale

1. Une longue marche vers l'espace

- **Si les fusées sont associées à l'invention allemande du V2 pendant la Seconde Guerre mondiale, dans l'imaginaire chinois, l'Empire du milieu reste l'inventeur des « premières flèches de feu »** lancées vers le ciel.

- **Le père de l'astronautique chinoise est Tsien Hsue-Shen.** Il se forme au MIT de Boston dans les années 1930 et est engagé dans le programme américain de fuséologie et d'astronautique. Accusé d'espionnage au moment du maccarthysme, il est expulsé vers la Chine en 1955 où il poursuit ses travaux. Dès 1956, les autorités le chargent de développer des missiles à longue portée à des fins militaires et civiles. C'est l'origine des lanceurs « longue marche ». Après la rupture avec l'URSS, le programme s'accélère : en 1960, une première fusée sonde est lancée, les scientifiques travaillent sur des modèles de satellites et de lanceurs à Beijing et Shanghai. En 1970, le premier satellite chinois de télécommunication Dong Fang Hong est mis en orbite, il diffuse le chant patriotique *L'Orient est rouge*. Dans les années qui suivent, les appareils sont perfectionnés et permettent d'envoyer une première sonde récupérable en 1975.

- **Pour mener à bien ses lancements, la Chine est aujourd'hui équipée de quatre bases spatiales au sol (cosmodromes).** La plus ancienne se situe dans le désert de Gobi, à Jiuquan (le centre spatial « Vent d'Est »). Un second site est installé en 1980 dans le Sichuan, à Xichang. La troisième base est à Taiyuan, dans le Shanxi. La dernière base enfin est ouverte au plus proche de l'équateur sur l'île de Hainan, à la pointe sud du pays.

> **Sachez que…**
> Le vocabulaire employé par la Chine dans la conquête spatiale montre son souci de s'affirmer comme une grande puissance autonome et sûre d'elle-même. Les lanceurs « longue marche » (Tiangong) sont une référence à la guerre civile chinoise remportée par Mao Zedong. Les stations habitées sont désignées sous le terme de « shenzou » (« vaisseau céleste »). En mandarin, « taikongren » (taïkonaute) signifie « homme du grand vide ».

Doc. La longue marche chinoise vers le ciel

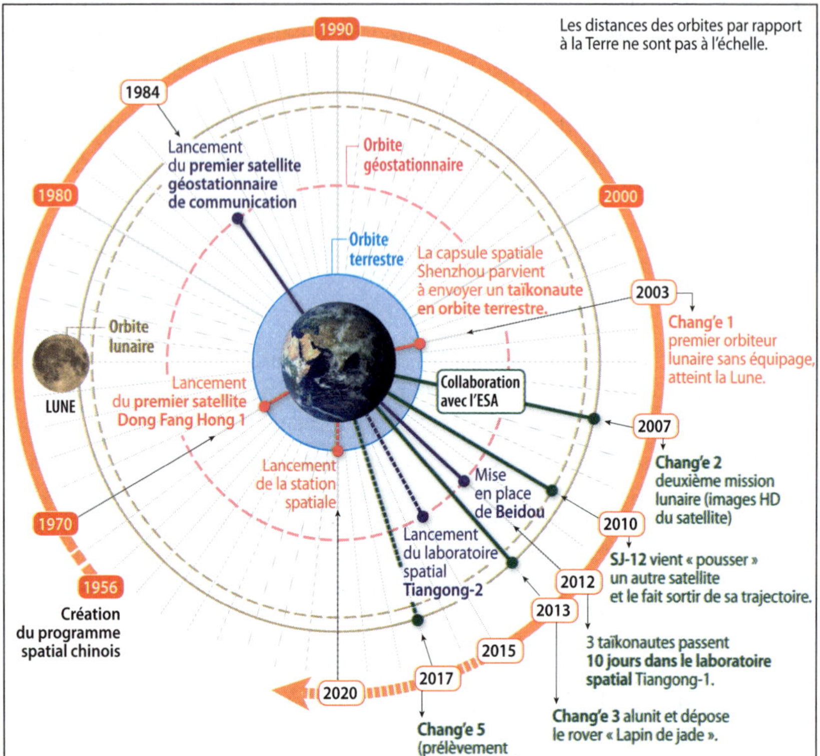

Source : d'après *Courrier international*, août 2014.

2. Les ambitions spatiales actuelles de la Chine (depuis 2012)

● **Ce document laisse apparaître une accélération des progrès et des projets de la Chine dans le domaine spatial.** Depuis le 15 octobre 2003, date de l'envoi du premier taïkonaute dans l'espace lors du vol Shenzou 5, la Chine peut être considérée comme un membre du cercle très fermé des grandes puissances spatiales. Elle possède tout d'abord une panoplie complète de satellites : de télécommunication (modèle DFH), de météorologie (modèles Fengyum), d'engins à vocation scientifique (Shi Jian) mais également de géolocalisation : les trois satellites Beidou (« Grande Ourse ») sont un modèle concurrent de l'américain GPS et de l'européen Galileo. Ils servent notamment aux moyens de transports ferroviaires et maritimes, gages d'une indépendance stratégique. Six satellites d'écoute ont également été lancés depuis 1976. Le pays compte aussi des satellites d'observation militaire appelés « Zi Yuan », qui offrent une résolution de 10 mètres, technologie moins performante néanmoins que ceux de leurs homologues français ou américains. La Chine a su rattraper son retard par rapport au monde occidental grâce aux transferts de technologies réalisés avec le Brésil et l'Europe notamment.

- **La Chine ne participe pas au programme de Station spatiale internationale à cause du refus américain et s'engage dans des projets unilatéraux** d'expériences en orbite avec le laboratoire Tiangong et son propre projet de conquête de la Lune. En 2013, un robot explorateur y atterrit et elle est le premier pays de l'histoire à poser une sonde sur la face cachée de l'astre en 2020, lors de la mission Chang'e 4.

C La Chine à la conquête des mers et des océans

1. La souveraineté et les revendications chinoises sur la mer

- **Malgré son étendue terrestre (9,6 millions de km², ce qui en fait le troisième plus grand pays du monde), la Chine est peu dotée en espaces maritimes.** Elle ne dispose, selon le traité de Montego Bay, que d'une ZEE de 2,3 millions de km², ce qui la classe loin derrière les États-Unis, la France et sa rivale régionale l'Inde. La RPC revendique cependant une nette extension de cette ZEE à l'est et au sud. Le principal litige est lié à Taïwan, île revendiquée depuis la fin de la guerre civile chinoise en 1949 (1,1 million de km² de ZEE en jeu). On peut citer la revendication et l'occupation des îles Paracels, prises au Vietnam, l'occupation croissante des îles Spratleys (appelées « Nansha »), pour 400 000 km², ainsi que la revendication des îles Diaoyu depuis 1971, disputées avec Taïwan et le Japon. L'enjeu de cette extension du domaine maritime est lié aux hydrocarbures, mais surtout à la sécurisation de ses routes de commerce.

- **Pour ces revendications, la Chine utilise tous les moyens permis par le « sea power ».** Des revendications historiques (comme la « langue de bœuf ») ou d'extension du plateau continental sont présentées devant les institutions définies par l'ONU en matière maritime. Elle joue ainsi la carte des institutions de gouvernance internationale dans une perspective multipolaire. Elle use également de moyens de pression plus concrets, comme la force armée avec l'invasion des îles Paracels en 1974 contre le Vietnam ou l'artificialisation des îles Spratleys. Ses hauts récifs ou Ses atolls (cratères de volcan) sont remblayés et aménagés

> **Sachez que...**
> La Chine utilise la carte « des neuf traits », appelée également « langue de bœuf », comme instrument de revendication. Utilisée depuis 1948, celle-ci englobe l'île de Taïwan et une large surface des mers au sud de la Chine au nom d'anciens droits de passage historiques. Elle est représentée sur les passeports chinois. En 2013, un dixième trait est ajouté pour englober les îles Spratleys.

pour donner naissance à des pistes d'atterrissage aux usages qui oscillent entre civil et militaire. Cette politique d'artificialisation suscite depuis quelques années l'inquiétude des États-Unis et des pays de la région et est désignée sous l'expression « grande muraille de sable ».

Doc. L'artificialisation des îles Spratleys

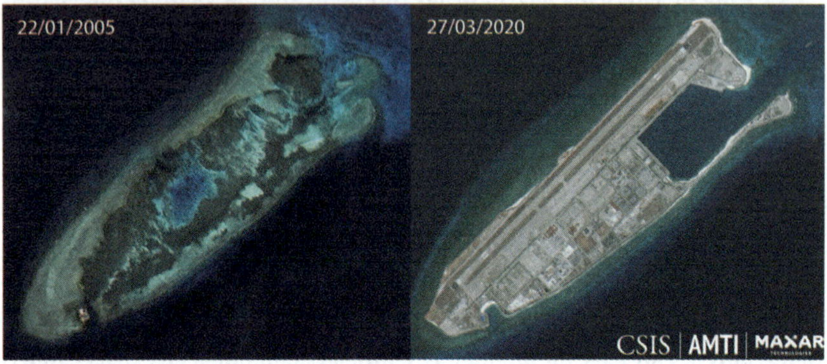

- **En raison de sa présence grandissante en mer de Chine méridionale, les accrochages et les tensions se multiplient ces dernières années.** Elle s'oppose notamment à la marine américaine à travers le brouillage de ses systèmes de navigation par exemple.

- **La marine chinoise (marine de l'armée populaire de libération) a connu un essor fulgurant.** Elle est devenue un objectif crucial pour le régime depuis Deng Xiaoping (après 1978), mais c'est surtout sous le président Hu Jintao (années 2000) qu'une impulsion est donnée à la construction de navires militaires comme les destroyers, mais surtout les sous-marins lanceurs d'engin et les porte-avions. Elle compte près de 600 navires de combat en 2019, ce qui en fait la première marine d'Asie et déjà la deuxième du monde derrière les États-Unis. La Chine cherche à s'imposer face aux marines rivales du Japon et de l'Inde dans sa région. Organisée en trois flottes (du Nord, de l'Est et du Sud), elle est un point essentiel de l'occupation et de la sécurisation des approvisionnements du pays.

- **Cette puissance a notamment renforcé sa présence en mer de Chine méridionale** avec l'installation d'une base de sous-marins sur l'île d'Hainan, proche des profondeurs, où ses SNLE peuvent disparaître sans être repérés par les systèmes de détection de sous-marins. Le pays est doté de quatre SNLE, au même rang que la France, et possède deux porte-avions. Issu de l'industrie de l'ère soviétique, le *Liaoning*, lancé en 2012, est un ancien navire construit par l'URSS et racheté à l'Ukraine. Le second navire, *Shandong*, lancé en 2017, est de conception 100 % chinoise. Pour rattraper son retard sur ses rivaux américains et français, la Chine construit un troisième modèle doté d'une propulsion nucléaire et d'un système de catapulte qui restait pour le moment l'apanage de ses rivaux.

- **La Chine bénéficie aussi du plus grand corps de garde-côtes du monde pour sécuriser ses eaux intérieures.** Elle peut enfin s'appuyer sur une véritable « milice maritime » composée de pêcheurs semi-militarisés qui multiplient les actions dans les îles du Pacifique et permettent de s'approprier des îlots sans violer le droit international.

2. Du « collier de perles » à la BRI

- **La Chine possède une série de bases maritimes le long de son littoral se prolongeant le long d'un véritable « collier de perles »**, qui s'étale jusqu'au Moyen-Orient. Des nations coopérantes ont donné des facilités d'accès et de ravitaillement aux bâtiments chinois sur la route qui la relie aux pays producteurs d'hydrocarbures par le détroit d'Ormuz (golfe Persique) ou celui de de Bab-el-Mandeb (mer Rouge). On peut citer les ports de Chitaggong au Bangladesh, Gwadar au Pakistan, les Maldives et les Seychelles dans l'océan indien. Cette stratégie vise à sécuriser l'approvisionnement en hydrocarbures, ressources cruciales pour le développement du pays depuis les années 1980, et à encercler l'Inde, le grand rival de la Chine dans la région.

- **La Chine s'est lancée depuis 2013 dans un projet géostratégique très ambitieux : la BRI (*Belt and Road Initiative*).** Les « nouvelles routes de la soie » sont en fait composées d'une ceinture terrestre (*belt*) qui vise à relier le pays à l'Europe, mais surtout d'une route maritime, la MSR (*Maritime Silk Road*), qui relie le pays aux grands ports de ses partenaires commerciaux de la région comme Hanoi (Vietnam), Kuala Lumpur (Malaisie), mais surtout Nairobi (Kenya), véritable tête de pont économique des Chinois en Afrique et le port du Pirée en Grèce, que les Chinois ont racheté après la crise financière. La Chine prend des parts importantes dans de vastes projets d'aménagements portuaires (ports à conteneurs et à minéraliers) par le biais de sa principale société d'armateurs, COSCO.

> **Sachez que…**
> Le dirigeant chinois Hu Jintao est le premier à utiliser l'expression « dilemme de Malacca » en 2003 pour désigner la vulnérabilité géostratégique de la Chine. C'est par cet étroit détroit situé en Malaisie, au large de Singapour, que transitent 50 % du pétrole mondial, mais surtout 70 % des exportations chinoises. Ce centre de gravité économique pour la Chine échappe pourtant à sa souveraineté. Le pays doit donc veiller à sa sécurisation dans un contexte de piraterie et de forte présence de la marine américaine.

• **Par ces deux biais, le pays renforce son contrôle direct ou indirect sur les espaces maritimes** du monde, sur le plan militaire, mais surtout économique.

Doc. Les routes maritimes de la soie

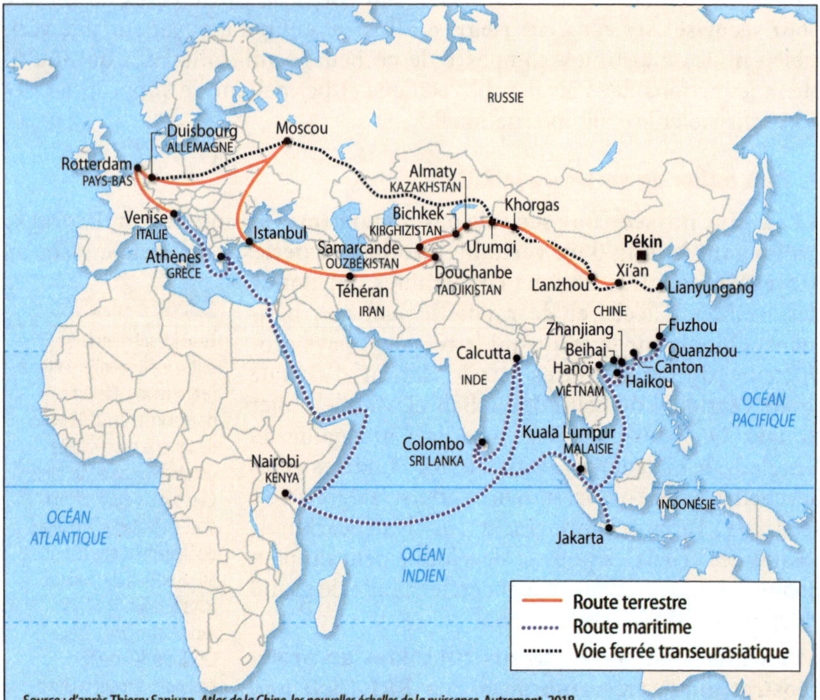

Source : d'après Thierry Sanjuan, *Atlas de la Chine, les nouvelles échelles de la puissance*, Autrement, 2018.

ZOOM SUR...

Les rivalités en mer de Chine méridionale

1 La mer de Chine méridionale : un espace de rivalités géopolitiques

→ **Cette mer d'Asie du Sud représente un des « points chauds » de la planète sur le plan géopolitique.** C'est tout d'abord un espace géographiquement morcelé en péninsules, archipels, îles et récifs qui constituent autant d'espaces stratégiques et de points d'achoppement entre les États riverains. Les îles Paracels sont à la fois revendiquées par le Vietnam et la Chine selon des arguments historiques (ancienneté d'occupation) ou géographique (extension du plateau continental). Les Spratleys, composées de récifs et de hauts fonds, mettent en jeu un nombre bien plus conséquent d'États.

→ **Les facteurs sont aussi économiques** : l'importance de la région s'est considérablement accrue avec la mondialisation. La route qui emprunte le détroit de Malacca est la plus grande artère commerciale du monde, porte d'entrée des matières premières et de sortie des pays qui comptent parmi les plus industrialisés du monde, dont la Chine. Les gisements en hydrocarbure sont également très importants dans la région, notamment au nord de l'Indonésie.

2 La Chine tente d'imposer un « lac chinois »

→ **La Chine tente de s'imposer comme la grande puissance régionale.** Elle a installé une base de sous-marins sur l'île d'Hainan et déploie ses forces navales, aussi bien militaires que civiles (marine, garde-côtes et pêcheurs quasi militarisés) dans toute la région.

→ **Elle pratique une artificialisation des îles Spratleys** en aménageant des pistes d'atterrissage et en construisant des bases d'observation, véritable « coup de force » géostratégique.

Doc. Un partage territorial maritime conflictuel

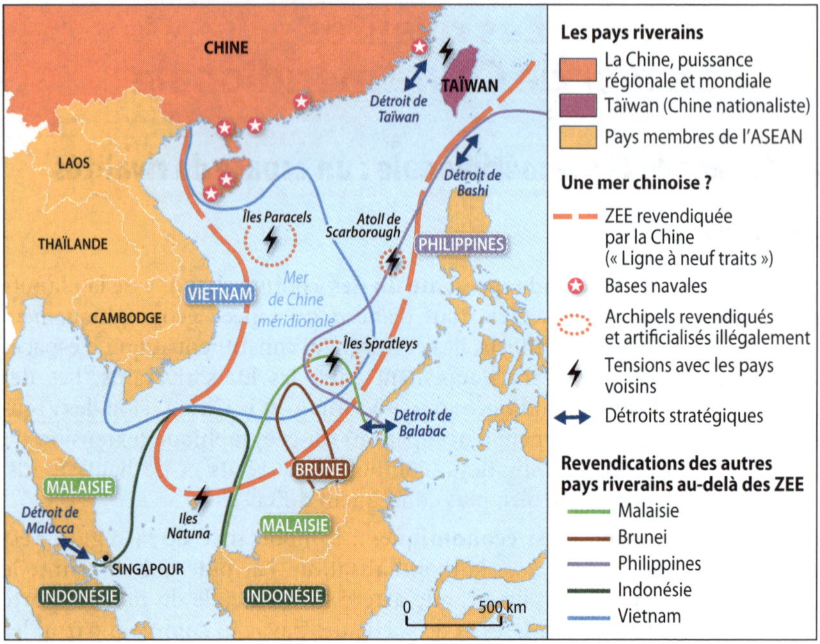

L'ESSENTIEL

La Chine à la conquête de l'espace, des mers et des océans

- La Chine, pays isolé après la fin de la guerre civile en 1949, s'est progressivement ouverte au monde sur les plans diplomatique et économique. Le grand tournant est l'année 1978, marquée par une forte croissance économique, l'ouverture du pays sur la mer et une plus grande participation dans les affaires du monde.
- La croissance économique et les transferts de technologie ont permis au pays de devenir progressivement une puissance spatiale capable d'envoyer des satellites et des hommes dans l'espace au moyen de lanceurs toujours plus performants.
- Le pays se lance également à la conquête des océans grâce à une marine récente et moderne et par une politique de revendication toujours plus offensive, notamment dans les mers du Sud. La Chine s'impose donc comme une puissance régionale en Asie-Pacifique, avec des prétentions de plus en plus mondiales.

Mots-clés

Agence spatiale européenne (ASE ou ESA) : fondée en 1975 par dix pays européens, elle compte vingt-deux membres en 2019. Elle initie et coordonne les travaux d'exploration de l'espace extra-atmosphérique, mais aussi les programmes de lanceurs (Ariane) ou de télécommunication et de navigation par satellite (Galileo).

Apollo : programme américain d'exploration de la Lune lancé en 1961 et actif jusqu'en 1975. Si la mission d'Armstrong (Apollo XI) est la plus connue, six missions lunaires ont réussi : de Apollo XI à Apollo XVII.

Astronaute : il existe plusieurs termes pour désigner la présence de l'homme dans l'espace. Les Américains parlent d'« astronautes », les Français de « spationautes », les Russes de « cosmonautes » (*cosmos* signifiant « univers ») et les Chinois de « taïkonautes » (*taikong* signifiant « grand vide » en chinois).

BBNJ *(Biological Diversity Beyond National Juridiction)* : « biodiversité marine dans les zones situées au-delà de la juridiction nationale », c'est-à-dire en haute mer. Ce terme juridique complexe désigne en réalité la prise de conscience de la nécessité de ménager un patrimoine mondial aquatique naturel (faune et flore).

BRI (*Belt and Road Initiative*) : expression anglaise utilisée à l'échelle internationale pour désigner le projet géostratégique chinois des « nouvelles routes de la soie » adopté par le président Xi Jinping à partir de 2013. Il vise à faciliter les échanges avec l'Europe, l'Afrique et le reste du monde, notamment avec des routes maritimes (*road*) et des ceintures terrestres de communication (routes et chemins de fer).

« Collier de perles » : expression désignant la présence de la marine chinoise dans les ports d'Asie et du Moyen-Orient pour sécuriser la route de l'approvisionnement pétrolier, les ports formant les perles d'un collier.

Conteneur/porte-conteneurs : boîte standardisée de transport des marchandises correspondant à un équivalent 20 pieds. Les porte-conteneurs sont les navires les transportant.

Cosmodrome : base de lancements d'engins spatiaux.

Dissuasion : moyen d'empêcher un conflit en décourageant l'adversaire d'une agression par la supériorité nette de ses moyens militaires. La possession de l'arme atomique en représente le meilleur exemple.

Espace extra-atmosphérique : terme défini en 1967 par le traité de l'espace. Espace situé au-delà de l'atmosphère terrestre. Il comprend de fait la Lune et tous les autres corps célestes.

■ **Fosses océaniques** : dépressions océaniques situées dans les zones de subduction (passage d'une plaque sous une autre) ou d'accrétion (éloignement des plaques). Profondes de plusieurs kilomètres, ce sont des espaces particulièrement peu explorés.

■ **Géostratégie** : qui concerne les questions d'appropriation des territoires (ressources ou intérêt stratégique) dans le cadre d'un affrontement économique ou l'éventualité d'un conflit armé.

■ **Gyre** : terme désignant les tourbillons marins dans l'océan mondial dans lesquels s'accumulent les déchets, notamment les plastiques. Pour le plus vaste d'entre eux, on parle même de « sixième continent ».

■ **Haute mer** : terme utilisé pour désigner les « eaux internationales », au-delà des juridictions nationales. L'espace de « haute mer », qui débute à 200 milles marins, s'est sensiblement réduit sur le globe avec la création des ZEE.

■ **Lanceur** : fusée capable d'envoyer une charge utile dans l'espace. Le lanceur européen Ariane en est un exemple.

■ **Liberté des mers** : principe théorisé au XVIIe siècle par le Hollandais Grotius, qui consiste à naviguer librement sur les mers et les océans en raison notamment des dangers qui leur sont liés. C'est un point important de la doctrine maritime des États-Unis.

■ **Maritimisation** : dépendance croissante des économies des États du monde envers les mers et les océans (importation de matières premières, exportation de produits finis, croisières). Elle se manifeste notamment par le développement spectaculaire des ports.

■ **Mer territoriale** : espace maritime sur lequel s'étend la souveraineté nationale (généralement jusqu'à 12 milles marins à partir du rivage).

■ **Mille marin** : unité de mesure des distances marines. 1 mille = 1 852 mètres.

■ **Missile** : fusée transportant une charge explosive (classique ou nucléaire). Les missiles de croisière voyagent dans l'atmosphère, tandis que les missiles balistiques se déplacent lors d'une courbe ascensionnelle dans l'espace. Leur portée est de plusieurs milliers de kilomètres.

■ **Mondialisation** : explosion des échanges commerciaux et des communications sur la planète après les années 1990. Elle est notamment marquée par la prédominance des échanges maritimes.

■ **Orbite** : trajectoire courbe et rotative que définit dans l'espace un objet attiré par un autre en fonction de la gravité.

■ **NASA** : National Aeronautics and Space Administration. Agence spatiale états-unienne, fondée en 1958 par le président Eisenhower, son siège est à Houston. Elle coordonne les programmes militaire et civil américains.

■ **Navette spatiale** : véhicule transportant des passagers dans l'espace, capable de les ramener et d'effectuer plusieurs missions. Les deux programmes de navette sont Challenger (États-Unis) et Bourane (URSS).

■ **New Space** : expression désignant depuis les années 2000 l'ensemble des acteurs privés participant aux projets spatiaux. Pour des raisons d'économie ou de recherche de rentabilité, ils substituent des acteurs privés (Space X notamment) aux acteurs publics.

■ **Plateau continental** : prolongement naturel du continent sous l'eau. Espace de fortes potentialités pour ses ressources sur et sous le sol marin, il représente aujourd'hui l'enjeu d'une extension de la ZEE (passant de 200 à 350 milles marins).

■ **Puissance** : capacité d'influencer l'ensemble du monde dans tous les domaines (économique, commercial, financier, politique, diplomatique, militaire, culturel). Elle désigne surtout la capacité d'un État à faire appliquer son influence et sa suprématie au moyen de forces de projection. Celle-ci se manifeste aujourd'hui plus particulièrement sur les mers et dans l'espace.

■ **Satellite** : corps en orbite autour d'un corps plus important. On distingue les satellites naturels (la Lune) et les satellites artificiels.

■ **SNLE** : sous-marin nucléaire lanceur d'engins. Véhicule particulièrement moderne, il est doté de moteurs nucléaires qui le rendent indétectable. Armés d'ogive, c'est la pièce maîtresse de la dissuasion nucléaire.

■ **Sonde** : engin automatique non habité envoyé hors de l'atmosphère pour explorer l'espace. Prodige de technicité, contrairement aux satellites, elle ne reste pas en orbite terrestre.

■ **Souveraineté** : autorité suprême d'un État sur un territoire délimité. Elle s'exerce sur le territoire terrestre et la « mer territoriale ».

■ **Space Act** : loi adoptée en 2015 par le président américain Barack Obama visant à permettre aux compagnies privées d'exploiter et de tirer profit des ressources extraterrestres, et ainsi stimuler la participation du privé aux programmes d'exploration spatiale.

■ **Thalassocratie** : du grec *thalassa*, « mer », et *kratos*, « pouvoir ». Désigne une puissance politique fondée principalement sur la maîtrise des mers. Ce terme est un véritable projet géostratégique pour les États-Unis dans la bouche de son inventeur l'amiral Alfred Mahan.

■ **ZEE** : zone économique exclusive. Terme apparu lors de la convention de Montego Bay. Elle s'étend sur 200 milles marins à partir du littoral et prévoit une « souveraineté économique » (droit d'exploration et d'exploitation des ressources marines), mais non une souveraineté politique.

Repères chronologiques

1890	Parution de l'ouvrage de l'amiral américain Mahan *The Influence of Sea Power upon History, 1660-1783*, considéré comme l'ouvrage fondateur de la géostratégie maritime.
1908	Grandes expéditions transocéaniques, conquête des pôles.
1914	Ouverture du canal de Panama.
1917	Torpillage du *Lusitania*, navire américain, par les Allemands, qui provoque l'entrée en guerre des États-Unis.
1941	Affirmation du principe de « liberté des mers » dans la Charte de l'Atlantique entre Roosevelt et Churchill.
1942-1945	Guerre aéronavale dans le Pacifique. Domination des porte-avions américains.
1947	Tir d'un premier V2 adapté en fusée en URSS.
1948	Création de l'OMI (Organisation maritime internationale) qui a son siège à Londres. Début de l'exploitation du pétrole offshore (plateformes pétrolières).
1949	Début de la République populaire de Chine (communiste).
1952	Déclaration de Santiago (Chili, Équateur, Pérou) qui définit pour la première fois un espace maritime de 200 milles sous souveraineté nationale.
1954	Lancement de l'*USS Nautilus*, premier sous-marin nucléaire de l'histoire.
1956	Première Conférence des Nations unies sur le droit de la mer (CNUDM ou UNCLOS). Crise du canal de Suez.
1957	Lancement de Spoutnik par l'URSS.
1958	Création de la National Aeronautics and Space Administration (NASA) par le président Eisenhower.
1956	Début du programme spatial chinois.
1958	Construction par la Chine d'une base de lancement de fusées en Mongolie intérieure.
1960	Première plongée habitée dans la fosse des Mariannes (point le plus profond sur le globe).
1961	Vol de Youri Gagarine.
1964	Premier essai chinois de bombe atomique.
1967	Premier lancement de sous-marin nucléaire (SNLE) par la France, *Le Redoutable*.
1967	Traité international sur l'espace.
1969	Mission sur la Lune de Neil Armstrong (Apollo XI).
1970	Lancement du premier satellite chinois en orbite.
1973	Création de l'Agence spatiale européenne et de la fusée Ariane. Début du programme GPS.
1974	Contrôle de la Chine sur les îles Paracels.

1975	Amarrage d'Apollo-Soyouz.
1978	Réformes de Deng Xiaoping, ouverture des zones économiques spéciales, début de la maritimisation de l'économie chinoise.
1979	Traité international visant à interdire l'appropriation de la Lune par un État.
1980	Lancement du premier satellite indien.
1982	Convention de l'ONU sur le droit de la mer à Montego Bay (Jamaïque), naissance des ZEE.
1988	Début de l'occupation militaire chinoise dans les îles spratleys.
1983	Le président américain Ronald Reagan annonce l'IDS (Initiative de défense stratégique, appelée « guerre des étoiles »).
1995	Essor du commerce avec les conteneurs, accélération de la mondialisation, affirmation du port de Shanghai.
1998	Accord sur la construction d'une Station spatiale internationale.
1999	Premier lancement par la Chine de la capsule habitable Shenzou.
2000	Création du groupe aérospatial européen EADS et de sa filiale spatiale Astrium.
2001	Création de l'Organisation de coopération de Shanghai (OCS).
2003	Premier taïkonaute dans l'espace.
2008	Crise financière internationale, coup de frein aux nouveaux programmes spatiaux.
2008	Les Chinois donnent la priorité à la construction navale, émergence du concept de « collier de perles ».
2011	La Chine dépasse les États-unis en nombre de lancements d'engins spatiaux.
2012	Tensions entre la Chine et le Japon à cause des îles Diaoyu (Senkaku pour le Japon). Liu Yang, première taïkonaute dans l'espace. Lancement du premier porte-avion chinois, le *Liaoning*.
2013	Programme du « rêve chinois », lancement du projet des routes de la soie (BRI).
2015	Barack Obama adopte le « Space Act », soutien des autorités américaines au secteur privé.
2016	Mission Proxima et séjour de Thomas Pesquet dans la Station spatiale internationale.
2016	Lancement de la fusée Longue marche 7 dans l'espace et du laboratoire spatial Tiangong.
2018	La fusée Falcon met en orbite un véhicule Tesla, tous deux produits de l'entreprise Space X, fondée par Elon Musk.
2018-2020	L'ONU organise la Conférence intergouvernementale sur la conservation et l'utilisation durable de la mer de la BBNJ (*Biodiversity Beyond National Jurisdiction*).
2019	Donald Trump annonce la création d'une force de l'espace américaine.
2019	Module d'exploration chinois sur la face cachée de la lune, Chang'e.
2024	Projet de Jeff Bezos « Blue moon », véhicule capable de transporter des charges lourdes vers la Lune.

Biographies

Xi Jinping (né en 1953)

Fils d'un opposant politique à Mao Zedong, Xi Jinping passe une partie de son enfance dans un camp d'internement. Ce «prince rouge» adhère cependant pleinement aux valeurs du régime, gravit tous les échelons du parti communiste chinois et devient président de la République populaire à partir de 2013. En 2018, il modifie la constitution pour rester président à vie. Le pays devient pleinement une grande puissance économique et surtout géostratégique avec le projet ambitieux des nouvelles routes de la soie. Il poursuit et amplifie la politique navale de son prédécesseur Hu Jintao et accélère le programme spatial chinois. Il entend incarner aux yeux de sa population et du monde le «nouveau rêve chinois».

Youri Gagarine (1934-1968)

Issu d'un milieu modeste et pilote de chasse très talentueux, «le premier homme dans l'espace» est une des figures légendaires de la conquête spatiale. Choisi par le dirigeant de l'URSS Nikita Khrouchtchev, ce cosmonaute réalise une révolution complète autour du globe avec sa capsule Vostok 1 projetée par une fusée Soyouz en 1961. Véritable héros, il est utilisé par la propagande russe pour démontrer la supériorité scientifique de l'Union soviétique et du modèle communiste. Il disparaît en 1968 dans un accident d'avion aux conditions mystérieuses.

Alfred Mahan (1840-1914)

Amiral issu de la prestigieuse école de West Point et historien, Mahan est surtout connu comme le père du concept de « sea power » pour les États-Unis et comme le fondateur de la géostratégie maritime moderne. Il est l'auteur de *L'Influence de la puissance navale sur l'Histoire* (1660-1783) *et Des intérêts américains à une puissance navale, aujourd'hui et demain.* Il est le premier à insister sur l'importance des facteurs économiques dans la stratégie globale d'une nation au-delà des simples aspects militaires. Il encourage une politique maritime américaine offensive et pousse notamment à l'ouverture du canal de Panama.

Elon Musk (né en 1971)

Originaire d'Afrique du Sud, il s'installe aux États-Unis où il entreprend un doctorat de physique dans la prestigieuse université de Stanford dans la « Silicon Valley ». Cet entrepreneur farfelu s'impose comme un redoutable entrepreneur, avec la création de la marque de voitures de luxe électriques Tesla, mais surtout l'entreprise Space Exploration Technology (Space X). Il incarne la participation croissante du secteur privé à la conquête spatiale, avec ses véhicules de lancement Falcon et le transporteur Dragon, utilisant notamment la base de Cap Canaveral. Pour des raisons autant scientifiques que publicitaires, il se positionne dans les projets de conquête de la planète Mars.

REPÈRES

Documents majeurs

Doc. 1 L'espace et les traités internationaux

Cadre juridique existant

Le Traité sur les principes régissant les activités des États en matière d'exploration et d'utilisation de l'espace extra-atmosphérique, y compris la Lune et les autres corps célestes (« Traité sur l'espace ») est entré en vigueur en 1967, après examen par le Comité des utilisations pacifiques de l'espace extra-atmosphérique et l'Assemblée générale. Le Traité constitue le cadre général du droit international de l'espace.

Il est exposé à la Conférence des Nations unies de 1968 à Vienne, Autriche.

En particulier, il interdit le placement d'armes nucléaires ou de tout autre type d'arme de destruction massive dans l'espace et le stationnement de ces armes sur des corps célestes. Il établit également les principes fondamentaux relatifs à l'utilisation pacifique de l'espace. L'un d'eux est que l'exploration et l'utilisation de l'espace extra-atmoshérique, y compris la Lune et les autres corps célestes, doivent se faire pour le bien et dans l'intérêt de tous les pays et que l'espace extra-atmosphérique, y compris la Lune et les autres corps célestes, ne peut faire l'objet d'appropriation nationale par quelque moyen que ce soit, ni de revendications de souveraineté.

Efforts déployés par la Conférence du désarmement

Depuis le début des années 1980, la Conférence du désarmement a examiné plusieurs propositions au titre du point de l'ordre du jour intitulé « Prévention d'une course aux armements dans l'espace », dont des projets de traité visant à prévenir le placement d'armes dans l'espace et à interdire l'utilisation d'armes antisatellites.

En 2006, les gouvernements chinois et russe ont présenté un projet de traité de ce type à la Commission du désarmement.

L'Assemblée générale s'est également réservé le droit d'étudier la question et, en 1990, elle a prié le Secrétaire général, avec l'aide d'un groupe d'experts gouvernementaux, de mener une étude sur l'application à l'espace de diverses mesures de confiance. Le Groupe a présenté son rapport en 1993.

www.un.org, 2020.

Doc. 2 Convention de Montego Bay et droit de la mer

Le droit maritime international est d'origine coutumière et conventionnelle. Les quatorze points du président Wilson, prononcés par celui-ci devant le Congrès des États-Unis en 1918 pour préparer l'après-guerre, comprenaient dès le deuxième point la libre circulation maritime : « Une absolue liberté de navigation sur les mers, en dehors des eaux territoriales, en temps de paix, aussi bien qu'en temps de guerre, sauf si les mers doivent être en partie ou totalement fermées afin de permettre l'application d'alliances internationales ».

La Convention des Nations unies sur le droit de la mer (CNUDM ou *United Nations Convention on the Law Of the Sea*, UNCLOS), signée à Montego Bay (Jamaïque) le 10 décembre 1982, est entrée en vigueur le 16 novembre 1994, après ratification ou adhésion de 60 États (il y avait 157 États signataires de la Convention en 2014). Le texte compte 320 articles et prévoit notamment :

– l'interdiction pour les États riverains d'entraver le passage dans les détroits et l'obligation de faciliter leur navigation par une signalisation adéquate (art. 44) ;

– la création des zones économiques exclusives (ZEE). Le texte définit la ZEE comme une bande limitée par la ligne des 200 milles nautiques (370 km) à partir de la ligne de base en l'absence d'autre rivage. Si le rivage le plus proche est à moins de 200 milles nautiques, on trace en principe la frontière à mi-distance des lignes de base des deux pays riverains. La convention fixe les droits d'exploitation à l'intérieur des ZEE, par exemple le droit à la construction d'îles artificielles (art. 60) ;

– un droit des États sans littoral (art. 69), notamment le droit « de participer, selon une forme équitable, à l'exploitation d'une part appropriée du reliquat des ressources biologiques des ZEE des États côtiers de la même sous-région » ;

– la liberté en haute mer ouverte à tous les États, côtiers ou sans littoral (art. 87). Cette liberté inclut la navigation, le survol, la pose de câbles sous-marins et de tubes, la pêche, la recherche scientifique ;

– la lutte contre le transport d'esclaves (art. 99), la lutte contre la piraterie (art. 100 à 107), la conservation des ressources biologiques en haute mer (art. 119)…

www.geoconfluences.ens-lyon.fr, 2020.

Doc. 3 Des avancées vers un traité international en faveur de la haute mer

La troisième session de négociation sur un outil « juridiquement contraignant » pour gouverner l'océan s'est achevée à l'ONU. Le texte doit à terme permettre d'encadrer l'exploitation de ses ressources et de le protéger.

[…] Le sujet est essentiel : il s'agit d'élaborer des règles de gouvernance de la haute mer, l'immensité qui s'étend au-delà des 200 milles marins, soit 43 % de la surface du globe. La conférence intergouvernementale qui y travaille est censée aboutir à l'élaboration d'un instrument juridiquement contraignant sur « la conservation et l'utilisation durable de la biodiversité marine » dans des zones ne relevant d'aucune juridiction nationale. La quatrième et dernière session de travail prévue au printemps 2020 est censée aboutir à l'adoption d'un texte.

Le 19 août [2019] à New York, le secrétaire général de cette instance, Joao Miguel Ferreira de Serpa Soares, a rappelé que « 66 % des océans enregistrent de façon croissante des impacts humains cumulatifs qui portent atteinte à la biodiversité », en citant le rapport mondial 2019 de la Plateforme intergouvernementale sur la biodiversité et les services écosystémiques. Pourtant, le futur traité ne vise pas seulement à imposer des règles de protection des écosystèmes au milieu du Pacifique ou de l'Atlantique. Il est aussi l'occasion de se projeter dans un avenir où les ressources marines seront convoitées. […]

Ils visent surtout le monde moins connu des ressources génétiques marines, c'est-à-dire « tout matériel d'origine végétale, animale, microbienne ou autre dont les propriétés génétiques et biochimiques présentent une valeur effective ou potentielle », selon l'une des définitions du prétraité préparé par la présidente de cette conférence intergouvernementale, Rena Lee, déléguée de Singapour. Pharmacie, agroalimentaire, cosmétique et autres industries pourraient, à terme, puiser dans ces richesses encore largement inconnues.

Martine Valo, www.lemonde.fr, 5 septembre 2019.

Doc. 4 Les puissances navales et spatiales dans le monde

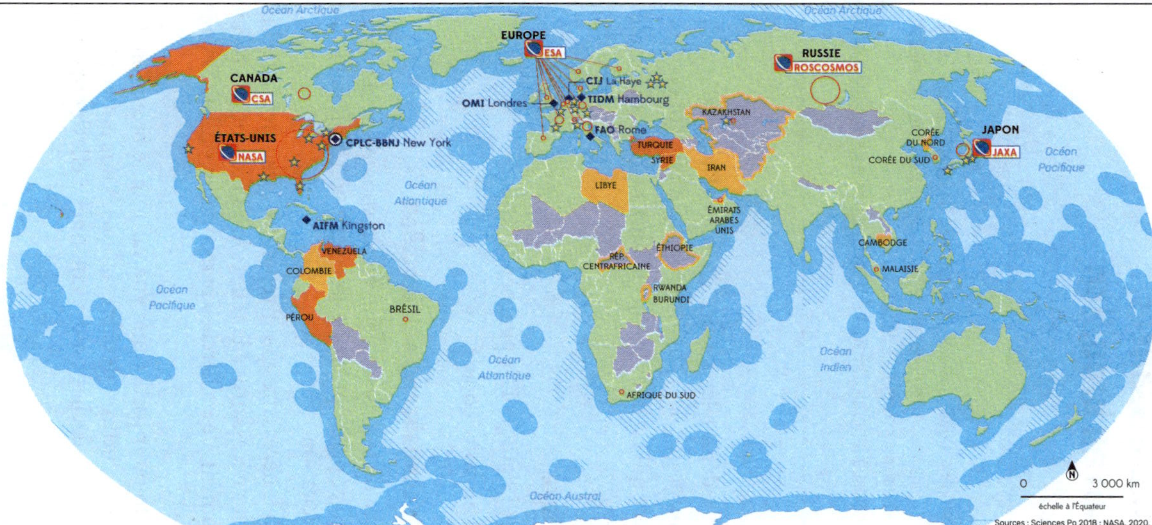

1. La diplomatie des mers et des océans

La Convention des Nations unies sur le droit de la mer (CNUDM)

- Ratification[1]
- Signature[1]
- Aucun engagement

Les instances internationales de régulation

- **TIDM** Tribunal international du droit de la mer
- **CIJ** Cour internationale de justice
- **CLPC** Commission des limites du plateau continental
- **AIFM** Autorité internationale des fonds marins
- **OMI** Organisation maritime internationale
- **FAO** Organisation des Nations unies pour l'alimentation et l'agriculture
- ◆ Conférence intergouvernementale sur la conservation et l'utilisation durable de la BBNJ de 2018 à 2020

2. Le partage encadré de l'espace maritime

- Zones économiques exclusives
- Haute mer
- États enclavés, sans ouverture maritime
- Demandes d'extensions du plateau continental

[1] La signature de la Convention équivaut à une approbation préliminaire. La ratification signifie qu'un État accepte juridiquement les dispositions de la Convention.

3. La coopération pour développer la station spatiale internationale (SSI)

- NASA Grandes puissances spatiales membres de la SSI
- CSA Pays membres de l'Agence spatiale européenne (ESA) dont un astronaute a séjourné dans la SSI

Nombre d'astronautes ayant visité la SSI et leur origine

1 5 9 47 Russie 151 États-Unis

- ☆ Centres opérationnels et de gestion de la SSI

La dissertation : analyser le sujet, mobiliser ses connaissances, organiser le plan au brouillon

Bien comprendre

- La dissertation est un exercice plus complexe que la question problématisée du tronc commun. Le candidat de spécialité bénéficie d'un temps plus important et de compétences supplémentaires et doit donc réaliser un effort de réflexion, d'organisation, mais surtout de démonstration.
- Elle doit montrer la capacité du candidat à réfléchir. On attend la formulation d'une problématique personnelle.

1. Analyser le sujet

- Commencez par analyser et définir les termes du sujet. Dégagez le cadre chronologique, le contexte historique, les échelles géographiques concernées.
- Il faut bien veiller à définir ce qui est dans le sujet et hors sujet ou adapter les idées au sujet.

2. Dégager une problématique

- Quel est l'intérêt de ce sujet ? Pourquoi s'y pencher ?
- Qu'allez-vous démontrer dans votre copie ?

3. Mobiliser et organiser ses connaissances au brouillon

- Il est fondamental de passer du temps sur cette étape, sous peine d'oublier des aspects importants du sujet ou de produire une réflexion trop faible : le danger serait de faire de la récitation.
- Quelles parties du cours sont nécessaires pour répondre à ce sujet ? Quelles sont les notions et les mots clés nécessaires à la réflexion ? Quels points précis vus lors d'une étude de document, de recherches personnelles ou puisés dans l'actualité pouvez-vous utiliser ?
- Écrivez uniquement au recto pour garder une vue sur tout le brouillon. Ne rédigez pas de phrases complètes, utilisez des abréviations. Vous pouvez réfléchir de manière visuelle, avec des flèches ou des colonnes : elles permettent déjà d'organiser vos idées.

- Éventuellement, recherchez des idées sous forme de carte mentale et tentez de bien faire le lien entre les différentes idées, cela vous sera d'une aide très précieuse pour organiser votre plan et bien agencer l'ordre entre les différentes parties et sous parties.

Exercice d'application

La dissertation : analyser le sujet, mobiliser ses connaissances, organiser le plan au brouillon

Sujet Les enjeux géostratégiques et juridiques des espaces maritimes dans le monde (de 1945 à nos jours).

CORRIGÉS

PROPOSITION DE CORRIGÉ

[Analyser le sujet]

- La définition du terme « juridique » est relativement simple : il désigne le droit, ici le droit de la mer et l'ensemble des traités internationaux qui la concernent.
- La « géostratégie » est une notion centrale de ce thème. Elle peut se définir comme la capacité à se projeter sur les mers du globe et à les maîtriser sur le plan militaire, mais aussi économique. Elle sous-entend la notion de « puissance », ici absente du sujet, mais nécessaire à son analyse.
- Le terme « enjeu » est littéralement ce qui est à perdre ou à gagner. Il invite à réfléchir sur les facteurs qui font des espaces maritimes un espace stratégique, mais également sur les modalités et les objectifs des affrontements stratégiques.
- Le sujet définit des bornes chronologiques, il y a donc une évolution à souligner.
- La formulation du sujet invite à penser la relation entre les enjeux juridiques et les enjeux géostratégiques. Ils en sont l'aboutissement logique : la coopération internationale qui donne naissance aux textes juridiques est la conséquence directe et une tentative de réponse aux logiques de compétition et d'affrontements. Ce sujet invite à une démarche logique et chronologique.

Remarque

S'il est plus facile de trouver des grandes parties et des exemples, la difficulté est de dégager des sous-parties. Il faut alors penser de manière thématique, chronologique et tenter de regrouper plusieurs exemples. Pour cela, on passe par un raisonnement inductif : quelle idée plus générale peut regrouper différents exemples et, si oui, comment bien la formuler ?

[Dégager une problématique]

En quoi les espaces maritimes sont-ils un objet de rivalité entre les grandes puissances du monde et comment tentent-elles de négocier sur le plan juridique ?

[Mobiliser et organiser ses connaissances au brouillon]

Ressources du manuel	Notions, mots clés et idées importantes
Cours 1 (p. 12-15)	Plateforme offshore, hydrocarbures, conteneurs, mondialisation, maritimisation, nodules polymétalliques, routes de commerce, pêche – La maîtrise des mers s'est accélérée depuis 1945 sur le plan technique dans les domaines militaire et économique. – Les océans sont l'espace essentiel de la mondialisation.

Ressources du manuel	Notions, mots clés et idées importantes
Cours 2 (p. 16-24)	Sea power, task force, guerre dans le Pacifique, guerre froide, monde multipolaire, porte-avion, SNLE, puissances maritimes – Une puissance maritime se définit par sa capacité à se déployer sur les mers et à les contrôler. – Les puissances maritimes s'organisent de manière multipolaire marquée par la rivalité États-Unis/Chine.
Cours 3 (p. 28-35)	Droit de la mer, déclaration de Santiago, conférence de Montego Bay, CNUDM, extension sur le plateau continental, haute mer, ZEE, BBNJ – Après des tentatives qui ont échoué, il a fallu attendre la conférence de Montego Bay pour voir la naissance d'un droit international de la mer. – La dimension écologique n'en est qu'à ses balbutiements. – La ZEE est un objet de négociations : d'accord ou de revendications.
Zoom sur… la thalassocratie américaine (p. 25-27)	Thalassocratie, flottes, bases aéronavales, Hawaï – Les États-Unis demeurent la plus grande puissance maritime du monde de 1945 à nos jours.
Zoom sur… rivalités en mer de Chine (p. 43-44)	Rivalités, mer de Chine méridionale, îles Spratleys, îles Paracels – La mer de Chine est aujourd'hui une zone de tensions géopolitiques majeure du monde.

Plan

I. Les espaces maritimes : des espaces stratégiques

a. La maîtrise militaire des espaces maritimes (porte-avions, SNLE, task force)

b. Des espaces de ressources (pêche, plateformes offshores, nodules polymétalliques)

c. Des espaces liés au cœur de la mondialisation (maritimisation, conteneurs, routes de commerce)

L'astuce du prof

Pour organiser ses sous-parties, il faut penser à un enchaînement logique et chronologique des idées. Il faut commencer par la maîtrise militaire des océans (les porte-avions sont utilisés dès la Seconde Guerre mondiale) et terminer par la mondialisation (années 1990) qui est le point le plus récent de la partie.

CORRIGÉS

II. Des espaces d'affrontement et de rivalités pour les puissances

a. Des espaces liés aux logiques d'affrontement mondial (guerre dans le Pacifique, guerre froide)

b. La hiérarchie des puissances maritimes : du sea power américain à un monde multipolaire

c. Des espaces de revendication (océan Arctique, mer de Chine méridionale)

III. Des espaces au cœur des enjeux diplomatiques

a. La difficile gestation d'un droit de la mer (déclaration de Santiago)

b. Des espaces de négociation : la CNUDM et la question des ZEE

c. Une coopération écologique ? : la BBNJ

> **Remarque**
> L'océan Arctique qui ne figure pas dans le manuel a été traité dans le programme de Première dans le thème des frontières. Un bon candidat doit être capable de remobiliser ses connaissances de l'année précédente afin de démontrer une acquisition des connaissances sur deux ans.

> **Remarque**
> Les parties II et III sont les deux aspects majeurs de l'analyse géopolitique des relations entre États : la rivalité (II) ou la coopération (III). Cette coopération passe justement par l'adoption de textes juridiques à valeur internationale.

CHAPITRE 2

Faire la guerre, faire la paix

DE QUOI S'AGIT-IL ?

La guerre est une forme de conflit durant lequel se pratiquent des actes de violence armée, organisée et collective. Elle cesse lorsque s'engage un processus de paix dont la réussite dépend de la place accordée à l'ensemble des protagonistes.

Au XXe siècle, avec l'augmentation des capacités de destruction, l'affrontement guerrier entre États s'est révélé trop coûteux en vies humaines et en bouleversements politiques, économiques et sociaux. Les guerres sont donc moins nombreuses et changent de nature : guerres civiles et terrorisme deviennent les formes majoritaires de conflit.

Depuis le XVIIe siècle, les hommes ont œuvré pour construire de manière consensuelle la paix. Les traités de Westphalie de 1648 marquent ainsi une rupture par l'organisation de la première conférence internationale pour la paix. La fondation de l'ONU en 1945 est la poursuite contemporaine de ce processus de pacification. Le mandat de Kofi Annan au tournant du XXIe siècle élargit le cadre des missions de l'institution dans les domaines sociaux et judiciaires pour une paix plus durable.

Cependant, les guerres du Moyen-Orient montrent les limites de ce modèle onusien. Les guerres israélo-arabes, ou plus récemment celles d'Irak, attestent des mutations profondes de la guerre contemporaine, entre enlisement dans des tensions sans fin et paix impossible.

1 Introduction : formes de conflits et tentatives de paix dans le monde actuel

A Panorama des conflits armés actuels

1. L'Afrique, territoire de conflits

- **Le continent africain est déchiré par les conflits**, en raison de difficultés de développement et l'extrême pauvreté, de mauvaises gouvernances, de présence de groupes armés et réseaux criminels et des interventions des puissances mondiales. La pénurie d'eau et les violences liées aux élections nourrissent également les guerres.

Sachez que...
On parle depuis 1978 d'un « arc de crise » mondial qui s'étend de l'Afrique à l'Asie, où se concentrent la plupart des conflits mondiaux actuels. L'expression a été forgée aux États-Unis.

- **Les guerres touchent la Libye, la zone sahélienne, le golfe de Guinée, le bassin équatorial congolais et la corne de l'Afrique.** Elles se déploient à des échelles variées, qu'il s'agisse de régions comme le pays dogon au Mali, ou d'espaces transnationaux tel le bassin du lac Tchad. Cela s'explique par la présence de groupes transnationaux terroristes, à l'exemple de Boko Haram entre Nigeria, Niger, Tchad et Cameroun.

2. Le Proche et le Moyen-Orient, régions de conflits endémiques ?

- **Le Moyen-Orient est un territoire sous tension depuis le XIXe siècle et la lente dislocation de l'Empire ottoman.** Les rivalités régionales entre États alimentent une conflictualité constante, marquée à la fois par l'opposition entre Israël et une partie des États de la région (Iran, Syrie), mais aussi par des rivalités régionales croissantes entre Iran et Arabie Saoudite.
- **S'y ajoutent les actions terroristes de Daech**, dont l'effacement territorial ne signifie pas la disparition, notamment en Irak.
- **La Syrie, enfin, est ravagée depuis 2011 par une guerre civile à laquelle se sont greffés des acteurs internationaux** à toutes les échelles (États, organisations terroristes et combattants individuels).

3. Asie et Océanie, régions à l'instabilité croissante

- **Les menaces de conflit augmentent en Asie**, du fait de l'expression de nationalismes de plus en plus extrêmes, de la relance de la course mondiale à l'armement et des contentieux liés au tracé des frontières terrestres et des ZEE. La guerre en Afghanistan a fait plus de 40 000 morts en 2018.

4. Amérique et Europe, à l'abri des conflits ?

• **Europe et Amérique semblent aujourd'hui les territoires les plus pacifiés.** En Europe, la guerre en Ukraine est le seul conflit armé actif, mais le processus de paix n'y progresse guère. En Amérique, l'affrontement entre les FARC et l'armée gouvernementale en Colombie est en voie d'achèvement. Toutefois, de nombreux pays comme le Mexique sont touchés par une violence mafieuse meurtrière.

B Essai de typologie : nature des conflits, acteurs et modes de résolution

1. Des conflits qui échappent de plus en plus à la définition traditionnelle de la guerre

• **Dans la plupart des conflits armés actuels, les combats n'ont plus lieu sur des champs de bataille définis,** mais se mènent de manière globalisée, intermittente, avec des moments d'affrontement entrecoupés de cessez-le-feu.

• **La guerre opposant des États souverains s'efface.** Parmi les conflits internationaux encore en cours, celui qui oppose l'Inde et le Pakistan est sans doute le plus inflammable. Les deux Corée, qui n'ont pas encore signé de paix, connaissent également des regains de tension.

• **La plupart des affrontements armés relèvent aujourd'hui d'oppositions internes qui dégénèrent en guerres civiles**, ayant comme origine la volonté de contrôler le gouvernement ou une partie du territoire d'un État. En Syrie, depuis 2011, une partie de la population conteste par les armes la légitimité du gouvernement de Bachar el-Assad. Au Yémen, s'affrontent le gouvernement et les opposants Houthis.

• **Ces guerres sont fréquemment internationalisées** : d'autres États y jouent un rôle décisif, telle la Russie, dont le soutien a été indispensable au maintien du pouvoir syrien. La France est depuis 2012 partie prenante de la guerre qui déchire le nord Mali, avec l'opération Barkhane. La lutte contre le terrorisme justifie la plupart des interventions extérieures.

• **En effet, le terrorisme devient une modalité de conflit majeure à l'échelle planétaire**, œuvre de groupes islamistes, suprémacistes ou séparatistes. Les attaques contre des civils ou des cibles stratégiques, avec comme objectif de déstabiliser des puissances ou des sociétés, touchent tous les continents. Piraterie et guérillas prospèrent dans le contexte de la mondialisation, et déstabilisent de larges espaces.

> **Sachez que...**
> On qualifie de suprémacistes les individus qui, au nom d'une idéologie de domination fondée notamment sur la couleur de peau, la religion ou l'engagement politique, encouragent et pratiquent la violence contre ceux qu'ils estiment inférieurs.

● **Les cyberattaques, encore limitées, devraient également se développer**, certains pays comme la Russie semblant en faire un aspect majeur de leur stratégie. Le changement climatique risque enfin d'affecter la sécurité mondiale.

2. Des conflits qui impliquent à la fois des armées régulières, des milices et des civils armés

● **Pratiquement tous les pays du monde disposent de forces militaires terrestres.** Leur mobilisation en opérations extérieures (Opex) traduit une implication directe dans un conflit, tels les 13 000 soldats états-uniens encore présents sur le sol afghan. S'y ajoutent parfois des mercenaires, employés par des sociétés privées sous contrat avec les États.

● **Les États les plus puissants entretiennent en outre des forces navales**, destinées à sécuriser les échanges et assurer le déplacement rapide et sécurisé des forces armées, y compris des missiles nucléaires. S'y ajoutent d'éventuelles forces aériennes, qui assurent des fonctions de renseignement et de surveillance, et réalisent les frappes stratégiques. Leur précision accrue limite l'exposition des pilotes, eux-mêmes progressivement remplacés par des drones de combat.

● **Les grandes puissances militaires sélectionnent et entraînent enfin des forces spéciales**, unités d'élite dotées d'équipements de pointe, qui peuvent intervenir ponctuellement et rapidement sur tous les théâtres d'opération. Ces soldats sont des acteurs essentiels des guerres irrégulières.

● **Mais les combattants sont loin d'être uniquement des professionnels.** Plus de 875 millions d'armes légères de petit calibre (ALPC), à l'origine de plus de 90 % des victimes de conflit, circulent actuellement dans le monde et transforment des civils, y compris des enfants, en combattants. Certains s'organisent en milices, associées aux armées régulières ou menées par des chefs de guerre échappant à tout contrôle étatique.

Sachez que...
Les ALPC correspondent aux armes pouvant être portées par un seul individu : fusils, mitraillettes, mais aussi missiles anti-char par exemple.

3. Des résolutions de conflit qui reposent sur le multilatéralisme

● **Le passage de la guerre à la paix est un processus qui engage l'ensemble des protagonistes d'un conflit.** Depuis 1945, l'ONU joue un rôle primordial dans la résolution des conflits. Le Conseil de sécurité, instance décisionnelle, peut voter l'envoi de personnels civils et militaires – les fameux « Casques bleus » –, afin de créer les conditions économiques, politiques, diplomatiques et sociales d'un retour à la paix ; on parle d'opérations de maintien de la paix. En 2019, treize opérations majeures sont déployées, pour un budget annuel de 7 milliards de dollars.

- **L'ONU s'emploie aussi, avec l'UE, à limiter le trafic d'armes.** Trente-cinq États sont actuellement sous embargo multilatéral sur les armes. Cette interdiction est rarement respectée.
- **L'ONU est également débordée par les grandes puissances**, qui développent des interventions autonomes, telle l'opération Barkhane au Sahel. L'efficacité de ces dispositifs n'a pas encore été démontrée.

Doc. Formes de conflits et tentatives de paix dans le monde actuel

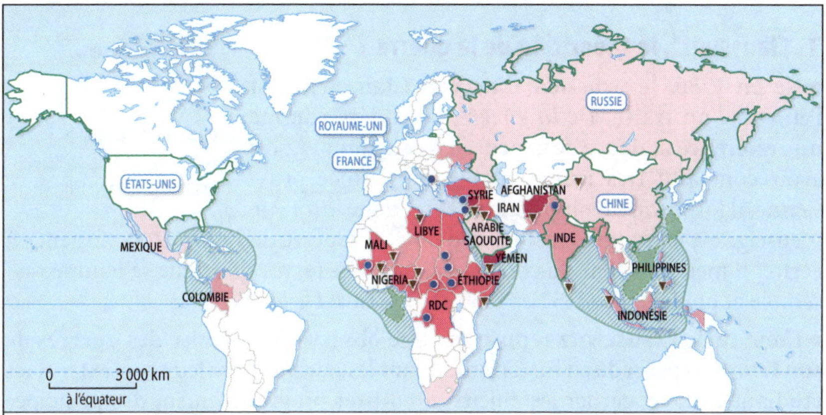

Des degrés de conflictualité variables

Morts lors d'un conflit armé en 2018 :
- plus de 10 000 personnes
- de 1 000 à 10 000 personnes
- moins de 1 000 personnes
- Pays touché ou acteur d'une guerre frontalière, ou marqué par d'importantes violences civiles (criminalité, émeutes, tensions politiques)

Des acteurs et des facteurs de toutes natures
- Tensions liées aux délimitations des ZEE, entraînant une militarisation
- Présence de piraterie
- Présence de groupes terroristes djihadistes
- Pays réalisant les plus importantes dépenses militaires (en valeur absolue)

Une difficile construction de la paix
- CHINE États membres permanents du Conseil de sécurité de l'ONU
- Principales opérations de maintien de la paix de l'ONU

L'ESSENTIEL

Forme de conflits et tentatives de paix dans le monde actuel

- L'Afrique, le Proche et le Moyen-Orient concentrent la plupart des conflits contemporains, au sein de ce que l'on appelle l'« arc de crise » mondial. Europe et Amériques sont plutôt épargnées par les guerres, mais l'Asie connaît une déstabilisation croissante.
- Les guerres entre États sont moins nombreuses, tandis que les conflits civils, les guérillas et le terrorisme deviennent des modalités dominantes de combat armé. Les conflits impliquent des armées, mais aussi des civils, grâce au commerce des armes. L'ONU s'emploie depuis sa création à créer les conditions de la paix, avec des résultats mitigés.

2 La dimension politique de la guerre : des conflits interétatiques aux enjeux transnationaux

A La guerre, « continuation de la politique par d'autres moyens » : de la guerre de Sept Ans aux guerres napoléoniennes

1. Clausewitz, le théoricien de la guerre ?

Sachez que...
L'œuvre de Clausewitz fait l'objet d'études dans de nombreux domaines, en histoire, sciences politiques et stratégie notamment.

• **Né en 1780, le prussien Carl von Clausewitz est l'auteur d'un traité, *De la guerre*, considéré comme une référence majeure de la pensée stratégique.** Après avoir combattu très jeune au sein de l'armée prussienne, il forge son savoir politique et tactique. En 1810, il enseigne à la toute nouvelle Académie de Guerre de Berlin, et commence à écrire. Il meurt en 1831 du choléra, laissant des textes épars que sa femme rassemble et publie entre 1832 et 1839 sous le titre *De la guerre.*

• **L'œuvre de Clausewitz repose sur une observation précise des guerres de son temps.** Il procède en historien, situant les guerres dans leur contexte, et les étudiant pour en cerner les enjeux et en tirer progressivement des principes plus généraux.

2. Une définition politique de la guerre

• **Dès les premières pages de son traité, en affirmant que « la guerre est une simple continuation de la politique par d'autres moyens », Clausewitz la relie au champ des rapports de pouvoir.** Pour Clausewitz, la guerre est un instrument politique, une forme d'action entre les mains des États, au même titre que la diplomatie. Elle a pour but de défaire un adversaire, la victoire ainsi obtenue permettant de réaliser des objectifs préalablement définis. En ce sens, elle n'est qu'un moment politique, placé entre l'identification des fins de la guerre et leur réalisation concrète. D'ailleurs, la guerre n'a de sens que si ses fins sont réalisables, aussi bien du point de vue national – reposant sur la situation intérieure de l'État – qu'à l'échelle internationale, en considérant les rapports de force entre les États.

• **Clausewitz apparente également la guerre à un duel** : chacun des deux protagonistes « essaie, au moyen de sa force physique, de soumettre l'autre à sa volonté […], de l'abattre », écrit-il. Ce faisant, il réduit la guerre à un affrontement entre États, effaçant les autres formes de conflits, notamment sociaux. Il s'inscrit ainsi dans le contexte de son temps, marqué par le Congrès de Vienne et la mise en place d'une diplomatie des rapports de force entre États.

● **La guerre se traduit enfin par un engagement militaire, mobilisant une armée.** Son efficacité est d'autant plus grande que les soldats s'identifient à la nation, une armée populaire l'emportant sur une armée professionnelle. Ainsi, pour Clausewitz, il existe trois facteurs déterminants dans la guerre : l'existence d'un chef de guerre, l'engagement de l'armée et son « esprit populaire ».

3. De la guerre de Sept Ans aux guerres napoléoniennes : le basculement vers la guerre absolue

● **L'analyse de Clausewitz repose sur un travail comparatif entre des moments guerriers**, qui lui permet d'identifier un basculement d'un mode de guerre à l'autre.

● **La guerre de Sept Ans (1756-1763) oppose la Prusse et l'Angleterre à une large coalition incluant la France, l'Autriche et la Russie, et porte sur des enjeux territoriaux.** Elle conserve une dimension aristocratique d'Ancien Régime : les maréchaux, désignés par les souverains, assurent le commandement des armées, et y perpétuent les valeurs de leur classe (courage, maîtrise de soi, respect des civils). Mais elle revêt des dimensions nouvelles.

● **D'abord, le traité de Paris conduit au démantèlement des forces françaises**, avec la perte de nombreuses colonies, et non plus seulement à leur défaite. En outre, elle est une guerre mondiale, puisque des batailles éclatent en Europe, mais aussi en Amérique et en Asie. Clausewitz y voit enfin la preuve que la guerre repose sur le génie d'un chef, Frédéric II de Prusse parvenant par son sens tactique et son engagement à tenir tête aux plus grandes armées du continent.

● **Clausewitz, analysant les guerres révolutionnaires (1792-1815) en fait la matrice d'une nouvelle forme de guerre, la guerre absolue.** D'un degré d'intensité inédit, les guerres qui déchirent l'Europe et le monde de 1792 à 1815 se caractérisent par leur violence idéologique, l'importance des combats et de la tactique, les exactions contre les civils et la volonté de détruire l'adversaire. Clausewitz analyse longuement le rôle de Napoléon, capable d'entraîner les Français sur le chemin de cette guerre absolue, exaltant leur nationalisme et encourageant les expressions de haine de l'adversaire, par exemple en Espagne.

> **Sachez que...**
> De nombreux stratèges du XIXe siècle et du XXe siècle, de Staline à Mao, d'Eisenhower à Kissinger, ont revendiqué la lecture de Clausewitz.

B Le modèle de Clausewitz à l'épreuve des « guerres irrégulières » : d'Al-Qaïda à Daech

1. Guerre réglée, guerre irrégulière

● **Événement extrême, la guerre est un processus encadré par des lois :**
– le droit à la guerre, *jus ad bellum*, identifie les acteurs qui détiennent la légitimité à faire la guerre, c'est-à-dire qui disposent de la souveraineté ;
– le droit de la guerre, *jus in bello*, établit les limites aux destructions qu'elle entraîne, sur les civils comme sur les États.

La stratégie établit également des principes formalisés de la guerre, dans sa dimension militaire.

● **Pourtant, de nombreux conflits échappent à cette définition juridique et stratégique de la guerre dite « réglée »**, et sont qualifiés de « guerres irrégulières ».

● D'une grande diversité de formes et d'échelles, la guerre irrégulière échappe en partie à la réflexion de Clausewitz. Or, elle devient la forme majoritaire de conflit dans la deuxième moitié du XXe siècle, avec notamment le développement du terrorisme mondialisé.

Sachez que...
L'expression « guerre irrégulière » recoupe la notion de conflit asymétrique. On parle aussi de conflit de basse et moyenne intensité, ou de guerre hybride. Ces concepts renvoient à l'affrontement d'adversaires de nature et de force différentes.

2. Définir le terrorisme

● **La définition du terrorisme fait l'objet de débats.** Si l'on peut s'accorder sur sa forme – une violence spectaculaire et paroxystique contre des personnes, destinée à effrayer durablement et profondément l'ensemble d'une population – la question de causes et ses justifications demeure. C'est l'examen du contexte qui détermine la nature terroriste d'un acte de violence, et le distingue de la guérilla ou de la résistance.

Sachez que...
Le terme « terroriste » a été employé par les ennemis de Robespierre pour justifier son arrestation et son exécution en juillet 1794.

● **Guérilla et terrorisme appartiennent au champ des guerres irrégulières** et visent à maintenir le combat alors que le rapport de force est défavorable. Mais là où la guérilla a comme objectif de tenir en échec une armée régulière, le terrorisme fonctionne de manière plus épisodique. Il joue sur la déstabilisation collective, et s'apparente davantage à une agression psychologique.

● **La différence entre terrorisme et résistance repose sur le contexte.** Contrairement au terrorisme la résistance répond à une politique globale de violence contre tout ou partie d'une population, dans un moment où l'indépendance judiciaire n'est pas garantie et où l'État de droit est absent.

● **L'assimilation du terrorisme à la guerre soulève cependant des difficultés**, car contrairement à l'armée ennemie, l'adversaire terroriste reste invisible. Militariser la lutte contre le terrorisme n'a ainsi guère de chance d'aboutir.

3. Al-Qaïda, le terrorisme mondialisé

- **Al-Qaïda trouve son origine en Afghanistan, dans le contexte de la guerre froide.** À la fin des années 1970, des moudjahidines se battent contre le pouvoir politique afghan, allié des soviétiques. Un « bureau des services », dirigé par le richissime saoudien Oussama Ben Laden, recrute et arme ces combattants, qui s'engagent au nom du djihad. Cette volonté de propager l'islam dans une dynamique de « guerre sainte » s'inscrit dans le développement de l'islamisme politique, c'est-à-dire d'un mouvement visant à faire de l'islam la source de la vie politique et sociale.
- **Au début des années 1990, Ben Laden crée Al-Qaïda**, « la base » en arabe, organisation destinée à mener une « guerre » contre les États-Unis et Israël, plus largement contre les chrétiens et les juifs, au nom d'une communauté musulmane imaginée. Divisant le monde en deux blocs, Al-Qaïda appelle au martyr, revendiquant une pratique mondialisée et absolue de la violence.
- **À partir de 1998, Al-Qaïda revendique des attaques contre les ambassades des États-Unis à Dar es Salaam et Nairobi, avant de s'attaquer aux États-Unis le 11 septembre 2001.** La réponse militaire de Washington détruit les bases de l'organisation en Afghanistan. Mais, avec l'aide des outils de communication mondialisés, Al-Qaïda frappe l'Indonésie, le Maroc, la Turquie, l'Espagne… Elle crée des filiales, comme Al-Qaïda au Maghreb islamique ou Al-Qaïda en Mésopotamie, qui se font connaître par ses exécutions filmées. Malgré la mort de son chef Al-Zarqaoui en 2006, elle s'enracine en Irak avec le soutien des anciens cadres de l'armée irakienne. En 2010, elle devient l'EIIL, l'État islamique en Irak et au Levant, puis en 2014 l'EI (*Daech* en arabe).

4. Daech, le terrorisme reterritorialisé

- **L'essor de Daech coïncide avec la conquête de la ville de Mossoul, en juin 2014.** Deuxième ville d'Irak, celle-ci abrite des armes et une partie de l'or de la banque centrale irakienne. Daech peut ainsi concrétiser son projet politique : contrôler un territoire – nouveau califat –, y appeler au rassemblement de volontaires pour le djihad, puis exporter son combat, ceux qui ne le soutiennent pas étant traités en ennemis. L'organisation se structure rapidement et exploite les réseaux sociaux pour répandre son idéologie.
- **Daech multiplie alors les attentats en Europe** (Paris, Bruxelles, Londres), **en Afrique** (Ouagadougou, Grand Bassam) **et en Asie** (Istanbul, Bagdad, Dacca). Œuvres de commandos comme de kamikazes solitaires, ils sont revendiqués sous différentes formes – vidéos, journaux, clips, tweets.

● **Comme Al-Qaïda, Daech est aujourd'hui affaibli par la perte de son territoire** entre 2017 et 2019. La lutte contre le terrorisme – qui n'est pas l'apanage du djihadisme – a cependant fait vaciller les États de droit, qui multiplient les lois d'exception et se fissurent, sans parvenir à faire taire ces ennemis insaisissables.

Doc. Les attentats d'Al-Qaïda et de Daech dans le monde

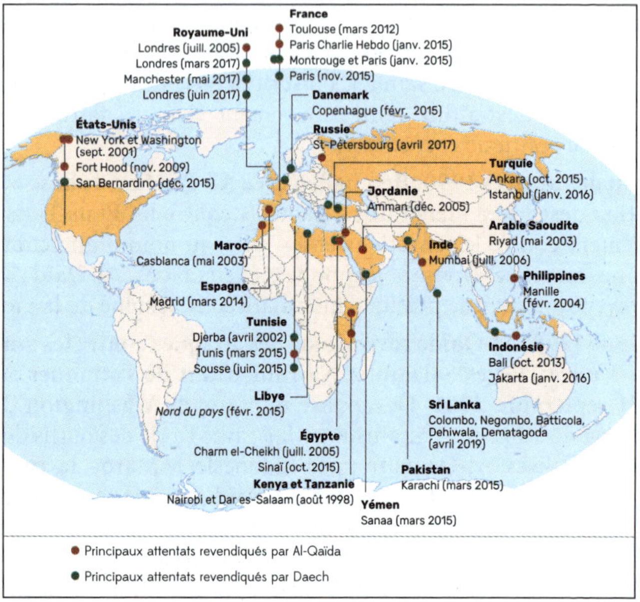

L'ESSENTIEL

La dimension politique de la guerre : des conflits interétatiques aux enjeux transnationaux

- Au début du XIXe siècle, Clauzewitz définit la guerre comme un moment politique, engagé par des acteurs souverains, répondant à des objectifs qu'elle doit permettre de concrétiser par la défaite de l'adversaire. S'appuyant sur l'étude de la guerre de Sept Ans et des guerres révolutionnaires, il distingue une évolution vers la guerre absolue, mobilisant les nations et visant la destruction (et non plus la défaite) de l'ennemi.
- L'évolution des modalités de conflit, et notamment le développement du terrorisme, montre les limites de cette définition. Avec Al-Qaïda puis Daech, le terrorisme djihadiste, nouvelle forme de combat, s'est développé à l'échelle mondiale, déstabilisant les États de droit sans parvenir à les détruire.

ZOOM SUR…

Les attentats du 11 septembre 2001

1 Des attentats d'une ampleur inégalée

→ **Le 11 septembre 2001, en début de matinée, quatre avions de ligne détournés par des pirates de l'air sont précipités sur des symboles du pouvoir étatsunien.** À vingt minutes d'intervalle, deux s'encastrent sur les tours jumelles du World Trade Center à New York, provoquant leur effondrement. Un troisième se désagrège sur le Pentagone, ministère de la Défense à Washington. Le dernier s'écrase dans un champ, les passagers, informés par leurs proches, ayant décidé d'empêcher l'attaque probable de la Maison-Blanche. Près de 3 000 personnes trouvent la mort : c'est l'attentat le plus meurtrier jamais perpétré.

2 Une onde de choc aux États-Unis et dans le monde

→ **Les images de l'attentat saisissent d'effroi.** De nombreuses équipes de télévision, sur place après le premier crash, filment en direct le second. Les téléspectateurs réalisent alors qu'il ne s'agit pas d'un accident mais d'une attaque. Sur place, Manhattan, cœur financier du monde, est pris de panique. Les États-Unis ferment leur espace aérien et décident dès le 14 septembre de mobiliser leurs forces armées.

→ **Le 20 septembre, l'organisation terroriste Al-Qaïda est accusée d'avoir organisé les attentats** ; elle ne les a pas formellement revendiqués, mais s'en est réjouie dans plusieurs communiqués. Le 7 octobre, les États-Unis commencent à bombarder Kaboul, capitale de l'État afghan.

3 Une opération mondiale préparée par Al-Qaïda depuis l'Afghanistan

→ **Les attentats sont en effet préparés depuis l'Afghanistan des talibans**, islamistes qui dirigent le pays depuis 1996. Des combattants d'Al-Qaïda, recrutés dans le monde entier, s'y entraînent par dizaines. Parmi eux, vingt jeunes hommes, majoritairement saoudiens, sont choisis pour mener une attaque de grande envergure. Tous s'installent légalement aux États-Unis ; certains y prennent des cours de pilotage, parfois pendant une année. À la fin du mois d'août 2001, ils prennent des billets d'avion pour le 11 septembre 2001, et meurent en martyrs.

→ **L'impact des attentats est contradictoire.** S'ils ont assuré la notorité d'Al-Qaïda, ils ont aussi conduit à la perte de ses bases logistiques et techniques, et à l'arrestation de la plupart de ses membres, Ben Laden étant finalement tué au Pakistan en mai 2011.

Doc. Le trajet des avions détournés

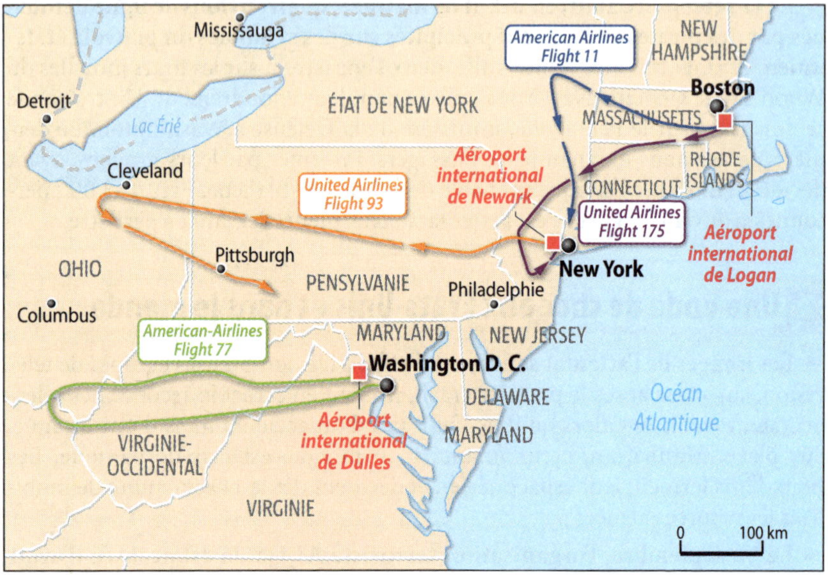

3 Le défi de la construction de la paix

A Faire la paix par les traités : l'exemple des traités de Westphalie (1648)

1. Le fléau des conflits religieux dans l'Europe du XVIIe siècle

- **La guerre de Trente Ans fut considérée comme une guerre civile à l'échelle de l'Europe.** Elle a impliqué toutes les puissances européennes dans un conflit centré sur le Saint-Empire romain germanique déstabilisé par les tensions religieuses. Cette cause première dérive par la suite vers des considérations stratégiques et géopolitiques : les territoires gagnés à la foi protestante se battent pour leur indépendance, tandis que les grandes puissances, particulièrement la France, y voient l'occasion d'affaiblir l'empire des Habsbourg dominant le continent.

- **La guerre de Trente Ans débute en Bohême en 1618**. Le Saint-Empire germanique, aux mains de la dynastie Habsbourg, est divisé entre principautés catholiques et protestantes. Ces dernières engagent la lutte pour leur indépendance, malgré la relative tolérance religieuse dont font preuve les différents empereurs depuis la paix d'Augsbourg (1555), afin de maintenir l'unité territoriale de l'empire. Cependant, à Prague (Bohême), en 1618, deux envoyés de l'empereur sont défénestrés par des notables protestants furieux que l'on revienne sur la liberté accordée aux protestants de pratiquer leur culte.

Doc Un soldat pillard exécuté

Jacques Callot, *Les Grands Malheurs de la guerre*, gravure, 1633.

Jacques Callot, Lorrain, a gravé les malheurs de la guerre de Trente Ans. On voit ici des massacres et même une église incendiée.

• **Cette guerre a laissé le souvenir d'un traumatisme sans précédent.** Ce conflit se déroule en majeure partie sur les territoires d'Europe centrale dépendants du Saint-Empire romain germanique, mais le nord de la péninsule italienne ou les Flandres (actuelle Belgique) sont également touchés. Les armées sont essentiellement constituées de mercenaires qui martyrisent les populations. Les dernières estimations évoquent le chiffre de 3 à 4 millions de morts sur une population totale de 17 millions d'individus en Europe. Dans les territoires d'Europe centrale et en Alsace, environ 60 % de la population est morte violemment de la guerre et de ses conséquences. Jusqu'en 1918, ce conflit était surnommé la « Grande Guerre » en Allemagne.

Sachez que...
Le dramaturge contemporain allemand Bertold Brecht, très inquiet de la marche à la guerre à la fin des années 1930, a situé l'action de sa célèbre pièce *Mère Courage*, parue en 1941, sur les champs de bataille de la guerre de Trente Ans.

• **Aux Pays-Bas espagnols, les tensions religieuses associées à l'absolutisme habsbourg sont à leur comble.** Elles opposent une Espagne, principale défenseuse de la cause catholique en Europe, aux Provinces-Unies, gagnées au protestantisme. L'empire des Habsbourg – puissance majeure du XVIe siècle – était constitué de plusieurs territoires, provinces, royaumes (du nord de l'Europe à l'Espagne, en passant par les possessions autrichiennes) disséminés sur le continent européen et regroupés, au milieu du XVIe siècle sous l'autorité de Philippe II, un roi lointain élevé et vivant en Espagne, et donc étranger aux réalités culturelles des dix-sept provinces néerlandophones, contrairement à son père Charles Quint, qui était né à Gand.

• **La guerre de Quatre-Vingts Ans débute en 1568. Sept des dix-sept provinces des Pays-Bas espagnols se révoltent.** Il s'agit de territoires indispensables à la couronne d'Espagne : ils lui procurent 40 % de ses ressources fiscales annuelles. Ils souhaitent accéder à l'indépendance pour se détacher de l'Espagne catholique. Ils forment les Provinces-Unies. S'ensuit une guerre de quatre-vingt ans qui se termine en 1648. Cette guerre est également réglée par les traités de Westphalie. En 1648, les sept provinces les plus septentrionales sont réunies dans un nouvel État sous le nom de Provinces-Unies : elles ont obtenu indépendance.

2. Faire la paix : les traités de Westphalie

• **La paix est envisagée à partir de 1643, tandis que les armées continuent de se battre.** Les princes allemands, horrifiés des ravages humains et matériels de la guerre, en sont à l'initiative : l'empereur accède à leur demande d'organiser des discussions devant aboutir à la paix. Il s'agit là d'une rupture, car les princes – qu'ils soient catholiques ou protestants – sont reconnus comme souverains sur leur principauté au détriment du pouvoir de l'empereur.

L'objectif est de conclure la paix entre les principaux belligérants, soit la France et le Saint-Empire, l'Espagne et les Provinces-Unies, la Suède et le Saint-Empire. Tous ces pays sont donc également représentés. Mais le règlement des différents conflits engage toute l'Europe : tous sont présents, à l'exception du tsar de Moscovie et de l'Angleterre, alors en révolution.

Sachez que...

La paix de Westphalie a réuni seize États européens, cent quarante États allemands dans cent neuf délégations au total.

Remarque

Ne confondez pas la paix de Münster, signée en janvier 1648 entre l'Espagne et les Provinces-Unies, et le traité de Münster, signé en octobre 1648 entre le Saint-Empire romain germanique et la France.

• **Le congrès de paix a lieu à Münster et Osnabrück à partir de mai 1644**, deux territoires transformés en zones neutres au nord du Saint-Empire romain germanique, dans la future province de Westphalie. Les sessions n'ont jamais lieu en plénière, mais de manière séparée. Les puissances catholiques se rencontrent séparément des États protestants, sous les auspices de la papauté qui se pose en médiatrice. Durant les quatre longues années que durèrent les discussions, les deux villes sont occupées par une foule de diplomates accompagnés de leurs nombreux collaborateurs.

Doc. **La paix de Münster, juin 1648**

Van der Helot, *La célébration de la paix de Münster*, 1648.

• **Les problèmes à résoudre étaient en effet innombrables.** Il s'agissait à la fois de régler des différends territoriaux suite aux affrontements militaires, de mettre définitivement fin aux guerres de religion en Europe et de concevoir un système international de règlement des conflits. Par exemple, ils concernaient aussi bien le sort de l'Alsace conquise par la France au détriment du Saint-Empire que le statut religieux de l'empire morcelé entre principautés catholiques et protestantes.

- **Les traités issus de ces tractations furent, de l'avis général, de bons traités qui établirent une paix durable** en étant soucieux de ne pas humilier les vaincus. Le philosophe allemand Leibniz considérait qu'ils avaient été la base de la paix en Europe centrale et beaucoup d'hommes des Lumières les tenaient pour un réel modèle politique.

- **Les traités de Westphalie modifient profondément la carte de l'Europe.** Retenons que le royaume de France obtient l'annexion des trois évêchés de Toul, Metz et Verdun qu'il occupait depuis 1552, ainsi que la Haute-Alsace, dix villes libres d'Alsace appartenant au Saint-Empire (la Décapole) ou encore Brisach, une cité sur le Rhin, ainsi que Pignerol, à la frontière avec le Piémont. Les frontières ainsi retracées sont très complexes.

- **Le traité de Münster marque la victoire de la France et du cardinal de Richelieu**, qui avait œuvré pour l'amoindrissement de la puissance des Habsbourg, avec la séparation définitive des maisons d'Espagne et d'Autriche et le morcellement politique de l'empire. Les menaces géopolitiques sur la France sont oubliées et celle-ci sort renforcée dans ses rivalités avec les Habsbourg pour la place de première puissance européenne.

- **La Suède est l'autre vainqueur territorial de ces traités** puisqu'elle obtient la Poméranie occidentale (territoire au nord du Saint-Empire, sur les rivages de la Baltique) et les évêchés de Brême et Verden, qui lui permettent de contrôler l'embouchure de fleuves importants comme l'Elbe ou l'Oder.

- **Plus à l'ouest, les Provinces-Unies se détachent définitivement de la couronne espagnole** (les Pays-Bas espagnols, c'est-à-dire les sept provinces les plus au nord du territoire appelé les « dix-sept provinces »). La Confédération helvétique obtient son indépendance définitive jusque-là menacée par les prétentions des Habsbourg. D'autres modifications territoriales de moindre importance sont également actées. Ce remodelage des frontières consacre finalement l'affaiblissement territorial de la maison des Habsbourg.

Doc. L'Europe après les traités de Westphalie (1648)

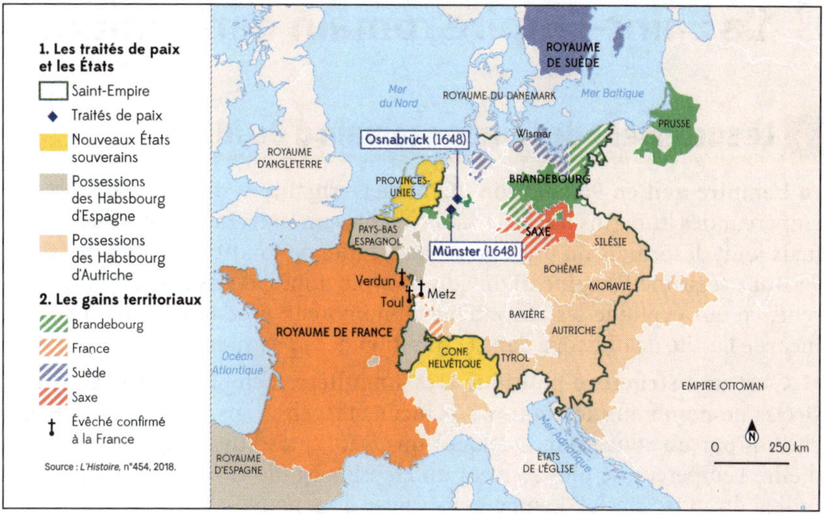

Source : *L'Histoire*, n°454, 2018.

ZOOM SUR...

Le Saint-Empire romain germanique

1 Le successeur de l'Empire romain d'Occident

→ **L'empire naît en 962** : Otton Ier, roi de Germanie et d'Italie, est couronné empereur des Romains par le pape. Il n'est plus un souverain comme les autres, mais jouit désormais du prestige de la sacralité de son titre. Le qualificatif de « saint » légitime l'origine divine du pouvoir impérial et sa vocation universelle, ce qui explique les affrontements nombreux avec la papauté. L'empire incarne l'unité de l'Europe dans la tradition de la *pax romana*.

→ **C'est une structure politique très singulière.** L'empire agrège au fil des siècles de nombreux territoires – principautés, élections, duchés... – dirigés chacun par un souverain. Quelques-uns (sept, puis huit) disposent du droit d'élire l'empereur, le plus souvent un Habsbourg (de Charles Quint jusqu'au milieu du XVIIIe siècle). L'empereur dispose d'un pouvoir qui se voudrait universel, mais qui est en réalité de plus en plus limité par les princes locaux.

2 L'affaiblissement de l'empire

→ **Au début du XVIIe siècle, il y a plus de trois cent cinquante territoires inclus dans l'empire.** Malgré la paix d'Augsbourg (1555), les conflits religieux ont miné son unité, ce dont ont profité les puissances européennes – Suède et France en tête – pour s'immiscer dans ces conflits internes et dépecer l'empire.

→ **Les traités de Westphalie, en renforçant la souveraineté des princes, l'affaiblissent définitivement.** Au XVIIIe siècle, les rivalités entre Prusse et Autriche, puis les conquêtes napoléoniennes, achèvent sa désintégration. Il disparaît en 1806 avec l'abdication du dernier empereur, Joseph II.

→ **Ces traités offrent une paix religieuse à l'empire tout en scellant son morcellement.** La défénestration de Prague (1618) avait mis fin à la relative paix religieuse régnant dans le Saint-Empire depuis la paix d'Augsbourg (1555). Celle-ci est fondamentale, puisqu'elle énonce le principe selon lequel c'est le souverain de chaque principauté allemande qui fixe la religion de ses sujets (en latin, « *Cuius regio, eius religio* ») : catholique ou luthérienne, alors que la confession calviniste, plus récente, bien qu'en pleine expansion au XVIIe siècle, n'était pas reconnue.

→ **Les traités de Westphalie sont davantage favorables aux protestants que la paix d'Augsbourg.** Le calvinisme est reconnu comme troisième confession du Saint-Empire et obtient les mêmes avantages ; les princes calvinistes ont le droit de l'imposer à leurs sujets. Dans chaque État allemand, une seule Église et un seul prince priment, les sujets refusant de se conformer à la religion du prince doivent émigrer. La religion est donc désormais gérée librement dans chaque État, avec une sécularisation très relative qui permet aux États de s'émanciper des dogmes religieux. La tolérance religieuse ne résulte que de la largeur d'esprit de certains princes.

Sachez que...
Le pape Innocent X a refusé de signer les traités, qu'il estimait trop tolérants envers les protestants.

Doc. Le Saint-Empire en 1648

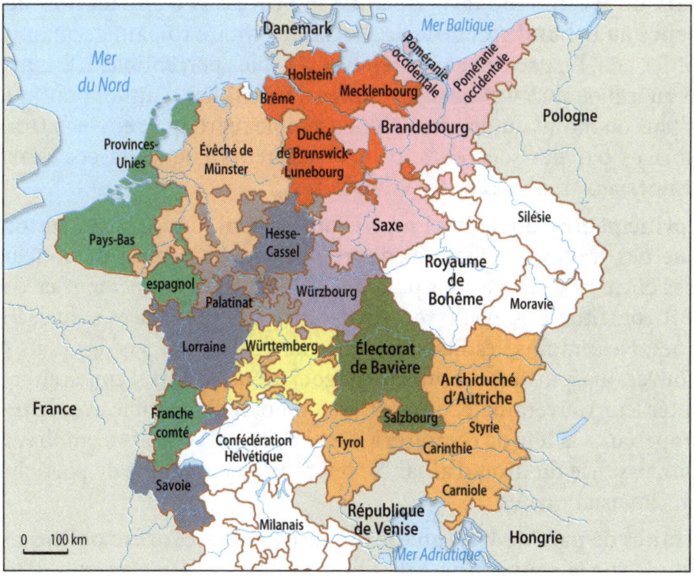

ZOOM SUR...

3. Le système westphalien : de nouvelles règles pour les relations internationales

• **Les traités de Westphalie firent de l'État la base des relations internationales.** Ils se fondèrent sur deux principes essentiels : les États sont égaux les uns aux autres et chaque État est souverain sur son territoire selon le principe « *Rex est imperator in regno suo* » (« Le roi est maître en son propre royaume »). Ces traités consacrent le fait qu'un État ne peut s'immiscer dans les affaires d'un autre : c'est le refus de l'ingérence. Les gouvernements arrêtèrent, par exemple, de soutenir leurs coreligionnaires en conflit avec les dirigeants d'autres États ou d'intervenir pour soutenir une communauté religieuse contre son souverain. Ce principe s'applique également à l'autorité du Vatican, qui est donc affaiblie dans les pays catholiques.

• **La paix de Westphalie favorise ainsi le processus d'affirmation de l'État commencé au début du XVIe siècle.** Le Saint-Empire romain germanique est, en premier lieu, l'espace où ce processus est le plus perceptible. L'Empire comprenait au milieu du XVIIe siècle bien plus d'un millier d'unités politiques distinctes plus ou moins autonomes. Cet ensemble regroupait environ trois cents États dirigés par des seigneurs, princes électeurs laïques et ecclésiastiques, abbés impériaux, magistrats des villes libres…

• **Les principautés du Saint-Empire obtiennent une grande autonomie.** À l'issue des traités, les États d'empire obtiennent le droit de conclure des alliances entre eux ou avec des puissances étrangères et, même si ce droit est limité, il constitue une réelle reconnaissance des prérogatives de ces entités politiques. Néanmoins, les États d'empire ne deviennent pas des États pleinement souverains, puisqu'au cours des négociations de paix, l'empereur a refusé d'accepter leur souveraineté, qui était, selon lui, incompatible avec la présence d'un empereur à la tête de l'empire. Malgré ce refus, les États d'empire, grâce à la reconnaissance du droit d'alliance, ont ainsi la possibilité de participer aux relations internationales.

• **Les traités de paix de Westphalie érigent un nouvel ordre politique européen fondé sur la souveraineté de l'État.** Celle-ci s'exerce au sein d'un territoire délimité par des frontières. Cette construction géopolitique devient alors essentielle. Louis XIV entreprend, avec Vauban, la consolidation de la frontière par une longue succession de fortifications. En parallèle, les États se dotent d'armées plus régulières pour protéger ce territoire clairement délimité des autres.

• **Ces traités souhaitent également instaurer un équilibre européen entre États souverains**, estimant que la volonté d'hégémonie d'un pays est dangereuse pour la sécurité collective. Ils donnent naissance à un embryon de droit européen destiné à remplacer le « droit du plus fort », afin de maintenir cet équilibre. Aucun État ne peut se doter d'une force supérieure capable de le briser, ce qui implique la recherche d'un consensus international sur la définition d'un point d'équilibre. L'ensemble de ces principes fonde ce que l'on appelle le « système international westphalien », qui désigne les relations entretenues par les divers États entre eux.

Sachez que...
Les traités de Westphalie sont considérés comme les premiers traités de paix internationaux et, à ce titre, comme un événement fondateur de l'histoire de l'Europe.

B Faire la paix par la sécurité collective : les actions de l'ONU sous les mandats de Kofi Annan (1997-2006)

1. Le renouveau de l'ONU après l'immobilisme de la guerre froide

- **Fondée en 1945, l'ONU a comme objectif principal de défendre la paix dans toutes ses composantes** : aussi bien empêcher les conflits que promouvoir la prospérité et le développement pour tous. Elle est composée d'une Assemblée générale rassemblant tous les États, qui y disposent chacun d'une voix. L'Assemblée a un rôle essentiellement consultatif, son pouvoir est faible. Mais la réunion plénière en septembre est l'occasion pour les chefs d'État de se servir de cette tribune internationale.

Sachez que...
L'ONU comptait à sa création cinquante-et-un États. Elle en compte aujourd'hui cent quatre-vingt-treize. Quelques États seulement, tels que Taïwan ou le Kosovo, n'en sont pas membres.

- **L'ONU est dirigée par le Conseil de sécurité.** Il est composé de quinze membres. Dix membres sont tournants, ils changent tous les deux ans, alors que cinq membres (les États-Unis, la Russie, la Chine, le Royaume-Uni et la France) sont permanents. Ils disposent d'un droit de veto sur toutes les décisions, les résolutions votées. Cela leur assure un pouvoir considérable et, au temps de la guerre froide, empêchait toute décision : les États-Unis mettaient leur veto à toute directive proposée par l'URSS et inversement. Le début des années 1990 ouvre une période de renouveau, puisque les deux superpuissances ennemies peuvent désormais s'entendre pour promouvoir la paix.

- **La diplomatie est au cœur du fonctionnement de l'institution.** Le Conseil de sécurité vote des résolutions destinées à favoriser ou garantir la paix. Par exemple, en 2002, à la suite des attentats du 11 septembre 2001, est votée la résolution 1441 proposée par les États-Unis pour contraindre le régime irakien de Saddam Hussein à renoncer aux armes de destruction massive. Ces résolutions sont le résultat de négociations intenses.

● **L'ONU dispose d'une force militaire, les Casques bleus.** Ce sont des soldats des armées nationales mis à disposition de l'ONU lorsqu'elle les engage dans une mission de la paix. De manière schématique, les pays riches financent les opérations de maintien de la paix, tandis que les pays pauvres envoient leurs soldats. C'est un vote du Conseil de sécurité qui décide de leur mobilisation. En tant que sous-secrétaire général, Kofi Annan a dirigé les opérations de maintien de la paix, notamment au Rwanda à la suite du génocide (1994) et en Bosnie pendant les guerres en ex-Yougoslavie (1995), deux conflits particulièrement dramatiques.

● **L'ONU est représentée par un secrétaire général qui incarne ses valeurs pacifiques.** C'est un diplomate qui, par ses qualités, doit relier les différents acteurs des relations internationales, particulièrement en cas de tensions géopolitiques. Il se doit également d'être le porte-parole des plus pauvres dans le monde, des « sans-voix ». Il est élu par l'Assemblée générale de l'ONU sur proposition du Conseil de sécurité.

● **Kofi Annan, diplomate ghanéen, obtient le poste en 1997.** Sa désignation se fait dans un contexte particulier, alors que son prédécesseur l'Égyptien Boutros Boutros Ghali, soutenu par l'ensemble des membres du Conseil de sécurité et par une majorité à l'Assemblée générale, est empêché d'effectuer un deuxième mandat par un veto américain.

Doc. Le fonctionnement de l'ONU

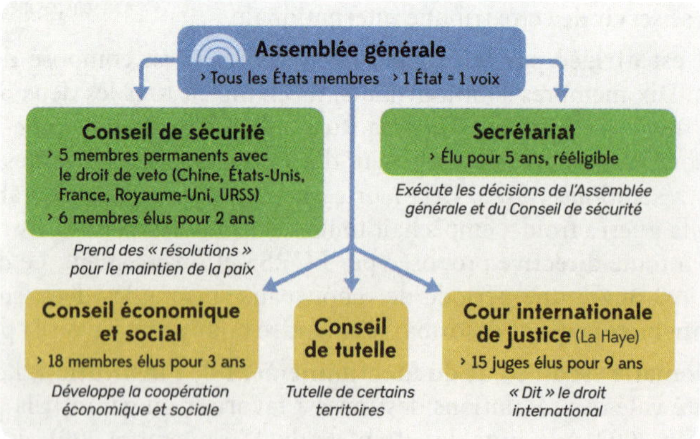

2. Kofi Annan, un grand réformateur

● **Kofi Annan connaît bien l'institution.** Il a occupé le poste de sous-secrétaire général auprès de son prédécesseur et a su gérer des situations délicates en Irak et en ex-Yougoslavie. Il est le premier secrétaire général issu d'Afrique subsaharienne, ainsi que le premier à avoir fait l'intégralité de sa carrière à l'ONU au sein de plusieurs organismes, l'OMS et le Haut Commissariat aux réfugiés par exemple.

- **Kofi Annan dispose d'un grand crédit lorsqu'il accède au secrétariat général.** Pendant la guerre du Golfe (1991), soutenue par l'ONU, il a réussi à faire libérer les otages occidentaux détenus par le dictateur irakien Saddam Hussein. Les États-Unis le soutiennent. En tant qu'ancien sous-secrétaire général, il veut réformer en profondeur l'organisation. Dès son discours d'investiture à la tribune de l'Assemblée générale à New York, il déclare vouloir assainir les Nations unies, les rendre plus présentes et plus efficaces.

- **Une des premières initiatives de Kofi Annan est la création de la Cour pénale internationale (CPI)** en 1998 après la ratification de soixante États. C'est une juridiction universelle permanente : elle est donc compétente sur n'importe quel territoire et pour un temps indéfini. Elle est chargée de juger les personnes accusées de génocides, crimes contre l'humanité, ou crimes de guerre. Elle prend la suite de tribunaux exceptionnels instaurés par l'ONU pour juger des situations particulières. On peut citer le Tribunal pénal international pour l'ex-Yougoslavie, mis en place par des résolutions du Conseil de sécurité en 1993. Elle entre en vigueur en 2002 et est installée à La Haye, aux Pays-Bas.

- **Kofi Annan a beaucoup œuvré pour diffuser le développement.** Le second temps fort du premier mandat d'Annan est lié à la publication en 2000 du rapport du millénaire, qui fait de la lutte contre la pauvreté et les inégalités une priorité pour assurer un développement humain minimal pour tous et, *in fine*, la paix. Ce devra être le principal objectif à poursuivre pour le nouveau millénaire. Ce rapport est à la base des « objectifs du millénaire pour le développement » (OMD). On en compte à l'époque huit, de la santé maternelle à la lutte contre la faim et l'analphabétisme.

- **Enfin, Kofi Annan a entamé un processus de réforme institutionnelle, afin de revitaliser l'ONU.** Il envisage tout d'abord de créer un corps de Casques bleus permanents qui permettrait d'intervenir au plus vite dans n'importe quel pays sans nécessiter le vote du Conseil de sécurité. Si la proposition n'a pas été retenue, elle a entraîné une augmentation des opérations de maintien de la paix dans le monde sous son mandat. Il souhaite que soient redessinés les contours du Conseil de sécurité pour l'adapter aux nouvelles réalités géopolitiques. Nombre de grandes puissances, telles que l'Allemagne, le Japon, mais aussi le Brésil et l'Inde – qui forment un groupe de pression, le G4 –, revendiquent un statut de membre permanent. Devant les divisions politiques, ce projet de réforme n'a toujours pas abouti.

Doc. **Les opérations de maintien de la paix sous les mandats de Kofi Annan (1997-2006)**

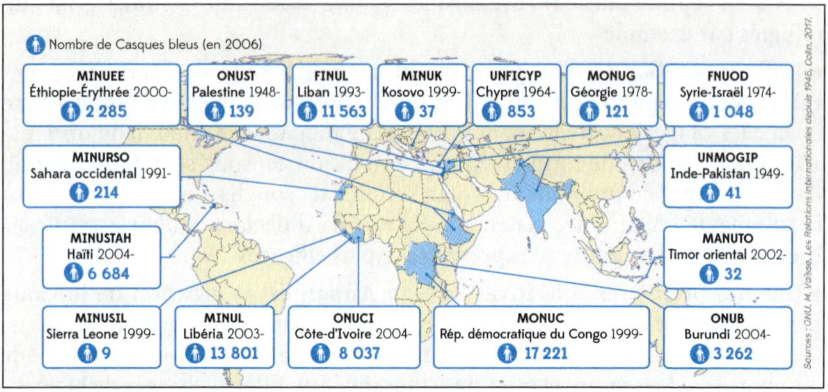

• **L'action de Kofi Annan à la tête de l'ONU est un succès.** En 2001, il est réélu pour un second mandat par acclamation de l'Assemblée générale et, dans la foulée, il reçoit conjointement avec l'ONU le prix Nobel de la paix : cette distinction salue le travail d'Annan, qui a su « revitaliser l'ONU », selon le comité Nobel. Le secrétaire général et l'ONU sont alors des acteurs incontournables des relations internationales, et Kofi Annan dispose d'un immense prestige.

3. Les tensions avec les États-Unis

• **Les attentats du 11 septembre vont renforcer l'hostilité des États-Unis envers l'ONU.** Le Conseil de sécurité a bien adopté une résolution affirmant leur droit à attaquer Al-Qaïda pour se défendre. Mais la nouvelle situation internationale va fragiliser l'ONU et son secrétaire général, de plus en plus marginalisés par l'action des États-Unis, qui optent pour une politique unilatérale. Déjà, la défiance de la première puissance s'était exprimée avec le non-renouvellement de Boutros Boutros Ghali, le prédécesseur. De même, les États-Unis n'avaient pas ratifié la création de la CPI, vue comme une atteinte intolérable à leur souveraineté et une menace pour leurs soldats.

> **Sachez que...**
> Les États-Unis contestent le coût de l'institution internationale et poussent à une réduction des dépenses, et donc des missions.

• **L'intervention américaine en Irak est faite en opposition avec l'ONU.** Sous prétexte de prévenir une attaque de l'Irak qui détiendrait des armes de destruction massive, le pays est envahi en 2003. La France, par la voix de Dominique de Villepin, alors ministre des Affaires étrangères, et malgré la violence des pressions

> **Sachez que...**
> Kofi Annan qualifiera en 2004 au micro de la BBC cette guerre d'illégale au regard du droit international.

américaines, menace de mettre son veto à l'intervention de l'ONU en Irak. Les États-Unis attaquent donc presque seuls. C'est le point de départ d'une grave crise au sein de l'institution.

Doc. Discours de Dominique de Villepin aux côtés de Kofi Annan au Conseil de sécurité de l'ONU, le 14 février 2003

« À ceux qui se demandent avec angoisse quand et comment nous allons céder à la guerre, je voudrais dire que rien, à aucun moment, au sein de ce Conseil de sécurité, ne sera le fait de la précipitation, de l'incompréhension, de la suspicion ou de la peur. Dans ce temple des Nations unies, nous sommes les gardiens d'un idéal, nous sommes les gardiens d'une conscience. La lourde responsabilité et l'immense honneur qui sont les nôtres doivent nous conduire à donner la priorité au désarmement dans la paix. Et c'est un vieux pays, la France, un vieux continent comme le mien, l'Europe, qui vous le dit aujourd'hui, qui a connu les guerres, l'Occupation, la barbarie. Un pays qui n'oublie pas et qui sait tout ce qu'il doit aux combattants de la liberté venus d'Amérique et d'ailleurs. Et qui pourtant n'a cessé de se tenir debout face à l'Histoire et devant les hommes. Fidèles à ses valeurs, il veut agir résolument avec tous les membres de la communauté internationale. Il croit en notre capacité à construire ensemble un monde meilleur. »

• **Kofi Annan veut sauver le multilatéralisme dans la crise irakienne.** Le refus d'une intervention militaire ne l'empêche pas de désigner le haut-commissaire aux droits de l'homme, le Brésilien Sergio Vieira de Mello, comme son représentant pour tenter une médiation en Irak secouée par le terrorisme. En août 2003, le siège de l'ONU est victime d'un attentat attribué à Al-Qaïda et l'émissaire, ainsi que vingt-et-une autres personnes, décèdent. C'est un véritable traumatisme pour l'ONU, qui entraîne le retrait du personnel onusien en octobre. Son activisme se poursuit avec l'envoi d'un nouvel émissaire chargé de mettre en place un gouvernement provisoire irakien, puis avec une critique virulente et publique de l'unilatéralisme américain qui achève de détériorer les relations.

• **Le bilan de Kofi Annan est important.** Il termine son mandat fin 2006. Au moment de sa mort en 2018, la communauté internationale rend hommage à son indépendance vis-à-vis des grandes puissances. Méditant les terribles échecs des missions de l'ONU, incapables, bien que présentes sur place, d'empêcher le génocide au Rwanda et le massacre de Srebrenica (Bosnie), il avait à la fois reconnu son propre manque de réactivité et plaidé pour des Casques bleus beaucoup plus interventionnistes et indépendants du Conseil de sécurité.

Sachez que…

Kofi Annan a reçu en 2008 le prix du traité de Westphalie, qui récompense des personnalités qui s'engagent en faveur de l'Europe.

COURS

L'ESSENTIEL

Le défi de la construction de la paix

- Faire la paix se révèle toujours plus difficile que s'engager dans la guerre. Les exemples au XVIIe siècle et au XXIe siècle nous le montrent.
- Les traités de Westphalie (1648) mettent fin, après quatre années de négociations, à ce que les historiens ont qualifié de « guerre civile européenne », tant les tensions et les acteurs sont nombreux.
- Ces traités ont une portée historique, puisqu'ils fondent un nouveau système de relations internationales : chaque État délimité dans ses frontières ne peut plus intervenir en d'autres territoires ; un équilibre entre puissances européennes doit être assuré pour limiter les conflits.
- Aux XXe et XXIe siècles, faire la paix passe par une institution permanente, l'ONU. Après l'immobilisme causé par l'affrontement entre les deux superpuissances de la guerre froide, le mandat de Kofi Annan (1997-2006) s'illustre par un élargissement du rôle de l'ONU dans la défense de la paix, fondée sur le développement humain et la justice internationale.

4 Le Moyen-Orient : conflits régionaux et tentatives de paix impliquant des acteurs internationaux

A Du conflit israélo-arabe au conflit israélo-palestinien : les tentatives de résolution, de la création de l'État d'Israël à nos jours

1. La marche à la première guerre israélo-arabe

- **L'idée de la création d'un État juif remonte à la fin du XIXe siècle.** Dans un contexte d'essor du nationalisme dans toute l'Europe, se développe un nationalisme juif, le sionisme mené par Theodor Herzl, auteur en 1896 de *L'État des Juifs*, en pleine Affaire Dreyfus en France. L'émigration juive en Palestine s'amorce alors, encouragée par la suite par la déclaration Balfour (1917) du colonisateur britannique, qui soutient officieusement la création d' « un foyer national pour le peuple juif ». Dans les années 1930, des tensions éclatent : les populations arabes musulmanes et chrétiennes rejettent cette immigration qu'ils jugent trop massive (révolte arabe de 1936-1938).

- **Après la Seconde Guerre mondiale et la Shoah, la situation devient incontrôlable.** Le 22 juin 1946, l'attentat de l'hôtel King David à Jérusalem contre les bureaux des autorités britanniques fait quatre-vingt-onze morts et précipite le départ du Royaume-Uni. Il est attribué à l'Irgoun, une organisation juive.

> **Sachez que...**
> Les Britanniques, juste avant leur départ en 1947, refusent à l'*Exodus*, navire accueillant des survivants de la Shoah, d'accoster en Palestine, suscitant une réprobation internationale.

- **L'ONU entend jouer un rôle pacificateur.** En février 1947, le dossier palestinien lui est confié. Elle propose en 1947 un plan de partage du territoire palestinien entre les communautés arabes et juives. Jérusalem, ville sainte pour tous, serait placée sous mandat international. Ce plan est refusé par les deux parties. Un médiateur, le comte Bernadotte, est envoyé pour organiser ce partage pacifiquement, alors que les violences entre les milices des deux communautés mènent progressivement à la guerre. En juin 1948, l'ONU négocie une trêve entre les belligérants, sans succès. Son plan de partage est rendu caduc, alors que les Israéliens s'emparent d'une partie du territoire dévolu aux Arabes et que le comte Bernadotte est menacé de mort puis exécuté par une organisation juive en septembre 1948. La toute jeune ONU a donc échoué à organiser un partage pacifique.

Doc. L'hostilité du jeune État israélien à la présence de l'ONU en 1948

Photographie exposée au musée du Lehi, à Jérusalem.

- **Israël remporte la première guerre israélo-arabe.** Celle-ci débute le 15 mai 1948, dès le lendemain de la fin du mandat britannique. Le même jour, David Ben Gourion proclame l'État d'Israël. Les armées des pays arabes solidaires des Palestiniens (Irak, Syrie, Égypte, Transjordanie, Liban) envahissent la Palestine et de très violents combats laissent les deux camps exsangues. La trêve permet aux forces israéliennes de se reconstituer davantage que celles des pays arabes. À partir de l'été 1948, Israël lance une série d'opérations victorieuses et s'empare alors de territoires attribués aux Palestiniens. Cette ligne de front, basée sur une série d'armistices en 1949 (entre février et juillet), devient la « ligne verte », qui reste aujourd'hui la frontière officielle entre Israël et ses voisins arabes.

- **Cette guerre a eu des conséquences encore prégnantes aujourd'hui.** Cette première guerre israélo-arabe et les violents affrontements qui l'ont précédée entraînent l'exil forcé de plusieurs centaines de milliers de Palestiniens, essentiellement dans les pays limitrophes tels que le Liban et la Jordanie, et la destruction de villages entiers. C'est la Nakba, commémorée chaque année par les réfugiés palestiniens. Le sujet des réfugiés reste toujours une source de tensions entre les deux peuples. C'est la naissance de la question palestinienne. Au niveau territorial,

Sachez que...
Chaque année, les Palestiniens réfugiés dans les pays arabes voisins célèbrent la *Nakba* (« catastrophe », en arabe), leur exil forcé.

Israël s'est largement agrandi. Le projet d'un État palestinien est abandonné. Le territoire est dépecé entre les pays voisins : la bande de Gaza revient à l'Égypte, tandis que la Cisjordanie est occupée par la Jordanie.

2. Poursuivre la guerre pour trancher les tensions : les guerres de 1967 et 1973

Doc. L'expansion territoriale d'Israël, du plan de partage de 1947 à la guerre des Six Jours (1967)

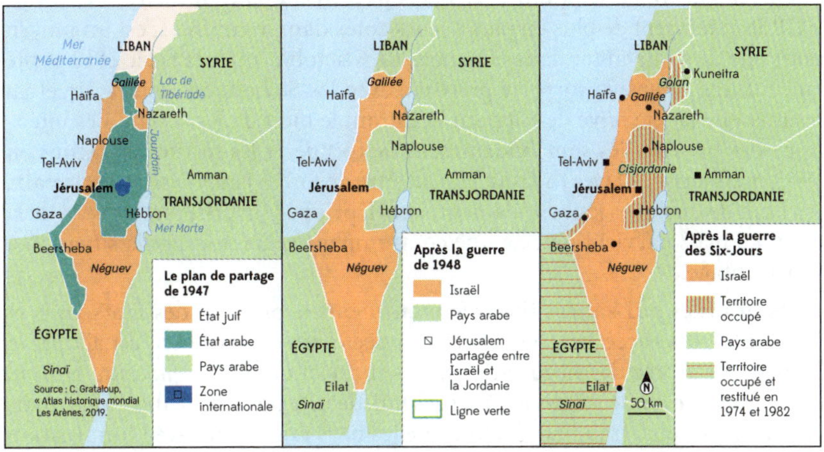

- **Au début de 1967, les tensions entre Israël et l'Égypte sont à leur paroxysme.** Déjà, en 1956, Israël s'était alliée aux franco-britanniques lors de la crise de Suez et avait occupé le Sinaï égyptien. L'Égypte avait d'une part envoyé des soldats dans le Sinaï où étaient positionnées les troupes onusiennes depuis la nationalisation du canal de Suez et l'opération franco-britannico-israélienne, et d'autre part bloqué à partir du 23 mai le détroit de Tiran (entre le golfe d'Aqaba et la mer Rouge), et donc la ville israélienne d'Eilat.

> **Sachez que...**
> L'ONU, sur résolution du Conseil de sécurité, mène sa première opération multilatérale de maintien de la paix avec les premiers Casques bleus installés dans le Sinaï.

- **Israël remporte une victoire écrasante lors de la guerre des Six Jours.** Le gouvernement israélien opte le 5 juin pour une opération éclair. L'armée israélienne, Tsahal, bombarde l'aviation égyptienne et lance simultanément des opérations terrestres contre l'Égypte, la Jordanie et la Syrie. L'avancée israélienne en six jours seulement est fulgurante. Le 10 juin, un cessez-le-feu est mis en place à l'initiative du Conseil de sécurité de l'ONU.

• **Les pays arabes sont humiliés et perdent des territoires occupés par Israël** : la Cisjordanie et Jérusalem-Est pris à la Jordanie, la bande de Gaza et le Sinaï pris à l'Égypte, le Golan pris à la Syrie. En novembre, la résolution 242 du Conseil de sécurité votée à l'unanimité condamne l'occupation illégale au regard du droit international de ces territoires conquis.

Sachez que...
Le canal de Suez, bombardé, a été impraticable jusqu'en 1975. Quatorze navires y sont restés bloqués, dénommés la « flotte jaune » à cause du sable qui avait fini par recouvrir les bateaux.

• **Avec la guerre du Kippour (1973), les pays arabes lavent l'affront de 1967.** L'URSS intervient de plus en plus à leurs côtés dans le conflit. C'est un moyen pour elle de s'implanter dans la région. Le 6 octobre 1973, la Syrie et l'Égypte lancent une offensive surprise préparée avec les Soviétiques contre Israël au moment de la fête juive de Kippour et durant le mois de Ramadan. Les intentions des pays arabes sont évidemment de récupérer les territoires perdus en 1967, mais aussi de laver l'affront et peut-être de forcer Israël à négocier la paix. Au bout de quelques jours seulement, Israël, pris par surprise, est au bord de la déroute, mais parvient grâce à une contre-offensive à retourner la situation à son avantage.

• **Les grandes puissances interviennent.** Sous la pression des États-Unis et de l'URSS, l'avancée israélienne est stoppée et un cessez-le-feu est adopté le 25 octobre. Après des négociations, on en revient au *statu quo ante bellum*. Cette guerre est une semi-victoire ou semi-défaite pour les belligérants, mais Israël en sort plus traumatisé, alors que les pays arabes ont lavé l'humiliation de 1967 en montrant qu'ils pouvaient tenir tête à Tsahal. Les guerres ne parvenant pas à trancher au profit de l'un des deux camps, la paix semble une voie possible.

3. Faire la paix : un processus inachevé

• **L'Égypte est le premier pays à faire la paix avec Israël sous l'égide des États-Unis.** L'Égypte est en relative position de force pour négocier « la terre contre la paix ». Les États-Unis y poussent. Le président égyptien Anouar el-Sadate prononce un discours historique à la Knesset (le parlement israélien) en 1977, dans lequel il affirme sa volonté de paix, la légitimité des Palestiniens à créer un État, et rappelle que l'État hébreu occupe des terres arabes (il pense en particulier au Sinaï). En 1978, sous les auspices de Jimmy Carter, président démocrate des États-Unis, Anouar el-Sadate et Menahem Begin, Premier ministre israélien, signent les accords de Camp David, qui valent aux deux dirigeants de recevoir le prix Nobel

Sachez que...
Anouar el-Sadate est le premier dirigeant arabe à se rendre en Israël. Depuis, seul le roi de Jordanie, Abdallah II, s'y est rendu.

de la paix la même année. Ces accords posent les principes de négociations sur le sort de la Cisjordanie et de Gaza et envisagent un accord de paix israélo-égyptien.

● **Le camp arabe se désunit.** En 1979, le traité de paix israélo-égyptien, à la suite des accords de Camp David, acte la reconnaissance d'Israël par l'Égypte en échange de la rétrocession du Sinaï. L'Égypte satisfait ainsi son nouvel allié américain, malgré la condamnation unanime des autres dirigeants arabes et de la rue égyptienne. Après avoir lutté contre Israël, l'Égyptien Anouar el-Sadate apparaît alors comme un traître et il est assassiné en 1981 par des membres de l'armée qui condamnent sa politique de normalisation avec Israël. Mais les pays arabes abandonnent définitivement la guerre comme outil de lutte contre Israël.

Sachez que...
Aucun dirigeant arabe ou musulman du Moyen-Orient n'assiste aux obsèques de Sadate, preuve du ressentiment contre sa politique.

● **Les Palestiniens se retrouvent plus isolés.** Les Palestiniens, déçus par les défaites arabes, font passer leur lutte, à partir des années 1970, par l'OLP (voir **Zoom**, p. 93). Elle sombre dans les actions armées et le terrorisme menés depuis la Jordanie puis, à partir de l'expulsion du Septembre noir (1970), depuis le Liban.

● **La question palestinienne déstabilise le Liban**, qui n'avait pas participé aux dernières guerres. En 1975, une guerre civile éclate, opposant l'OLP aux phalanges chrétiennes libanaises, sur fond d'attaques israéliennes continues. Les massacres des camps palestiniens de Sabra et Chatila dans la banlieue de Beyrouth (1982), couverts par l'armée israélienne, choquent la communauté internationale. Les actions terroristes de l'OLP achèvent de marginaliser les Palestiniens. L'approche multilatérale de l'ONU est rendue difficile par le soutien des États-Unis à Israël et la constante menace d'un veto contre une résolution qui le condamnerait.

● **En 1993, les États-Unis poussent à la signature des accords d'Oslo, qui font naître un réel espoir de paix.** Négociés à Oslo, ces accords sont signés à Washington. Ils portent sur la reconnaissance mutuelle de la Palestine et d'Israël, la création d'une Autorité palestinienne, embryon d'un État palestinien, et la fin du terrorisme. L'assassinat du Premier ministre israélien Yitzhak Rabin par un extrémiste juif enterre ce processus de paix, alors que restaient en suspens le droit au retour des réfugiés de 1948 et de leurs descendants, la colonisation israélienne dans la Cisjordanie occupée, le statut de Jérusalem…

Doc. Le territoire palestinien, grignoté par la colonisation israélienne, présenté comme un archipel

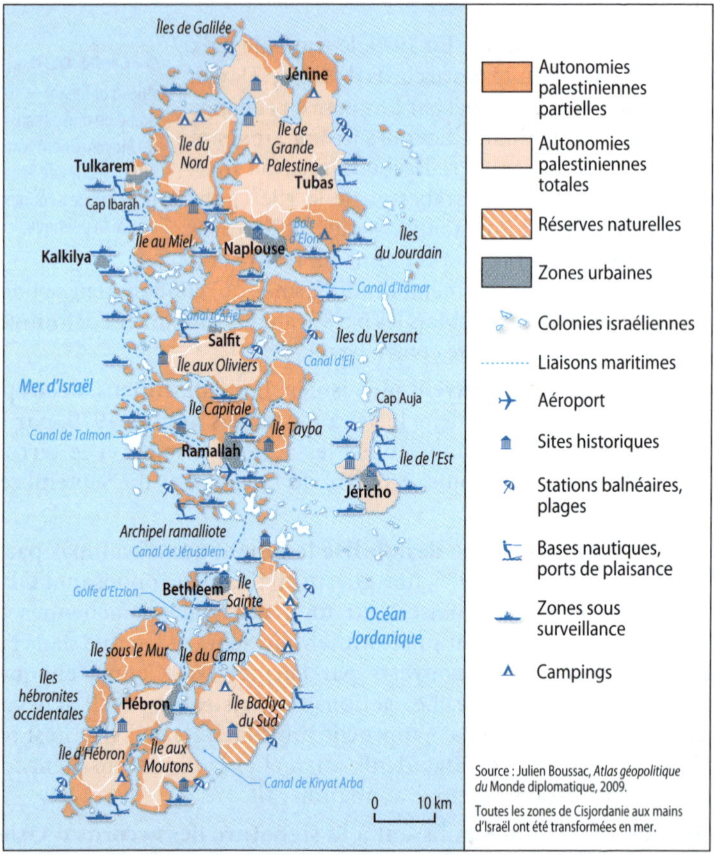

Source : Julien Boussac, *Atlas géopolitique du* Monde diplomatique, 2009.

Toutes les zones de Cisjordanie aux mains d'Israël ont été transformées en mer.

● **Le processus de paix est aujourd'hui au point mort.** La puissance américaine tente, jusqu'au mandat de Barack Obama, de relancer le processus de paix. Les radicaux l'emportent : du côté palestinien, le Hamas, parti politique islamiste élu à Gaza, veut poursuivre la lutte armée, alors qu'en Israël, Benyamin Netanyahou poursuit la colonisation et mène une politique intransigeante à l'égard des Palestiniens. Ce conflit occupe les relations internationales depuis sept décennies et semble insoluble. Les Palestiniens se retrouvent totalement isolés : à la suite de l'Égypte, la Jordanie et l'Arabie saoudite se sont rapprochées d'Israël, tandis que la puissance américaine affiche désormais ouvertement avec Donald Trump son parti pris pour Israël.

ZOOM SUR...

L'Organisation de libération de la Palestine (OLP)

1 Porter les revendications des Palestiniens

→ **Après le plan de partage de l'ONU puis la création de l'État d'Israël (mai 1948), le nationalisme palestinien peine à s'organiser.** En effet, l'exode de plus de la moitié de la population vers les pays arabes limitrophes, puis l'annexion des territoires palestiniens par la Jordanie empêchent toute structuration.

→ **L'OLP naît tardivement en 1964, et encore, sous la tutelle des dirigeants arabes, et particulièrement de l'Égyptien Nasser.** Les combattants se recrutent dans les camps de réfugiés, tels ceux de Sabra et Chatila dans la banlieue de Beyrouth (Liban). Cette résistance est soutenue par le bloc de l'Est, favorable à l'affaiblissement des puissances occidentales dans la région.

2 La reconnaissance internationale de la question palestinienne

→ **Le chef de la branche armée de l'OLP, Yasser Arafat, obtient en 1969 la direction de l'organisation** : ses opérations militaires contre Israël le rendent très populaire. Il devient, avec son keffieh blanc et noir des *fedayins* (les « combattants »), la figure emblématique de cette lutte et l'ennemi à abattre pour Israël.

→ **La reconnaissance internationale progresse.** La France de de Gaulle est le premier pays occidental à reconnaître la légitimité des revendications palestiniennes. En 1974, l'OLP représentant le peuple palestinien devient membre observateur à l'ONU.

→ **L'OLP est cependant fragilisée au Moyen-Orient** : expulsée de Jordanie lors du Septembre noir (1970), elle investit le Liban, qui plonge alors à partir de 1975 dans la guerre civile.

3 Du terrorisme aux négociations de paix

→ **Sans armée régulière, la lutte armée palestinienne prend de plus en plus la forme d'actions armées violentes à l'encontre des civils** : détournements d'avions de ligne, attentats en Europe, assassinats ciblés... En 1972, un commando prend en otage puis assassine onze athlètes israéliens lors des Jeux olympiques de Munich. La lutte armée se poursuit également par le tir de roquettes depuis le Liban contre Israël, ce qui déclenche deux interventions de Tsahal.

→ **Devant l'impasse de la lutte par le terrorisme, Yasser Arafat enclenche un processus diplomatique** et, à la demande des grandes puissances, condamne le terrorisme, préalable à l'ouverture de négociations de paix.

→ **Après les accords d'Oslo, l'OLP, avec Arafat, prend la tête de l'Autorité palestinienne.** Cependant, l'assassinat du Premier ministre israélien Yitzhak Rabin, signataire des accords, plonge les négociations dans l'enlisement, tandis que l'OLP est contestée par une organisation islamiste, le Hamas. Depuis le mort de Yasser Arafat en France en 2004, l'OLP est marginalisée et le processus de paix à l'arrêt.

Doc. Yasser Arafat, chef de l'OLP et Yitzhak Rabin, Premier ministre israélien, se serrant la main à l'occasion des accords d'Oslo (1993), sous l'égide de Bill Clinton

B Les deux guerres du Golfe (1991 et 2003) et leurs prolongements : d'une guerre interétatique à une guerre asymétrique

1. La première guerre du Golfe : une guerre dissymétrique entre les États-Unis et l'Irak (1991)

• **L'invasion irakienne du Koweït inaugure un nouveau cycle de guerres.** En 1990, sorti exsangue de la guerre contre l'Iran, l'Irak envahit et annexe le petit royaume pétrolier du Koweït pour faire pression sur les pays arabes et augmenter ses ressources en hydrocarbures. La condamnation internationale est unanime. L'ONU, désormais libérée des tensions de la guerre froide, est active : de nombreuses résolutions sont votées, dont la 678 qui autorise pour la première fois depuis la guerre de Corée (1950-1953) une intervention armée. Une coalition de trente-cinq pays, rassemblant des pays occidentaux et arabes, dirigée par les États-Unis, attaque l'Irak qui a refusé de retirer ses troupes du Koweït comme le lui commandait l'ONU.

• **Cette guerre matérialise la puissance des États-Unis.** L'opération « Tempête du désert », dont la moitié des effectifs sont américains, débute en janvier 1991 par des bombardements contre l'Irak, la libération du Koweït, puis l'invasion terrestre de l'Irak. Son armée est défaite en quelques jours : elle n'a pas résisté à la puissance de feu des États-Unis. Cette guerre bénéficie d'une couverture médiatique sans précédent pour afficher une puissance militaire américaine légitimée. La chaîne américaine d'information en continu CNN la fait vivre en direct à ses téléspectateurs. L'Irak est désarmé, il subit des sanctions internationales mises en place par l'ONU : en particulier, les exportations de pétrole sont contrôlées dans le cadre du programme onusien « pétrole contre nourriture ».

> **Sachez que...**
> L'armée américaine, forte de sa mauvaise expérience au Vietnam où la dénonciation des horreurs de la guerre a précipité le repli, a ici totalement contrôlé complètement l'information.

• **Les États-Unis se prévalent d'avoir donné naissance à un nouvel ordre mondial multilatéral.** Le président américain George Bush père prononce à l'issue de cette guerre un célèbre discours dans lequel il se félicite de l'unanimité de la communauté internationale dans ce conflit. Le droit international a été rétabli. Ce multilatéralisme sous l'égide des États-Unis permet le renouveau de l'ONU, qui va multiplier les opérations de la paix. Les États-Unis ont acquis le statut de « gendarmes du monde ». Ils sont les seuls à pouvoir intervenir militairement à l'échelle mondiale.

Doc. **D'un conflit local à une guerre internationale**

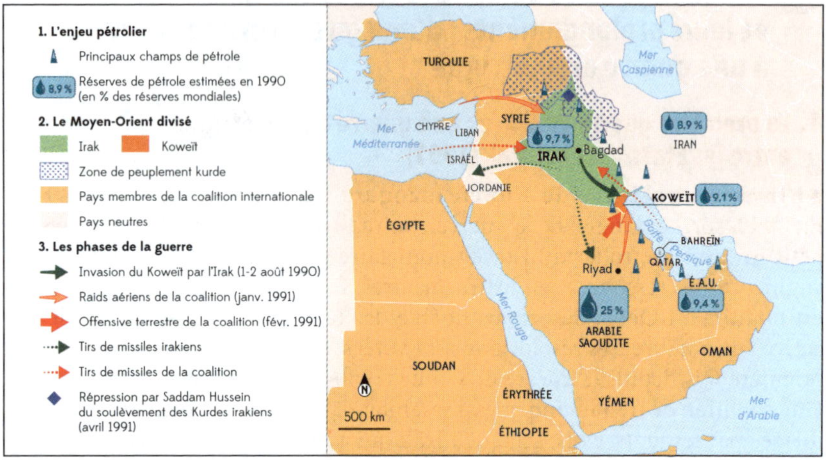

● **L'hyperpuissance américaine est rapidement contestée.** Le maintien de Saddam Hussein au pouvoir, alors qu'il perpètre des massacres contre les Kurdes irakiens qui ont soutenu la coalition, augure mal de ce nouvel ordre mondial fondé sur le droit et la paix. L'intervention américaine est entachée par le soupçon d'avoir surtout voulu défendre ses approvisionnements en pétrole plus que défendre la paix. Surtout, la présence de soldats occidentaux dans les pays arabes et particulièrement en Arabie saoudite, terre sainte de l'islam, renforce l'anti-américanisme radical des groupes fondamentalistes. En 1993, a lieu un premier attentat contre le World Trade Center, déjà organisé par Oussama Ben Laden.

2. Le désastre de la guerre d'Irak de 2003

● **L'engrenage de cette nouvelle guerre débute avec les attentats du 11 septembre 2001.** Responsables de la mort de près de 3 000 personnes, ils plongent les États-Unis dans la douleur et la stupeur. La puissance du pays était symboliquement visée par les lieux choisis pour les attaques : les tours du World Trade Center, le Pentagone, la Maison Blanche – épargnée par le sacrifice des passagers du vol 93. Les États-Unis se considèrent alors en guerre contre le terrorisme et attaquent l'Afghanistan à la recherche d'Oussama Ben Laden dès octobre 2001. Ils sont alors soutenus par toute la communauté internationale, ONU comprise.

● **Les États-Unis s'isolent après le déclenchement d'une deuxième guerre en Irak.** Le président George W. Bush mobilise une rhétorique non seulement guerrière, mais aussi religieuse, pour légitimer cette guerre. Les États-Unis mèneraient la lutte contre un « Axe du Mal » rassemblant les terroristes, la Corée du Nord, l'Iran et l'Irak qui détiendrait des armes de destruction massive.

Les États-Unis ne parviennent pas à convaincre leurs alliés : la France menace de son veto au Conseil de sécurité toute résolution impliquant l'ONU dans ce conflit (voir **Doc.** p. 85). Les États-Unis engagent la guerre avec la seule Grande-Bretagne fin mars 2003. L'armée et le régime sont rapidement vaincus, un nouveau pouvoir pro-américain est installé après la fuite de Saddam Hussein (exécuté en 2006). Les ONG dénoncent régulièrement les crimes de guerre commis par les Américains, dans la prison d'Abu Ghraïb, par exemple.

Sachez que...
Les lanceurs d'alerte de nationalité américaine tels que Bradley Manning (devenu depuis Chelsea Manning) ou l'ONG Wikileaks fondée par Julian Assange ont dévoilé les atteintes aux droits de l'homme commises par l'armée en Afghanistan et en Irak.

- **La guerre se poursuit sous une nouvelle forme, la guerre asymétrique.** Les États-Unis, qui se présentaient comme des libérateurs, sont considérés comme des occupants. Une insurrection armée sous forme de guérilla se met en place, très éclatée. Elle dispose de moyens rudimentaires comparativement à l'armée américaine qui ne parvient pas à la vaincre : on parle donc de guerre asymétrique. Elle commet des attentats comme celui contre l'ONU perpétré en août 2003 (vingt-deux morts) qui inaugure un cycle de violence continue de plus de vingt ans. Les prises d'otages occidentaux se multiplient. Le retrait des troupes américaines intervient à partir de 2011 sans que le pays ait été pacifié.

- **L'Irak sombre dans deux guerres civiles consécutives.** L'intervention américaine n'a pas créé le terreau démocratique promis. De 2006 à 2009, groupes armés chiites (majoritaires) et sunnites (minoritaires, mais ayant détenu le pouvoir sous le régime de Saddam Hussein) s'affrontent pour le pouvoir tandis que les Kurdes au nord refusent la domination des Arabes et proclament leur autonomie. De nouveau à partir de 2013, avec l'essor d'une nouvelle insurrection dénommée Organisation de l'État islamique (ou Daech), une deuxième guerre civile éclate. L'Irak est amputé d'une partie de son territoire à l'ouest, sur lequel a été fondé un nouveau califat d'essence djihadiste. La victoire militaire des Irakiens secondés par les Occidentaux n'intervient qu'en 2017.

Sachez que...
La proclamation du califat par Daech en 2016 renvoyait à la chute et au dépeçage de l'empire ottoman par les puissances européennes en 1918. Le califat en place depuis le VIIe siècle avait alors été abrogé.

L'ESSENTIEL

Le Moyen-Orien : conflits régionaux et tentatives de paix impliquant des acteurs internationaux

- Depuis 1945, le Proche et le Moyen-Orient sont secoués de conflits incessants. Le redécoupage des frontières consécutif à la création d'Israël en 1948 entraîne la région dans une longue série de guerres pour la reconnaissance de la question palestinienne. Pourtant, au début du XXIe siècle, les interventions américaines ou de la communauté internationale par le biais de l'ONU n'ont pas réglé ces tensions toujours vives et retentissantes à l'échelle mondiale.
- L'Irak est devenu un foyer de tensions : depuis le début des années 1990, le pays est continuellement en guerre. La guerre du Golfe (1991) menée par les États-Unis et l'ensemble de la communauté internationale, impose le retrait du Koweït et la mise au pas de l'Irak par les sanctions internationales. La nouvelle invasion de 2003, consécutive au 11 septembre, plonge définitivement le pays dans le chaos et la guerre civile. Le régime irakien fragilisé a peiné à vaincre l'insurrection des djihadistes de Daech.

Mots-clés

■ **Calvinisme** : branche du protestantisme fondée par Jean Calvin au XVIe siècle.

■ **Casques bleus** : force de maintien de la paix de l'ONU reconnaissable par les belligérants grâce à la couleur très vive du casque des soldats.

■ **Djihad** : mot arabe signifiant « effort sur soi vers le chemin de Dieu », employé le plus souvent au sens de guerre sainte pour propager ou défendre l'islam.

■ **Guérilla** : « petite guerre » durant laquelle une armée régulière est attaquée par surprise par des combattants mobiles, organisés en petits groupes. C'est la forme des guerres d'indépendance, par exemple.

■ **Guerre** : lutte armée entre deux ou plusieurs groupes, qui peuvent être des États, des entités souveraines, mais aussi des groupes sociaux ou religieux.

■ **Guerre absolue** : guerre qui porte les traits généraux du conflit guerrier à son paroxysme, notamment en matière d'engagement idéologique et de violence contre l'ennemi.

■ **Guerre asymétrique** : guerre qui oppose deux adversaires d'inégale puissance, le plus souvent une armée régulière à des groupes ou individus armés.

■ **Guerre civile** : guerre qui oppose deux ou plusieurs groupes sociaux à l'intérieur d'un État. Ils peuvent se disputer le pouvoir ou le contrôle d'un territoire.

■ **Guerre irrégulière** : conflit qui ne respecte pas les cadres juridiques et stratégiques de la guerre.

■ **Ingérence** : possibilité pour un État d'intervenir à l'intérieur d'un autre État.

■ **Mercenaire** : soldat professionnel, qui combat dans n'importe quel conflit contre de l'argent.

■ **Principauté** : petit État indépendant à l'intérieur du Saint-Empire romain germanique.

■ **Septentrional** : du nord.

■ **Souverain** : celui qui détient le pouvoir.

■ **Terrorisme** : action de violence extrême ayant pour but de terroriser une société et de la faire vaciller.

■ **Traité** : acte juridique par lequel des États établissent des règles et décisions communes.

Repères chronologiques

1618-1648	Guerre de Trente Ans en Europe.
1648	Traités d'Osnabrück et de Münster, dits « traités de Westphalie ».
1763	Le traité de Paris met fin à la guerre de Sept ans.
1839	Parution de *De la Guerre,* de Carl von Clausewitz.
1945	Création de l'ONU par la Charte de San Francisco.
1947	Plan de partage de la Palestine proposé par l'ONU.
1948	Première guerre israélo-arabe et proclamation de l'État d'Israël. Début des opérations de maintien de la paix. C'est la plus ancienne opération encore active à ce jour.
1967	Guerre des Six Jours.
1973	Guerre du Kippour.
1991	Guerre du Golfe.
1993	Accords d'Oslo.
1996-2003	Mandats de Kofi Annan à la tête de l'ONU.
11 septembre 2001	Quatre attentats aux États-Unis font près de 3 000 morts.
2003	Guerre d'Irak.
Depuis mars 2011	Guerre civile en Syrie.
14 juin 2014	Prise de Mossoul par Daech.
13 novembre 2015	Des commandos terroristes de Daech mènent plusieurs attaques simultanées dans Paris.

Biographies

Kofi Annan (1938-2018)

Diplomate ghanéen ayant fait toute sa carrière au sein de l'ONU à différents postes de direction (OMS, opérations de maintien de la paix…), il devient à partir de 1996 le septième secrétaire général de l'Organisation. Il reçoit en récompense de son action le prix Nobel de la paix en 2001.

Oussama Ben Laden (1957-2011)

Membre d'une influente et riche famille saoudienne, il s'engage dès le début des années 1980 dans le djihad et défend la lutte armée contre ceux qu'il considère comme des ennemis de l'islam. Il est l'organisateur des attentats du 11 septembre 2001.

Carl von Clausewitz (1781-1831)

Né à Burg, en Prusse, ce fils d'officier réalise une brillante carrière dans l'armée puis à l'Académie militaire de Berlin, avant d'être emporté par le choléra. Marqué par les événements guerriers de son temps, il produit des notes qui seront rassemblées après sa mort sous le titre *De la guerre*, devenu un célèbre ouvrage de stratégie.

Yitzhak Rabin (1922-1995)

Général israélien, commandant de la guerre des Six Jours, il entame une carrière politique à partir de 1968. Il signe les accords d'Oslo (1993) et obtient conjointement avec le leader palestinien Yasser Arafat le prix Nobel de la paix (1994). Pour avoir voulu la paix, il meurt assassiné par un Israélien en 1995.

Documents majeurs

Doc. 1 La définion de la guerre par Clausewitz

Nous voyons donc que la guerre n'est pas seulement un acte politique, mais un véritable instrument politique, une continuation des relations politiques, un accomplissement de celles-ci par d'autres moyens. Ce qui demeure propre à la guerre relève purement de la nature singulière de ses moyens. L'art de la guerre en général, et le commandant dans chaque cas particulier, peut exiger que les orientations et les desseins de la politique n'entrent pas en contradiction avec ces moyens, ce qui n'est certes pas une mince exigence. Mais si forte que soit en certains cas la réaction de cette exigence sur le dessein politique, il faut toujours la considérer uniquement comme une modification de celui-ci ; car le dessein politique est la fin, la guerre est le moyen, et jamais le moyen ne peut être conçu sans la fin.

Carl Von Clausewitz, *De la guerre*, livre I, chapitre 1 trad. Nicolas Waquet, Rivages Poche, 2006.

Doc. 2 Les deux tours peu après l'impact du deuxième avion, 11 septembre 2001

Doc. 3 Le traité de Westphalie : un nouveau système international

La paix de Westphalie a mis fin à la guerre de Trente Ans en proposant des solutions aux problèmes liés à la religion et à l'hégémonie, mais sans chercher à construire un système général d'obligations réciproques […] entre les États. Au final, le système né de la paix de Westphalie n'a produit ni mécanisme consultatif, ni systèmes de conférences, ni base solide pour une collaboration internationale régulière. […] Pourtant, Westphalie a le mérite d'avoir initié un lent processus d'institutionnalisation de l'ordre et de la stabilité du système international. Quatre institutions ont ainsi été graduellement développées par les gouvernements européens à partir du milieu du XVIIe siècle : 1) un système d'équilibre des puissances visant à éviter l'émergence d'un État hégémonique et à décourager les agressions ; 2) la codification des règles de comportement par le développement du droit international ; 3) la tenue de conférences internationales régulières pour gérer les crises et les différends entre États ; 4) le développement de pratiques diplomatiques devant permettre aux États de maintenir le contact entre eux pour accélérer et faciliter les négociations en cas de conflit.

Ronald Hatto, *Le Maintien de la paix, l'ONU en action*, Armand Colin, 2015.

Doc. 4 Proche et Moyen-Orient : les enjeux stratégiques au XXIe siècle

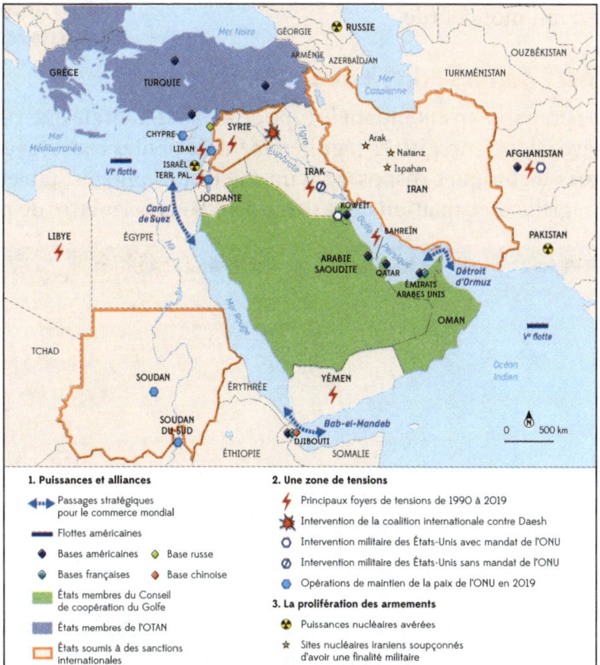

Se préparer à l'oral tout au long de l'année

1. Méthode générale de la prestation orale

Vous devez vous entraîner pour :

- être prêt dès le début de votre temps de parole et ne pas réduire celui-ci pour installer des outils informatiques…
- structurer votre propos encore plus rigoureusement que vous ne le faites à l'écrit pour ne pas perdre le jury. Commencez par donner le titre de votre travail puis introduisez-le avec une problématique, afin de bien guider votre auditoire ;
- gérer rigoureusement votre temps de parole. 5 minutes de prestation constituent un temps court pour proposer un contenu dense et précis.
- parler d'une voix claire et volontaire ;
- moduler votre ton pour capter votre auditoire ; rien de pire qu'un ton monocorde.

L'astuce du prof
Ce travail est à mener tout au long de l'année, à la fois en classe et de façon autonome à la maison.

L'astuce du prof
Davantage encore qu'à l'écrit, scandez votre présentation orale de mots de liaison : « pour commencer », « de plus », « par ailleurs », « pour finir », « pour conclure ».

2. S'entraîner à parler seul(e) à l'oral

- Il faut vous préparer en entendant le type de prestation orale que vous produisez. Vous devez donc enregistrer régulièrement de petites capsules audio grâce à des supports techniques disposant d'un micro (téléphones, tablettes numériques…). La grille d'évaluation ci-dessous peut vous permettre de progresser :

Compétences	À travailler	En voie d'acquisition	Acquis
Niveau sonore			
Débit de parole			
Élocution			
Intonation modulée			
Conviction			

- Ce travail régulier vous permettra de :

– repérer les tics de langage (« euh », « genre », « voilà »…), que vous devez proscrire ;
– apprendre à moduler votre propos : insistez sur les phrases d'introduction de vos parties, vos transitions, les notions importantes…

– rendre votre exposé de plus en plus intéressant grâce au travail sur la voix ; ne vous inquiétez pas si vous trouvez votre premier essai ennuyeux, c'est fréquent !

L'astuce du prof
Améliorez votre élocution grâce à des virelangues : « as-tu été à Tahiti ? », « suis-je chez ce cher Serge ? », « douze douches douces »…

3. Préparer sa question et anticiper les phases d'entretien

- Vous devez réfléchir à deux questions qui mêlent ou non vos deux spécialités. Pour ces deux questions à soumettre au jury, vous devez choisir un sujet qui croise plusieurs impératifs :
– vous intéresser ;
– être bien documenté ;
– avoir un rapport avec votre souhait d'orientation.
- C'est en effet sur la question retenue par le jury que portera l'ensemble de votre grand oral. L'entretien avec le jury doit montrer que vous maîtrisez bien votre sujet et ses penseurs. Il faut donc choisir vos questions assez rapidement dans l'année et en devenir un spécialiste, pour à la fois convaincre le jury de votre sérieux et pouvoir réagir à toutes les questions posées.
- Pour préparer l'entretien de 5 minutes sur votre orientation, documentez-vous sur les voies qui mènent au métier que vous voudriez exercer, les attendus en termes de niveau scolaire, les poursuites d'étude…

Exercice d'application

Se préparer à l'oral tout au long de l'année

Question : L'action de l'ONU dans les conflits du Moyen-Orient.

CORRIGÉS

PROPOSITION DE CORRIGÉ

[Traiter la question]

Vous devez maîtriser les deux aspects du sujet, à la fois le fonctionnement de l'ONU et les conflits au Moyen-Orient :

- connaître des spécialistes (Henry Laurens, Jean-Pierre Filiu, Olivier Roy, Gilles Kepel, Georges Corm). Il est nécessaire d'avoir lu quelques ouvrages écrits par l'un d'eux et leur bibliographie ;
- maîtriser les notions-clé : droit international, sécurité collective, guerre asymétrique, sionisme, panarabisme.

Axes de réflexion

- Pourquoi l'ONU n'est-elle pas parvenue à pacifier le Moyen-Orient ?
- L'ONU a-t-elle montré toute l'impartialité requise dans un Moyen-Orient à forts enjeux ?
- L'ONU a-t-elle connu des échecs au Moyen-Orient ?

> **L'astuce du prof**
> Les axes de réflexion et la problématique doivent reprendre systématiquement les deux termes du sujet.

➜ **Problématique** : Comment expliquer l'impuissance de l'ONU dans la région ?

Plan

I. Le Moyen-Orient, premier terrain d'intervention de l'ONU (1947-1949)

Plan de partage de la Palestine (1947), première mobilisation des casques bleus, première médiation du comte Bernadotte assassiné à Jérusalem.

II. L'ONU impuissante dans les guerres israélo-arabes (1967-1974)

Résolution 242, reconnaissance de l'OLP par l'Assemblée générale.

III. L'ONU marginalisée par les grandes puissances au Moyen-Orient (1991 à nos jours)

Guerre du Golfe (1991), accords d'Oslo (1993), guerre d'Irak (2003), guerre contre Daech.

> **L'astuce du prof**
> Lors de votre oral, vous devez vous adapter à un auditoire dual comprenant à la fois en enseignant spécialiste et un autre novice. Soignez bien votre lexique et définissez les termes spécifiques à votre sujet.

[Préparer la prestation orale et les deux entretiens]

• **1er temps.** Préparez de petites capsules audio de 30 secondes (pas davantage, car vous devez ne parler que 5 minutes) sur des points précis qui vous permettront d'améliorer votre oral. Par exemple :
- le plan de partage de la Palestine par l'ONU (1947),
- la résolution 242 (1967),
- la reconnaissance de l'OLP comme membre observateur (1974),
- le Conseil de sécurité dans la première guerre du Golfe (1991),
- Kofi Annan et la guerre d'Irak (2003),
- le fonctionnement du Conseil de sécurité de l'ONU,
- les missions de la paix au Moyen-Orient.

• **2e temps.** Votre travail de recherche doit vous aider à argumenter votre propos dans l'entretien avec le jury. Votre préparation doit anticiper les points que le jury souhaiterait développer. Par exemple : la guerre asymétrique, l'impérialisme des grandes puissances, la question des frontières…

• **3e temps.** Votre travail préparatoire doit intégrer cette question à votre orientation ; elle est pertinente si vous souhaitez poursuivre vos études en sciences politiques, en droit international, en histoire contemporaine.

CHAPITRE 3

Histoire et mémoires

DE QUOI S'AGIT-IL ?

L'histoire correspond à une volonté de comprendre et à une mise en récit du passé autour d'une problématique. Les historiens invitent donc l'opinion publique à partager leurs recherches et leur soif de comprendre, proposant ainsi une analyse et une lecture critique des événements.

La mémoire, individuelle ou collective, tire quant à elle sa force des souvenirs directs et des sentiments qu'elle met en œuvre.

Les conflits majeurs du XXe siècle et leur histoire s'inscrivent dans les mémoires des populations et il est important de comprendre le rôle de la recherche historique et de la justice dans la reconstruction des sociétés avec la paix revenue.

Quelles sont les responsabilités des États dans le déclenchement de la Première Guerre mondiale et la fonction des mémoires de la guerre d'Algérie ? Comment la justice juge-t-elle et prévient-t-elle les génocides et crimes de masse à différentes échelles ?

1 Introduction : histoire et mémoire, histoire et justice

A La différence entre histoire et mémoire

1. La fonction particulière de l'histoire

• **Pour l'historien Antoine Prost, l'histoire s'est construite sur la notion de continuité et le passé demeure encore à l'œuvre dans le présent, offrant la possibilité de mieux le comprendre.** Pour Lucien Febvre, historien de l'École des Annales, elle est « un moyen d'organiser le passé pour l'empêcher de trop peser sur les épaules des hommes ». L'histoire libère donc le citoyen du poids des souvenirs et du passé, en lui permettant de mieux comprendre le présent.

• **Chez les historiens contemporains, l'histoire se construit sur la conscience qu'il existe une coupure radicale qui change tout le rapport au passé.** La société leur demande donc de se saisir de ces objets perdus, avec pour mission de faire vivre de nouveau les acteurs dans leur contexte.

2. Une mémoire affective et portée par des groupes différents

• **La mémoire est avant tout affective et privilégie les détails qui la rassurent. Elle se nourrit ainsi de souvenirs plus ou moins flous et très sensibles.** Comme le dit Pierre Nora, « La mémoire est la vie » : elle peut ainsi être ouverte au souvenir et à l'amnésie ; ce qui la rend vulnérable aux manipulations de toutes sortes.

• **Par nature, la mémoire est démultipliée, collective et individualisée.** Il y aurait ainsi autant de mémoires que de groupes. La mémoire est en constante mutation, avec des périodes d'oubli et de revitalisation qui se succèdent, déclenchant de fortes controverses.

• **La mémoire se trouve ainsi placée au cœur d'enjeux sociétaux fondamentaux.** À la différence de l'histoire, elle s'enracine dans le concret et s'inscrit dans un espace délimité. Elle s'incarne également dans des objets et des images, qui deviennent des supports essentiels.

Sachez que...
L'État a cherché, à partir des années 1990, à contrôler et officialiser les mémoires. Mais devant l'inflation mémorielle et les controverses nées du vote de la loi de 2005 sur le « rôle positif de la colonisation », le Parlement français a décidé en 2008 de ne plus voter de « lois mémorielles ».

3. De nouveaux rapports entre histoire et mémoire

• **L'historien professionnel conserve avant tout la fonction d'élargir et d'enrichir le présent de la société par ses recherches.** Mais comme l'histoire n'est pas une science exacte, il a bien conscience qu'il n'a plus à répéter le passé, mais à le corriger et à le rationnaliser pour l'usage du grand public. Il n'hésite donc pas à aborder des thématiques qui avaient pu être occultées pour empêcher des affrontements ou des polémiques et exploite les mémoires de manière scientifique.

• **Selon l'historien Henry Rousso, « la mémoire est un vécu en perpétuelle évolution, l'histoire est une reconstruction savante et abstraite** plus encline à délimiter un savoir constitutif et durable ». C'est pour cette raison que les historiens se sont opposés aux votes de « lois mémorielles » par le Parlement.

B Les notions de crime contre l'humanité et de génocide

1. La genèse de la notion de crime contre l'humanité

• **L'expression « crime contre l'humanité » apparaît pour la première fois en 1915 au cours de la Première Guerre mondiale**, alors que se déroule ce que l'on qualifie aujourd'hui de « génocide arménien » perpétré par les Ottomans contre ce peuple. Au mois de mai de la même année, les alliés russes, britanniques et français dénoncent ces massacres comme des « crimes contre l'humanité et la civilisation ».

• **Le concept de crime contre l'humanité est donc utilisé pour dénoncer les actes inhumains qui dépassent les crimes de guerre** et qui visent la mort ou la persécution de populations civiles.

2. Juger les crimes contre l'humanité

• **L'idée de juger les crimes nazis est apparue pendant la Seconde Guerre mondiale avec la déclaration de Londres du 13 janvier 1942.** Neuf pays de la « Grande Alliance » prévoient de punir les crimes contre les populations civiles « qui n'ont rien de commun ni avec la notion d'actes de guerre, ni avec celle de crimes politiques telles que les conçoivent les nations civilisées ». Le 30 octobre 1943, cette intention devient concrète avec la déclaration de Moscou signée par Churchill, Staline et Roosevelt et qui précise que « les trois puissances alliées poursuivront [les criminels allemands] et les remettront aux mains de leurs accusateurs pour que justice soit faite ».

• **La découverte de l'univers concentrationnaire, de la Shoah et des centres de mise à mort en 1945, dont l'existence était sans doute connue au plus haut niveau dès 1942, conduit les Alliés à mettre en place un tribunal international pour juger les criminels nazis** (voir p. 133). L'accord de Londres du 8 août 1945 fixe le statut du tribunal de Nuremberg (de novembre 1945 à octobre 1946) et la première définition juridique du crime contre l'humanité, qui est distingué de la notion de « crimes de guerre ». La notion de « crimes contre la paix et la sécurité de l'humanité » a également été définie à cette occasion.

Sachez que...

Après 1918, il avait été envisagé de traduire en justice l'empereur Guillaume II ou les responsables turcs du génocide arménien. Mais faute de coopération internationale, ces projets n'avaient pas été concrétisés.

Doc. Statuts du Tribunal militaire international, adoptés par les Alliés lors de l'accord de Londres du 8 août 1945

– Crimes de guerre : c'est-à-dire les violations des lois et coutumes de la guerre. Ces violations comprennent, sans y être limitées, l'assassinat, les mauvais traitements ou la déportation pour des travaux forcés, ou pour tout autre but, des populations civiles dans les territoires occupés, l'assassinat ou les mauvais traitements de prisonniers de guerre ou des personnes en mer, l'exécution des otages, le pillage des biens publics ou privés, la destruction sans motif des villes et des villages ou la dévastation que ne justifient pas les exigences militaires.

– Crimes contre l'humanité : c'est-à-dire l'assassinat, l'extermination, la réduction en esclavage, la déportation et tout acte inhumain commis contre toutes les populations civiles, avant ou pendant la guerre, ou bien les persécutions pour des motifs politiques, raciaux ou religieux.

Articles 6b et 6c.

• **Cette caractérisation des différents crimes servira également de base pour le jugement des responsables japonais** (l'empereur Hiro-Hito a volontairement été épargné et ne sera pas traduit devant ce tribunal) à Tokyo entre janvier 1946 et novembre 1948. Le concept de crime contre l'humanité est donc fortement ancré dans le contexte historique particulier de la fin de la Seconde Guerre mondiale.

• **La notion de crime contre l'humanité est cependant en évolution constante depuis son origine.** Les législations propres aux États ont globalement adopté la définition de Nuremberg, mais le statut de ce crime diffère selon les pays. Pour la justice française, qui l'introduit dans sa législation en décembre 1964, il est le seul crime imprescriptible (la France n'a en effet pas ratifié la convention de 1968 qui donnait également au « crime de guerre » ce caractère imprescriptible en droit international). En outre, la notion sera ajustée par la justice française lors de l'instruction du procès Barbie entre 1983 et 1987 (voir Zoom, p. 139).

• **La création de la Cour pénale internationale (CPI) à Rome en 1998 a élargi la définition de l'inculpation pour crime contre l'humanité** (dans son article 7) pour l'adapter à la multiplication des formes de crimes qui visent l'humanité. Il est devenu un chef d'inculpation beaucoup plus large et mieux défini, mais il cristallise les passions et demeure controversé : certains États refusent de soumettre leurs concitoyens à d'éventuelles poursuites dans ce cadre (c'est par exemple le cas des États-Unis).

3. Le génocide, une notion progressivement intégrée dans le droit international

• **La notion de génocide a également été forgée pendant la Seconde Guerre mondiale.** Ainsi, en août 1943, Winston Churchill prononce un discours dans lequel il déclare au sujet de ce qui se passe alors dans l'Europe contrôlée par les nazis : « Nous sommes en présence d'un crime sans nom ». Quelques mois plus tard, en novembre 1943, le juriste américain Raphaël Lemkin, d'origine juive polonaise, forge le terme de « génocide » dans un ouvrage intitulé *Le Régime de l'Axe dans l'Europe occupée*, repris un an plus tard dans un éditorial publié dans le *Washington Post* du 3 décembre 1944. Il définit ce terme par « la destruction d'une nation ou d'un groupe ethnique ».

• **Ce néologisme a pour objectif d'adapter une pratique ancienne aux conditions des violences extrêmes de la Seconde Guerre mondiale.** Il le compose à partir du grec *genos*, qui signifie « race » ou « tribu », et du latin *cide*, qui veut dire « tuer ». Le génocide ne signifie pas obligatoirement la destruction immédiate d'une nation, sauf lorsque des meurtres de masse visent les membres d'une même nation ou ethnie. Il veut surtout signifier la destruction organisée et préméditée d'une nation ou d'un peuple.

Sachez que...

Avec la découverte des centres de mise à mort, Lemkin précise que sa définition s'applique à la Shoah : « C'est une erreur, peut-être, de qualifier ces meurtres d'"atrocités" [...] À l'échelle pratiquée par les Allemands, c'est quelque chose d'inédit ».

• **La notion de génocide est absente des procès de Nuremberg et de Tokyo**, à l'exception d'une évocation dans le réquisitoire initial du procureur et de son apparition à l'occasion de certains procès postérieurs.

• **Dans un article de 1945, intitulé « Génocide, un crime moderne », Lemkin suggère une définition élargie du génocide** incluant les techniques de destruction politique, sociale, culturelle, religieuse, morale, économique, biologique et physique, avec en particulier les famines provoquées et la mort par épuisement. Cette réflexion servira de base à la « Convention pour la prévention et la répression du crime de génocide », adoptée par la résolution 260 de l'Assemblée générale de l'ONU du 9 décembre 1948, et entrée en vigueur le 12 janvier 1951.

L'ESSENTIEL

Histoire et mémoire, histoire et justice

- L'histoire adopte une démarche scientifique, alors que la mémoire se nourrit des souvenirs du passé, portés par des individus et des groupes. Elle est donc plus sensible que l'histoire aux influences, aux déformations. Les rapports histoire/mémoire(s) sont donc complexes : l'histoire se sert de la mémoire mais doit également l'encadrer.
- Les notions de crime contre l'humanité et de génocide se sont développées progressivement au XXe siècle pour désigner des actes inhumains qui dépassent les crimes de guerre et qui visent la mort ou la persécution de populations civiles, d'une nation ou d'un groupe ethnique.
- Pris en compte par la justice internationale après 1945, ces crimes ont peu à peu été intégrés dans les différentes législations.

2 Histoire et mémoires des conflits

A Un débat historique et ses implications politiques : les causes de la Première Guerre mondiale

1. Des recherches historiques qui débattent d'abord des responsabilités allemandes

- **Les vainqueurs de 1918 imposent à l'Allemagne vaincue le traité de Versailles où ils déclarent, dans l'article 231, que le Reich et ses alliés sont responsables du déclenchement de la guerre** et de ses conséquences, ainsi que de la manière dont le conflit a été mené. Aussi, la dimension culpabilisante de cet article n'échappe ni aux vainqueurs ni aux vaincus. Dans les années qui suivent, la question de la responsabilité du déclenchement de la guerre ne cesse de resurgir dans les travaux historiques.
- **Sur le plan historiographique, l'historien Pierre Renouvin y consacre un livre dès 1922**, alors qu'au même moment la population et les responsables politiques allemands ne cessent de réclamer une « révision » du « Diktat » de Versailles. Les historiens français sont particulièrement intéressés par le mouvement pangermaniste ou « Alldeutsch » qui aurait influencé la politique extérieure allemande. Le gouvernement impérial aurait ainsi fait la guerre pour réaliser par la force brutale ses désirs de domination du monde.

2. Un débat très vif après 1945 : entre consensus et remise en cause mémorielle

- **Après 1945, un consensus s'est établi en Allemagne de l'Ouest selon lequel tous les belligérants portent une part de responsabilité dans le premier conflit mondial**, aucun d'entre eux n'ayant véritablement voulu la guerre. Cette position semble par ailleurs avoir une résonance internationale, puisqu'un accord intervient en 1953 entre les associations d'historiens allemands et français, selon lequel on ne peut reprocher à aucune nation d'avoir intentionnellement déclenché la Première Guerre mondiale.
- **C'est pourquoi la publication en 1961 de l'ouvrage de Fritz Fischer, *Les Buts de guerre de l'Allemagne impériale*, déclenche une véritable controverse**, démontrant à quel point la mémoire du conflit demeure sensible. L'auteur y affirme que l'Allemagne avait, en juillet 1914, poussé l'Autriche-Hongrie à adopter une position intransigeante, déclenchant ainsi le conflit. L'auteur ajoute également que l'Allemagne de Guillaume II avait poursuivi des buts de guerre impérialistes pour imposer en Europe une hégémonie allemande, alourdissant ainsi sa responsabilité. La polémique implique même l'exécutif quand le chance-

lier Ludwig Erhard (1963-1967), aussi bien que le président du Bundestag, Eugen Gerstenmaier, prennent position contre les thèses de Fischer.

3. Déterminer les causes du conflit à partir de l'histoire sociale : une préoccupation plus tardive des historiens

• **La majorité des ouvrages parus jusque dans les années 1970 traitent du conflit à travers le prisme des diplomates et des généraux, négligeant la vie des civils et des soldats.** Or, pour mieux saisir les mécanismes de déclenchement du conflit, il importe de s'interroger sur les représentations et l'attitude de l'opinion publique.

• **Avec la thèse de Jean-Jacques Becker, *Comment les Français sont entrés dans la guerre*, publiée en 1977, l'histoire du conflit est bouleversée et orientée vers ceux qui l'ont vécue.** Cette mutation historiographique est en effet devenue nécessaire avec l'avancée en âge de la génération des anciens combattants de la Grande Guerre. Cette histoire sociale de la Grande Guerre remet en cause des idées reçues sur l'été 1914, notamment la représentation collective des combattants français partis à la guerre « la fleur au fusil ». Il étudie donc sur un temps court, celui de l'été 1914, le basculement de la société française dans la guerre avec les réactions de l'opinion publique. Jean-Jacques Becker démontre la croyance des Français dans une guerre courte : la Grande Guerre était d'abord pour les peuples belligérants une guerre défensive, fondée sur la défense du sol, du foyer, de la famille.

4. Une question historique qui fait encore polémique

• **En 1980, l'historien allemand Gerd Krumeich publie un ouvrage intitulé *Armements et politique en France à la veille de la Première Guerre mondiale*,** où il démontre que lorsque la guerre éclate en 1914, les différentes forces politiques, de la droite à l'extrême gauche, et l'opinion publique sont convaincues de longue date que l'Allemagne va attaquer la France. De l'autre côté du Rhin, une grande partie de l'opinion, y compris de gauche, se fait également à l'idée que la France, la Russie et l'Angleterre trament des desseins belliqueux, et que l'encerclement du pays par des voisins jaloux est en train de se parachever.

• **En 2013, la parution de l'ouvrage de l'historien australien Christopher Clark, *Les Somnambules, été 1914, comment l'Europe a marché vers la guerre* suscite un grand intérêt du public** et en particulier en Allemagne, où il est réédité onze fois en six mois. Le phénomène est d'autant plus surprenant que dans ce pays, à la différence de la Grande Bretagne, de la France, du Canada, des États-Unis ou de la Belgique, la Première Guerre mondiale n'est habituellement pas ressentie comme un jalon important de l'histoire nationale. Clark y évoque une responsabilité collective dans le déclenchement du conflit.

• **En octobre 2014, l'historien Gerd Krumeich publie *Le Feu aux poudres. Qui a déclenché la guerre en 1914 ?*, en réponse aux thèses de Clark.** S'il reconnaît la performance historiographique de Clark, il lui reproche de ne pas avoir assez travaillé sur les représentations de la guerre et souligne au contraire les responsabilités allemandes dans le déclenchement du conflit.

Sachez que...

En Allemagne, la Première Guerre mondiale est perçue la plupart du temps comme un événement important de l'histoire de l'humanité, mais ne fait pas partie intégrante de l'histoire nationale. Les universitaires allemands incluent par ailleurs la « Grande Guerre » dans l'expression « Guerre de 30 ans », qui s'étale de 1914 à 1945, pour marquer l'entrée dans l'âge totalitaire et la mort de masse.

Doc. **Gerd Krumeich commente *Les Somnambules***

Clark montre comment les puissances se sont alliées, quelle place y occupaient les accords militaires, comment on est arrivé à une constellation dans laquelle elles se sont toutes senties agressées et contraintes de s'armer démesurément et de rendre les alliances pour ainsi dire « étanches ». [...] Clark montre inexorablement que les grandes puissances ont mené leur politique en suivant leurs propres intérêts, et qu'au fond aucun homme d'État ne s'est préoccupé de savoir ni comment cette politique serait « reçue » par l'adversaire, ni quelles réactions elle provoquerait. Ainsi les Allemands avaient-ils une peur énorme d'une Russie devenant économiquement et militairement surpuissante. [...] Mais chez les autres puissances, l'image qu'elles se faisaient de la situation était tout à fait aussi phobique, si bien qu'il n'était vraiment besoin que d'une étincelle pour faire exploser l'ensemble du système de grandes puissances et d'alliances en Europe. [...] Le livre de Clark est une très considérable performance historiographique. Une combinaison bien réussie d'analyse de sources et de présentation historique dont le détail et le luxe de couleurs invitent à lire et lire encore. Mais à mes yeux reste l'arrière-goût d'une partialité qui parvient, certes, à remettre quelques anciens mythes de façon productive en question, mais ne renouvelle nullement de façon renversante l'état de la recherche sur la crise de juillet.

Gerd Krumeich, trad. François Pature-Maury, *Historiens & Géographes*, 23 décembre 2014.

• **Ainsi, les causes de la Première Guerre mondiale sont extrêmement complexes et difficiles à cerner**, ce qui n'est absolument pas le cas pour la Seconde. Avec le lancement de la « Mission Centenaire 14-18 » en 2012, qui a rassemblé des historiens français et étrangers, l'histoire et les mémoires de la Première Guerre mondiale ont été placées sur le devant de l'actualité. L'inauguration du mémorial international de Notre-Dame-de-Lorette, en 2014, rendant hommage aux combattants de la Première Guerre mondiale sans distinction de nationalité, a eu pour objectif d'apaiser la mémoire et l'histoire du conflit, un siècle après son déclenchement.

Doc. *L'Anneau de la Mémoire*, **mémorial international de Notre-Dame-de-Lorette, inauguré en 2014 à Ablain-Saint-Nazaire (Pas-de-Calais)**

Architecte : Philippe Prost.

Ce monument est de forme circulaire pour illustrer la ronde enfantine de tous les belligérants de la Grande Guerre. Il met en scène 600 000 noms de soldats écrits sur des caractères de 12 millimètres de hauteur. Symboliquement, le premier de ces soldats est Népalais et le dernier est Allemand.

B Mémoires et histoire d'un conflit : la guerre d'Algérie

1. Le temps de l'« amnésie » (1962-1992)

- **Jusqu'au début des années 1990, l'histoire coloniale de la France, et particulièrement celle de la guerre d'Algérie, semblait oubliée.** Cette situation répondait à une double exigence : ne plus évoquer une histoire douloureuse et éviter des polémiques dues à la présence sur le territoire français de « pieds-noirs », de harkis, mais aussi de populations immigrées originaires d'anciennes colonies. Cette situation ne procédait d'aucune volonté précise et s'expliquait largement par le fait que la droite extrême s'était accaparée cette mémoire depuis 1974.

Sachez que...

L'expression « guerre d'Algérie », bien qu'employée dès les années 1950 par les journalistes et historiens, n'a été reconnue officiellement que tardivement. Jusqu'à la loi de juin 1999, on préférait parler d'« événements d'Algérie ». Cependant, les soldats ayant servi en Algérie ont pu très tôt utiliser le qualificatif d'« ancien combattant ». Aujourd'hui, on privilégie l'expression « guerre d'indépendance algérienne » pour replacer celle-ci dans le contexte global de décolonisation.

• **La mémoire de la guerre d'Algérie a été instrumentalisée par des groupes très divers.** Cette concurrence des mémoires a été difficile à gérer pour les historiens qui effectuaient des recherches sur ce sujet. Entre histoire et mémoire, l'historien a bien conscience que la frontière est poreuse, mais son travail est rendu encore plus difficile lorsqu'il a conscience d'être au cœur d'enjeux mémoriels collectifs.

• **Jusqu'aux années 1980, les mémoires sont cloisonnées et la recherche s'en ressent.** À l'exception de *La Guerre d'Algérie*, d'Yves Courrière, presque toutes les parutions sont le fait de soldats de l'armée française, de nostalgiques ou de pieds-noirs. Entre 1962 et 1982, Benjamin Stora recense près de 2 500 livres. C'est donc surtout une mémoire de vaincus qui se diffuse dans l'espace public.

• **À partir de 1980, on observe une inversion de tendance** avec des publications produites par des Français engagés pendant la guerre, en faveur de l'indépendance. C'est le cas de l'ouvrage collectif *La Guerre d'Algérie*, sous la direction d'Henri Alleg.

• **De son côté, l'État vote plusieurs lois et décrets d'amnistie.** Ainsi, toutes les condamnations prononcées pendant ou après la guerre d'Algérie ont été effacées. Cela signifiait que tout recours judiciaire devenait impossible pour les victimes ; les crimes coloniaux n'étant pas qualifiés (comme ceux commis sous le régime de Vichy) de « crimes contre l'humanité ».

2. Le « retour de mémoire » (depuis 1992)

• **À partir de 1992, le contexte devient plus favorable à une véritable émergence mémorielle** de la guerre d'Algérie. L'Algérie contemporaine est tout d'abord au cœur de l'actualité avec la guerre civile qui déchire le pays. C'est aussi l'année de commémoration du trentième anniversaire de l'indépendance. Enfin et surtout, les archives militaires s'ouvrent.

• **Une loi sur les archives, adoptée en juillet 2008, fixe de nouveaux délais de communication des archives publiques**, qui sont désormais communicables de plein droit à l'expiration d'un délai de 50 ans pour les documents relatifs à la vie privée. Il en va de même pour les documents dont la communication porte atteinte au secret de la défense nationale. La recherche sur la guerre d'indépendance algérienne s'en trouve donc facilitée.

• **De nombreux travaux universitaires sont engagés**, telles les thèses de Raphaëlle Branche, *La Torture en Algérie* (2001), et de Sylvie Thénault, *Une drôle de justice, les magistrats dans la guerre d'Algérie* (2001). Ces publications furent essentielles, car ces deux jeunes historiennes, en raison de leur jeune âge, n'avaient pas pu être engagées dans le conflit. Elles démontrent que l'État français a couvert des pratiques de torture. Il faut ajouter les travaux de Claire Mauss-Copeaux (*Appelés en Algérie : la parole confisquée*, paru en 1999) et de Dalila Aït-el-Djoudi (*La Guerre d'Algérie vue par l'ALN*, paru en 2007).

- **Tous ces débats sont également nourris par les prises de position d'acteurs historiques tels que les généraux Massu et Aussaresse.** Des historiens, tels ceux de l'Institut d'histoire du temps présent, travaillent désormais sur les représentations et l'imaginaire de guerre (en utilisant les archives du cinéma et de la presse en particulier). Cela permet de faire naître une histoire culturelle et sociale sans mettre pour autant en avant la parole des acteurs.

- **Au cours des années 1990, les associations de rapatriés revendiquent avec plus de force l'érection de monuments commémoratifs** (stèles, mémoriaux…). De leur côté, des militants issus de diverses associations, des chercheurs et des collectifs de descendants de colonisés attendent une reconnaissance par la France des crimes commis pendant la colonisation. C'est donc à travers celle de la guerre d'Algérie que la mémoire de la colonisation fait surface en France.

- **La « douleur mémorielle » vécue par les personnes liées à ce passé peut enfin apparaître au grand jour.** La parole se libère et les différents acteurs réclament une légitimité. Mais celle-ci reflète une mémoire plurielle avec parfois de profondes oppositions (par exemple, celle des harkis et des enfants issus des immigrations postcoloniales). Cette concurrence des mémoires pousse l'État à devenir un « entrepreneur de mémoire ».

3. Une « mémoire d'État »

- **L'État et les collectivités locales sont à l'origine de la construction de nombreux « lieux de mémoire »** : principalement des musées et mémoriaux.

- **Depuis le début des années 2000, un mouvement s'est développé autour de Pascal Bruckner, Bernard Lugan et Daniel Lefeuvre contre la « repentance »**. Dans ce débat, la loi du 23 février 2005 marque un tournant. Son article 4 précise en effet que « les programmes scolaires reconnaissent le rôle positif de la présence française outre-mer, notamment en Afrique du Nord ». Des universitaires signent une pétition, initiée par Claude Liauzu et publiée dans *Le Monde*. Il faudra attendre janvier 2006 pour que le président Jacques Chirac décide d'abroger le texte.

• **Les visites des différents présidents français en Algérie** (Nicolas Sarkozy en décembre 2007, François Hollande en décembre 2012 et Emmanuel Macron en décembre 2017) **ont permis d'apaiser les tensions entre la France et son ancienne colonie.** François Hollande évoque ainsi « les souffrances que la colonisation française » a infligées au peuple algérien, tandis qu'Emmanuel Macron, qui avait qualifié la colonisation de « crime contre l'humanité » quand il était candidat, précise que les deux pays ont une mémoire partagée, mais doivent se tourner vers l'avenir. Il est en effet le premier président de la Ve République né après la guerre d'Algérie.

Doc. Emmanuel Macron évoque la mémoire de la guerre d'Algérie

Question. L'histoire coloniale continue d'impacter le présent et vraisemblablement le futur des relations entre Alger et Paris. Quels sont les gestes nécessaires à faire pour refermer la plaie coloniale ? Maintenez-vous l'expression « crime contre l'humanité » que vous avez employée en février dernier à Alger ?

E. Macron. J'ai dit à Ouagadougou que durant la colonisation, il y a eu des combats, il y a eu des fautes et des crimes, il y a eu des grands événements et des histoires heureuses. Je suis d'une génération de Français pour qui les crimes de la colonisation européenne sont incontestables et font partie de notre histoire. En tant que chef d'un État qui a colonisé une partie de l'Afrique mais aussi comme représentant d'une génération qui n'a pas connu cette période, je considère que la France est dépositaire de ce passé. Pour autant, j'ai une conviction profonde, notre responsabilité n'est pas de nous y enferrer, notre responsabilité n'est pas de rester dans ce passé. Elle est de connaître cette histoire et de construire un avenir.

Extrait d'une interview parue dans *El Watan* (quotidien algérien), le 6 décembre 2017.

• **Les gestes symboliques se sont également multipliés à l'échelle nationale** : en octobre 2012, François Hollande reconnaissait la répression « sanglante » de la manifestation d'Algériens à Paris le 17 octobre 1961. De même, en septembre 2018, Emmanuel Macron admettait officiellement, la responsabilité de l'État dans la mort du militant communiste et indépendantiste Maurice Audin en 1957. L'histoire et les mémoires de la guerre d'Algérie sont encore en chantier, mais de nombreux travaux ont pour objectif d'instaurer une réconciliation par le biais de la recherche.

Doc. Vers la réconciliation mémorielle ? La reconnaissance officielle par l'État du meurtre de Maurice Audin

Une du journal *L'Humanité,* 18 septembre 2018.

Maurice Audin, mathématicien français communiste militant pour l'indépendance, a été arrêté et assassiné par les autorités françaises en 1957.

L'ESSENTIEL

Histoires et mémoires des conflits

- Les recherches sur les causes de la Première Guerre mondiale ont commencé dès 1919 autour des responsabilités allemandes, alimentant des polémiques en Allemagne, mais également en France.
- La controverse née de l'ouvrage de Christopher Clark *Les Somnambules* a démontré que l'histoire et les mémoires du premier conflit mondial demeurent sensibles aujourd'hui.
- Pendant trente ans, la guerre d'Algérie semble oubliée en France mais, à partir de 1992, on observe une importante évolution avec de nombreux travaux de recherches menés par une nouvelle génération d'historiens. On assiste également à une revendication mémorielle de la part de différents groupes.
- Aujourd'hui, l'État et les collectivités sont des acteurs importants de cette mémoire alors qu'un débat assez vif s'est engagé autour du thème de la « repentance ».

3 Histoire, mémoire et justice

A La justice à l'échelle locale : les tribunaux gacaca face au génocide des Tutsis

1. Les faits : le génocide des Tutsis (avril-juillet 1994)

- **Entre le 7 avril et le 17 juillet 1994, soit cinquante ans après la découverte de la Shoah en Europe, survient le génocide contre la minorité tutsi du Rwanda.** Le processus génocidaire a commencé avec la transformation, à l'époque de la colonisation belge (1919-1962), de la société rwandaise par la racialisation des populations et la désignation des Tutsis en groupe ennemi destiné à disparaître. Cette situation est par ailleurs renforcée après l'indépendance. L'attentat perpétré le 6 avril 1994 contre l'avion du président hutu Habyarimana permet l'instauration d'un gouvernement extrémiste hutu qui donne le signal du génocide. Les trois quarts de la population tutsi sont assassinés, soit entre 800 000 et 1 million de personnes.

- **La communauté internationale semble globalement indifférente** et, à l'exception d'une petite unité de l'ONU, aucune action militaire n'est entreprise pour mettre fin aux massacres. Le Conseil de sécurité de l'ONU bloque par ailleurs toute reconnaissance de génocide. Il faut attendre début juin, à l'initiative de la France qui change de position, pour qu'un vote intervienne en faveur d'une intervention militaire au Rwanda.

2. Quelle justice pour en finir avec le génocide ?

- **À la fin du génocide, les nouvelles autorités rwandaises sont débordées.** Le pays est exsangue, vidé de sa population, assassinée ou en fuite, et l'État n'existe quasiment plus. La réponse judicaire s'impose pourtant avec la création du tribunal pénal international pour le Rwanda le 8 novembre 1994. On décide alors de lancer des enquêtes pour interroger les témoins rescapés des massacres, recenser les fosses communes. D'emblée, il est décidé d'écarter la solution de l'amnistie.

- **Pour les nouvelles autorités rwandaises, le défi est immense**, car il va falloir juger les plus graves des crimes, commis par des dizaines de milliers de personnes, dont la plupart vivaient à proximité de leurs victimes qui étaient parfois leurs propres voisins ou amis. Seule la force armée avait mis fin aux massacres, sans que la raison n'intervienne.

- **En outre, la guerre a détruit les moyens humains et matériels de la justice** : les structures de l'État, y compris les tribunaux, sont anéanties, alors qu'avant avril 1994, le système judiciaire était déjà défaillant. Fin 1992, le rapport d'une commission composée de magistrats et de cadres du ministère de la Justice dénonce l'insuffisance de magistrats pour mener les poursuites envisagées contre les responsables. Quant aux prisons, elles sont encombrées de 60 000 détenus en attente de jugement.

● **Un processus judiciaire s'ouvre donc à différentes échelles.** Les principaux responsables sont renvoyés devant le tribunal international installé à Arusha en Tanzanie, alors que le Rwanda promulgue une loi en août 1996 qui organise à l'échelle nationale les poursuites pour les crimes de génocide et contre l'humanité. Mais huit ans plus tard, alors que près de 130 000 personnes sont incarcérées, moins de 10 000 jugements ont été prononcés.

● **La solution d'une sorte de « commission de vérité et de réconciliation », inspirée de l'expérience sud-africaine, est rejetée**, au nom du refus de l'impunité et avec la volonté de faire comparaître tous les auteurs devant un tribunal. D'autres massacres avaient en effet annoncé le génocide, mais les autorités alors en place avaient refusé de poursuivre les auteurs identifiés ou s'étaient empressées d'amnistier les criminels. La loi rwandaise semblait totalement inadaptée à la situation car, comme dans beaucoup d'autres pays, la Convention de décembre 1948 avait été ratifiée par le Rwanda mais n'avait pas généré d'adaptation du droit interne, de sorte qu'aucune peine spécifique n'était prévue pour la répression d'un génocide ou d'un crime contre l'humanité.

Sachez que...
En 1995, l'Afrique du Sud crée les « commissions vérité et réconciliation » pour recenser toutes les violations des droits de l'homme commises pendant la période de l'apartheid (entre 1947 et 1991) et permettre une réconciliation nationale entre les victimes et les auteurs d'exactions.

3. La justice pour réconcilier la nation ?

● **La mise en place d'une justice participative et transitionnelle rendue « sur le gazon » est évoquée à partir de 1995.** On estime alors qu'au rythme de la justice, il faudra deux cents ans pour juger les accusés qui s'entassent par centaines de milliers dans les prisons rwandaises. Entre mai 1998 et mai 1999, des réunions sont organisées avec les principales autorités administratives et politiques pour mettre en place des tribunaux chargés de puiser dans la culture rwandaise en s'adaptant à la spécificité du contentieux créé par le génocide.

Sachez que...
L'expression « sur le gazon » renvoie à l'herbe sur laquelle se tiennent ces tribunaux, qui s'inspirent d'un mode de gestion local des conflits.

● **Les motivations de ces juridictions sont précisées** :
– la nécessité de connaître la vérité sur le nombre et l'identité des victimes, ainsi que sur les biens détruits ;
– la punition de tous ceux qui ont eu une responsabilité dans les événements de 1994 ;
– la participation de la population à l'administration de la justice ;

– la réunification des Rwandais autour de la vérité et de la punition des coupables.

- **Le 26 janvier 2001, après de brefs débats parlementaires, une loi organique est votée sur la création des « juridictions gacaca ».** 12 000 juridictions sont ainsi instaurées avec des juges non professionnels (les *inyangamugayo*) qui doivent être élus (250 000 « juges intègres » seront ainsi désignés). Au total, ce sont près de 2 millions de jugements qui sont prononcés.
- **L'originalité de la démarche tient également au fait que cette « justice de voisinage » examine les crimes sur les lieux mêmes où ils ont été commis.** L'objectif de ces juridictions inédites est de concilier l'exigence de justice et la volonté clairement exprimée de refonder la société rwandaise.
- **Lors des audiences publiques devant ces tribunaux à ciel ouvert, la parole est répartie entre les témoins, les rescapés et les bourreaux.** Même si ces juridictions ont été accusées d'être au service des nouveaux gouvernants du Rwanda, elles ont permis, en libérant la parole, de mieux comprendre les ressorts de ce déchaînement de violences et les mécanismes d'un génocide où des civils se sont fait les relais de la violence encouragée par l'État.
- **Entre 2005 et 2012, près de 2 millions de personnes ont été jugées pour des crimes commis en 1994**, mobilisant 140 000 juges pour 12 000 juridictions et se traduisant concrètement par environ 800 000 condamnations.
- **Cette forme originale de justice a été saluée pour la reconnaissance apportée aux victimes** lors des audiences au travers de l'émotion suscitée par leurs témoignages qui constituent déjà un début de réparation.
- **Pour certains, le bilan de ces tribunaux est nuancé**, car ils sont trop ambitieux en voulant faire apparaître dans une logique pénale la vérité sur ce qui s'est passé, retisser le tissu social et réconcilier. Enfin, il est très rare qu'un tribunal, surtout pénal, réconcilie, particulièrement lorsque les infractions commises sont les plus graves qu'il se puisse concevoir. Par ailleurs, les attentes sont souvent déçues, car si les victimes obtiennent un début d'apaisement mémoriel, elles attendent aussi des réparations matérielles, qui ne leur sont pas toujours accordées.

COURS

Doc. Les procès et les verdicts

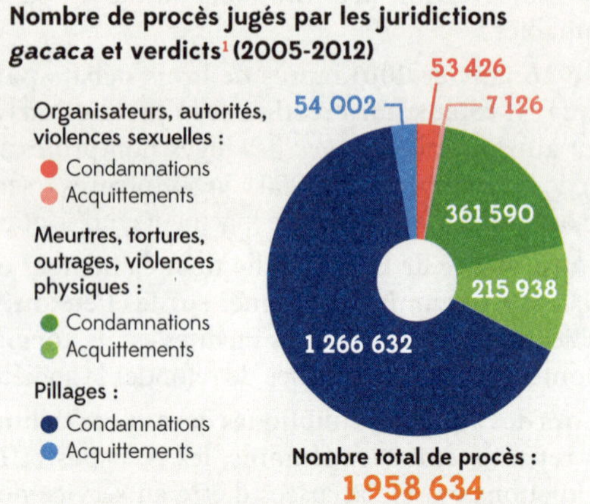

1. Hors procédures d'appel. Une même personne a pu être jugée et condamnée dans plusieurs catégories de procès.

Source : Résumé du rapport présenté à la clôture des activités des juridictions gacaca*, SNJG, République du Rwanda, juin 2012.*

• **Dans le même temps, le Tribunal pénal international pour le Rwanda (TPIR)** a pu entendre les récits de 3 000 témoins qui ont courageusement raconté des événements traumatisants. Cependant, le tribunal d'Arusha a fait l'objet de critiques, car les responsables du Front patriotique rwandais n'ont pu être jugés (le gouvernement rwandais s'y est opposé) et certains rescapés ont eu parfois le sentiment d'être moins bien traités que les accusés, tant les procès se voulaient exemplaires.

B La construction d'une justice pénale internationale face aux crimes de masse : le Tribunal pénal international pour l'ex-Yougoslavie (TPIY)

1. Les guerres dans l'ex-Yougoslavie (1989-1999)

• **Entre 1989 et 1991, à la fin de la guerre froide, la plupart des démocraties populaires (régimes communistes d'Europe centrale et orientale) s'effondrent les unes après les autres.** En Yougoslavie, ces changements s'accompagnent du réveil des nationalismes, qui entraîne plusieurs guerres entre 1991 et 1995 et en 1999 au Kosovo. La Slovénie, la Croatie et la Macédoine, trois anciennes républiques yougoslaves, proclament leur indépendance en 1991. Elles sont suivies en 1992 de la Bosnie-Herzégovine. Mais la Serbie, et dans une moindre mesure la Croatie, s'y opposent et mènent des campagnes d'épuration ethnique qui se traduisent par des meurtres de masse.

• **Cependant face à cette situation, ni l'Union européenne, ni l'ONU ne semblent en mesure de rétablir la paix.** L'ultranationalisme du gouvernement de la République de Serbie (qui représente l'élément central de la nouvelle « République fédérale de Yougoslavie ») et des Serbes de Bosnie aboutit en juillet 1995 au massacre de 8 000 bosniaques à Srebrenica, une enclave musulmane dans le territoire de la République serbe de Bosnie, pourtant placée sous la protection des Casques bleus de l'ONU. Ce crime de masse sera ultérieurement qualifié de génocide.

• **Seules l'intervention de l'OTAN et l'implication concrète des États-Unis en 1995, mettent fin à la guerre.** En 1999, un nouveau conflit éclate au Kosovo, opposant l'armée fédérale yougoslave à l'armée de libération du Kosovo, soutenue par l'OTAN qui organise des bombardements contre les intérêts serbes. Quand les combats cessent en juin 1999, on découvre des charniers de crimes de guerres.

2. Poursuivre les criminels de masse de l'ex-Yougoslavie : un objectif ambitieux

• **Pour répondre à l'émotion suscitée par les massacres commis pendant ces conflits, le recours à une solution judiciaire est finalement adopté par la communauté internationale.** En mai 1993, le Conseil de sécurité de l'ONU crée le « Tribunal pénal international pour l'ex-Yougoslavie » (TPIY). Il est décidé que ce dernier siègera à La Haye (Pays-Bas), alors que la guerre se poursuit au même moment en ex-Yougoslavie.

• **Pour dissuader tout crime de masse, on annonce que des poursuites seront lancées, mais les premiers actes d'accusation ne seront émis que tardivement.** Il était en effet difficile d'obtenir un consensus sur le fait que le tribunal devait juger la culpabilité des individus, et non pas celle des peuples. C'est la même procureure, Carla del Ponte, qui officie à un moment au TPIY (1999-2007) et au TPIR (1999-2003).

Doc. Restaurer la paix par la justice

Le Conseil de sécurité,

Se déclarant une nouvelle fois gravement alarmé par les informations qui continuent de faire état de violations flagrantes et généralisées du droit humanitaire international sur le territoire de l'ex-Yougoslavie et spécialement dans la République de Bosnie-Herzégovine, particulièrement celles qui font état de tueries massives, de la détention et du viol massifs, organisés et systématiques des femmes et de la poursuite de la pratique du « nettoyage ethnique », notamment pour acquérir et conserver un territoire […],

Résolu à mettre fin à de tels crimes et à prendre des mesures efficaces pour que les personnes qui en portent la responsabilité soient poursuivies en justice […],

Décide par la présente résolution de créer un tribunal international.

Résolution 827 adoptée par le Conseil de sécurité, 25 mai 1993.

• **Les premiers procès s'ouvrent en 1996 pour le TPIY, mais l'activité du tribunal s'accélère seulement à partir des années 2000**, à la fin de la guerre du Kosovo. Pour que les procédures judiciaires gagnent en efficacité, il devient nécessaire de mener des enquêtes approfondies afin d'accumuler des preuves. En ex-Yougoslavie, ce travail a été facilité par les ONG qui ont commencé dès 1992 à effectuer des recherches.

Doc. Établir les preuves

Exhumation d'un charnier à Budak (près de Srebrenica) par une équipe de la Commission internationale des personnes disparues (ICMP), 12 juillet 2005.

• **Ce n'est en effet qu'après cette étape indispensable que le TPIY a pu qualifier juridiquement les crimes commis.** Les tribunaux pénaux internationaux reconnaissent en effet trois types de « crimes internationaux » : les crimes de guerre, les crimes contre l'humanité et les génocides. Dès 1993, le viol est intégré par le TPIY dans la définition du crime contre l'humanité. Il est en effet un des « outils » de l'épuration ethnique.

• **La justice pénale internationale rendue à La Haye au nom de la communauté internationale entre 1993 et 2017 (date de la dissolution du TPIY) s'est voulue exemplaire**, avec en particulier le respect des droits des accusés. Enfin, contrairement à d'autres juridictions internationales, ce sont les crimes commis par l'ensemble des belligérants qui ont été jugés. Sa tâche était pourtant complexe en raison de la complexité des affaires traitées, l'absence de public et la nécessité de traduire en simultané les débats.

Doc. La plus grande juridiction pénale internationale de l'histoire

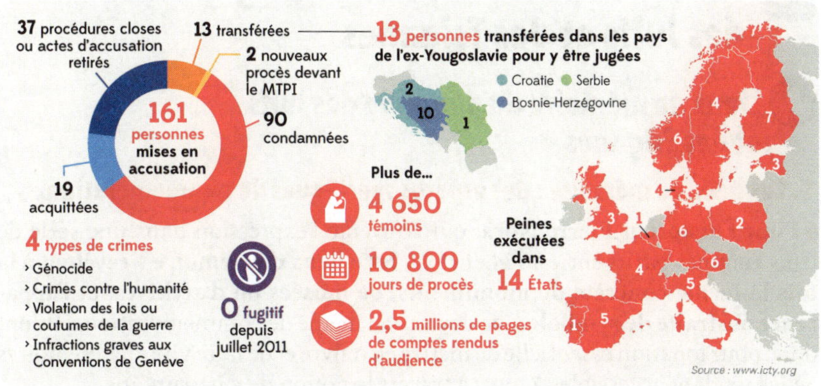

• **Le TPIY a profondément influencé la pratique du droit international humanitaire et permis aux victimes d'être entendues**, de témoigner des atrocités et de décrire leurs souffrances. À son exemple, est créée entre 1998 et 2002, la « Cour pénale internationale ». Même si tous les États n'ont pas reconnu sa compétence, les individus soupçonnés d'être responsables des crimes commis pendant les conflits peuvent être amenés à répondre de leurs actes. Il n'existe donc théoriquement plus d'impunité.

L'ESSENTIEL

Histoire, mémoire et justice

- Entre 1989 et 1999, des crimes de masse et même un génocide se déroulent dans l'ex-Yougoslavie et au Rwanda. La communauté internationale est désemparée et impuissante, mais le Conseil de sécurité de l'ONU, face à l'émotion soulevée dans l'opinion publique, décide de mettre en œuvre une procédure juridique internationale.
- Deux tribunaux sont créés pour juger et punir les criminels responsables des massacres de masse et des génocides : le Tribunal pénal international pour l'ex-Yougoslavie (TPIY), qui siège entre 1993 et 2017 à La Haye, et le Tribunal pénal international pour le Rwanda (TPIR), installé à Arusha entre 1994 et 2015.
- Cette justice, difficile à mettre en œuvre, a contribué à faire progresser la notion de justice internationale, entraînant la création de la Cour pénale internationale en 2002.

4 L'histoire et les mémoires du génocide des Juifs et des Tsiganes

A Lieux de mémoire du génocide des Juifs et des Tsiganes

1. Les lieux de mémoire : des espaces spécifiques de commémoration

• **Pour l'historien Pierre Nora**, qui a inventé l'expression dans une série de trois volumes parus entre 1984 et 1992, **les « lieux de mémoire » revêtent à la fois la forme concrète de monuments, de musées ou d'archives, et l'apparence abstraite de symboles**, de devises ou même de commémorations. Ils ont donc pour fonction essentielle de mettre en œuvre et de faire vivre les mémoires en les rendant accessibles à tous, à travers la notion de « patrimoine ».

• **À partir des années 1980, on a en effet observé une montée en puissance de la mémoire et des lieux qui lui sont associés** par une forme d'accélération de l'histoire, suscitée par un sentiment de perte du passé, d'inquiétude face au futur et de déracinement social.

• **Jusqu'à la fin du XXe siècle, l'expression « haut lieu du souvenir » était le plus souvent utilisée pour désigner un lieu qui avait été le théâtre d'un événement significatif** de l'histoire. Cette notion a cependant fait l'objet de critiques, car certains y ont vu une tentative nostalgique de ressusciter la gloire passée de la nation française à travers ses espaces les plus emblématiques.

• **Cependant, cette demande mémorielle n'est pas sans danger**, car elle peut entraîner une « saturation de la mémoire » ou un « abus patrimonial ». Pierre Nora évoque même une « tyrannie de la mémoire » qui pourrait menacer une société en crise d'identité, sans projet et où domine surtout l'instantané.

• **L'historien Henry Rousso remarque que l'intérêt pour les lieux liés à la Seconde Guerre mondiale serait de plus en plus important,** mais que ce recours à la matérialité des lieux se substitue aux usages symboliques des mémoires, comme si le souvenir ne pouvait s'incarner que dans sa dimension matérielle et patrimoniale.

2. Inscrire la mémoire de la Shoah dans l'espace public

• **Dès l'après-guerre, des initiatives interviennent pour installer des lieux de mémoire dédiés au souvenir de la Shoah.**

• **Cela commence par les lieux mêmes du génocide juif,** à l'image du centre de mise à mort d'Auschwitz-Birkenau. La tâche était compliquée : les SS, désireux d'effacer toute trace de leurs crimes, avaient tenté – en vain, car les traces demeurent – de détruire les installations de mise à mort, tels les crématoires.

Le gouvernement polonais y ouvre un musée dès qu'il prend possession du lieu en 1947.

- **À partir de 1959, avec la décrispation des relations internationales, chaque pays d'origine des victimes juives est invité à organiser sa propre exposition au sein du musée.** Ce dernier est même inscrit au patrimoine mondial de l'Unesco et est devenu l'institution culturelle polonaise la plus visitée, avec 2 millions de « touristes mémoriels » par an.

Sachez que…
La scénographie adoptée au musée d'Auschwitz est très influencée par le contexte de la guerre froide : on n'hésite pas à mêler images de la Shoah et dénonciation de la superpuissance américaine.

- **Des monuments en souvenir de la Shoah ont été également installés dans l'après-guerre,** tel le « monument aux héros du ghetto de Varsovie », inauguré en 1948 et devant lequel s'est recueilli le chancelier Willy Brandt en 1970 pour symboliser la repentance allemande. Ce lieu rappelle également que des Juifs se sont révoltés pour refuser la mise à mort et l'ordre nazi. Les monuments commémoratifs se sont multipliés avec l'émergence d'une mémoire spécifique du génocide juif à partir des années 1970.

- **Les lieux de mémoire consacrés à la Shoah sont également des lieux où le public peut commémorer et s'informer à proximité même de son lieu de vie ou de séjour**. Aussi, de nombreux musées ont été inaugurés partout dans le monde dans cette perspective. C'est le cas du Mémorial de Yad Vashem, créé par la loi israélienne « de commémoration des martyrs et des héros » en 1953. Ce lieu de « commémoration vivant du peuple juif » en souvenir de la Shoah est inauguré à Jérusalem-Ouest en 1957, avec l'ambition de préserver la mémoire du passé et de lui donner un sens pour les générations futures par la commémoration, la documentation, la recherche et l'éducation.

- **Ces projets commémoratifs et muséographiques se structurent à l'échelle planétaire** : ainsi, à l'initiative du Congrès, le musée du mémorial de l'Holocauste des États-Unis de Washington est ouvert au public en 1993.

Doc. Le musée de l'Holocauste à Washington, un lieu de mémoire étasunien du génocide juif

Nous sommes ici rassemblés pour célébrer l'inauguration de ce musée de l'Holocauste.

Nous le faisons afin de nous assurer que l'Holocauste demeurera toujours comme une pointe acérée dans la mémoire collective de chaque nation, mais plus particulièrement dans celle des États-Unis qui, en ce moment de l'histoire, ont une responsabilité si particulière. Nous le faisons afin, dans une très modeste mesure, d'acquitter notre dette envers les millions de morts que nos nations n'ont pas sauvés, n'ont pas voulu ou n'ont pas pu sauver. Nous le faisons pour contribuer à ce que les jeunes générations soient instruites des dangers que font courir les despotes antidémocratiques, les idéologies racistes et les haines xénophobes […].

• • •

• • •

Le musée de l'Holocauste sera là pour nous rappeler constamment que, parmi les nombreuses exigences de la démocratie, les plus impératives peut-être sont de renforcer la tolérance envers les différences ethniques, raciales et religieuses, de renforcer la liberté religieuse, les droits de l'individu et le sens des responsabilités civiques ; que chacun de nous est responsable du bien-être de tous.

Discours du président des États-Unis Bill Clinton (1992-2000) prononcé lors de l'inauguration du musée de l'Holocauste de Washington, 21 avril 1993.

• **Les lieux de mémoire du génocide des Juifs en France sont restés relativement peu nombreux jusqu'au tournant des années 1970.** Cependant, comme souhaite le démontrer François Azouvi, dans *Le Mythe du grand silence. Auschwitz, les Français, la mémoire* (2012), la spécificité du génocide des Juifs n'aurait jamais été absente de la mémoire française. Il aurait d'abord été pensé par les intellectuels, juifs, catholiques et protestants dès les années 1940. Ainsi, Isaac Schneersohn émit en 1950 l'idée de créer un tombeau-mémorial destiné aux victimes de la Shoah, le mémorial du Martyr juif inconnu. Cette initiative suscita d'abord l'opposition d'une partie de la communauté juive, qui ne souhaitait pas créer une institution tournée vers le passé. La pose de la première pierre se déroula cependant en mai 1953 sur un terrain donné par la ville de Paris.

• **La symbolique de ces lieux est très forte** : des cendres provenant des centres de mise à mort et du ghetto de Varsovie ont été solennellement déposées dans la crypte du mémorial de Paris en 1957. En 2005, lorsque le mémorial de la Shoah a été inauguré sur le site du mémorial du Martyr juif inconnu, on a installé un mur où sont gravés les noms des 76 000 Juifs de France déportés et assassinés.

• **Quand Jacques Chirac reconnaît officiellement en juillet 1995 la responsabilité de l'État français dans la Shoah, les lieux de commémoration se multiplient.** Depuis 2015, s'est même constitué un « réseau des lieux de mémoire de la Shoah en France » qui rassemble onze institutions adossées à un site historique et liées à l'histoire et à la mémoire de la persécution, de la déportation, de l'extermination, du sauvetage ou de la résistance des Juifs de France durant la Seconde Guerre mondiale. Le site de Chambon-sur-Lignon est original puisqu'il est dédié à la mémoire et à l'histoire des « Justes » qui ont sauvé de nombreux Juifs pendant la Seconde Guerre mondiale. Le Mémorial de Yad Vashem honore par ailleurs collectivement les habitants de cette petite ville et des communes voisines en 1990.

• **Le cas allemand est spécifique** puisque c'est le régime nazi qui est à l'origine de ces deux génocides. Après le procès de Nuremberg, l'Allemagne, alors divisée, connaît une période de silence et de refoulement vis-à-vis de la Shoah. La situation évolue en Allemagne de l'Ouest après 1962 (voir p. 134) : la mémoire de la Shoah devient peu à peu davantage présente dans l'espace public.

● **Avec la réunification, le gouvernement fédéral décide d'ériger des lieux d'information et de commémoration à Berlin**, au cœur même de l'ancien Reich nazi. Après la construction de 1993 à 1998 du Musée juif, le mémorial aux Juifs assassinés d'Europe a été inauguré en 2005, dans l'hypercentre de la capitale. Installé à proximité de la porte de Brandebourg et au-dessus de l'ancien bunker d'Hitler, il a pour ambition de démontrer que la Shoah est une caractéristique marquante de l'histoire et de la mémoire allemandes. Mais ces projets suscitèrent des protestations, comme lors de la manifestation néo-nazie organisée en janvier 2000 à Berlin contre l'érection du mémorial.

Sachez que...
L'artiste berlinois Günter Demning a créé les « Stolperstein » (pierres d'achoppement) qui constituent, sous forme de petits pavés, des petits mémoriaux destinés à rendre hommage aux personnes juives qui vécurent dans ces lieux mêmes avant d'être assassinées par les nazis.

● **Enfin, la commémoration dans des lieux de mémoire des génocides est parfois source de tensions.** Ainsi, en 1984, le gouvernement polonais autorise l'installation de carmélites, religieuses catholiques, sur le site d'Auschwitz. Plusieurs personnalités juives et catholiques protestent contre cette « christianisation de la mémoire » de la Shoah. Après plusieurs années de controverses et de négociations, les religieuses quittent les lieux en 1993. Le lieu de mémoire d'Auschwitz aurait pu devenir un lieu de conflit mémoriel.

3. Commémorer une catastrophe invisible : le génocide tsigane

● **Les Tsiganes ont éprouvé plus de difficultés à obtenir la reconnaissance du génocide qui les a frappés**. En effet, la situation n'a pas été la même selon les pays concernés. On estime aujourd'hui entre 300 000 et 500 000 le nombre de Tsiganes exterminés pendant la Seconde Guerre mondiale en Allemagne et dans d'autres pays occupés. Considérés comme des « asociaux » du fait de leur mode de vie, et de « race impure », les Tsiganes sont déportés, victimes d'expériences médicales et gazés dans les centres de mise à mort. 10 000 d'entre eux périssent ainsi à Birkenau, 3 000 dans la seule nuit du 1er au 2 août 1944, quand est liquidée la partie du camp qui leur était réservée.

● **Le cas de la France est plus complexe : entre 1940 et 1945, plus de 6 000 Tsiganes sont internés dans des camps gérés par l'administration française.** Leur assignation à résidence, puis leur internement sont grandement facilités par une politique de discrimination mise en place dès la fin du XIXe siècle. « Préservés » collectivement de la déportation, à la différence de centaines de milliers d'autres vivant en Allemagne et dans les pays occupés, les Tsiganes français connaissent un sort aujourd'hui encore largement occulté. La commémoration est donc compliquée. Une première étape est franchie quand en octobre 2016, François Hollande reconnaît officiellement la responsabilité de l'État dans la persécution des Tsiganes.

• En Allemagne, où le nombre de victimes est bien plus important, le chancelier Helmut Schmidt reconnaît que les Tsiganes ont été victimes d'un génocide, à l'instigation d'un « Conseil central des Sinti et des Roms » créé en 1982. Un mémorial aux Sinti et Roms d'Europe assassinés est inauguré à Berlin en 2012, au pied du Reichstag, qui abrite le Bundestag. L'État allemand concrétise ainsi la reconnaissance du génocide.

Sachez que...
Le Samudaripen n'a pas encore de lieu de mémoire dédié en France. Une seule sculpture honore les victimes tsiganes, à Saint-Sixte dans le Lot-et-Garonne, depuis 2016.

• La multiplication des lieux de mémoire des génocides de la Seconde Guerre mondiale est surtout le produit de la mobilisation des associations de victimes et de leurs descendants. Elle témoigne aussi, au sein des opinions publiques occidentales, de l'affirmation d'un travail de mémoire.

Doc. Commémorer la Shoah et à Berlin

Conçu par l'architecte américain Peter Eisenmann, le mémorial aux Juifs assassinés est édifié dans l'hypercentre de la capitale allemande. Il est inauguré en 2005 pour le 60e anniversaire de la fin de la Seconde Guerre mondiale. Situé entre la porte de Brandebourg et la Potsdamer Platz, il a été conçu comme un champ de 19 000 m² couvert de 2 711 stèles de béton disposées sur un sol ondulé.

B Juger les crimes nazis après Nuremberg

1. Un processus judiciaire inachevé avec Nuremberg

- **La déclaration de Moscou d'octobre 1943 constitue la base des procès qui se déroulent à la fin de la guerre au niveau international ou local.** L'accord de Londres, signé le 8 août 1945 entre l'URSS, les États-Unis, la Royaume-Uni et la France, décide la création d'un tribunal militaire international pour juger les criminels de guerre nazis. Quatre chefs d'accusation essentiels sont alors retenus : « crimes contre la paix et complot », « crimes de guerre », « crimes contre l'humanité ». Ces quatre chefs d'accusation seront repris par la justice internationale après-guerre, non sans poser des questions juridiques sur la validité de la procédure, car le chef d'accusation n'existait pas au moment des faits et rien n'a été précisé sur la prescriptibilité de ces derniers.

- **Le procès symbole de Nuremberg (novembre 1945-octobre 1946) traduit en justice six organisations hitlériennes et vingt-deux dirigeants nazis accusés de complot, crimes de guerre et crimes contre l'humanité.** Les débats durent onze mois, avec les verdicts de douze peines de mort, sept peines de prison et trois acquittements. Entre 1946 et 1949, une seconde série de procès fait comparaître cent soixante-dix-sept médecins, juristes, militaires et industriels ayant participé à la politique du régime nazi. Vingt-quatre d'entre-deux sont condamnés à mort, alors que cent dix-huit sont condamnés à des peines de prison et trente-cinq acquittés. Entre 1946 et 1948, le Tribunal national suprême polonais a également jugé des criminels nazis, dont Rudolf Höss, un des commandants du camp de concentration d'Auschwitz.

- **Mais juger les organisations et les chefs nazis n'était pas suffisant.** La conférence de Potsdam, qui se déroule en juillet-août 1945, fixe quant à elle les règles de mise en œuvre de la dénazification. Si celle-ci se fait assez rapidement en zone d'occupation soviétique, le nazisme étant considéré comme un avatar du capitalisme, elle a surtout pour objectif de faciliter l'installation d'un régime communiste en Allemagne de l'Est grâce à l'épuration. En revanche, dans la partie occidentale de l'Allemagne, la dénazification est lente et complexe. Avec la guerre froide, on assiste à des réhabilitations massives à partir de 1946 et au transfert des procédures judiciaires à des tribunaux ouest-allemands. Or, en 1951, en Bavière, on estime que 94 % des juges et des procureurs sont nazis. Dès lors, la dénazification est inachevée.

2. Juger les crimes nazis en Allemagne après 1950

- **Avec la guerre froide, les priorités politiques changent. Ainsi, en République fédérale d'Allemagne (RFA), le chancelier Adenauer fait le choix de l'oubli pour favoriser la cohésion de la nation.** Ainsi, deux lois en 1949 et 1954 instaurent une amnistie pour les peines faibles, c'est-à-dire inférieures à trois ans de prison. À l'Est, en République démocratique Allemande (RDA), le régime communiste, s'étant décrété antinazi « par nature », dispense la population de réfléchir à ses responsabilités, mais au début des années 1960, environ 10 % des parlementaires communistes de RDA sont d'anciens nazis.

- **Alors que l'Allemagne de l'Ouest accorde des réparations à Israël en 1952, on voit émerger peu à peu la reconnaissance d'une éventuelle responsabilité collective du nazisme**, sans que celle-ci soit cependant explicitement reliée au génocide des Juifs. En 1959-1960, des incidents antisémites ont lieu en RFA, avec pour conséquence un sursaut de conscience de la part de l'opinion publique allemande.

- **L'organisation du procès d'Adolf Eichmann (organisateur matériel des déportations pendant la Shoah), à Jérusalem, en 1961, met l'accent sur l'action criminelle d'un État tout entier** et des foules l'ayant soutenu, et non plus comme auparavant sur la seule responsabilité individuelle des citoyens. La Shoah est désormais enseignée dans les écoles, collèges et lycées.

- **En 1992, Josef Schwammberger, ancien commandant de camps de travail dans la région de Cracovie entre 1942 et 1944, est condamné à la réclusion à perpétuité par un tribunal de Stuttgart** pour « meurtres et complicité de meurtres de détenus juifs ». Dans les années 1980-1990, on assiste à un véritable changement générationnel : des procès sont organisés pour juger des criminels nazis très âgés suivant la jurisprudence issue de la condamnation en 2011 de John Demjanjuk, un gardien du camp de Sobibor en 1943, à cinq ans de prison ferme, et qui permet désormais de poursuivre pour « complicité d'assassinats » n'importe quel auxiliaire d'un camp de concentration, du garde au comptable. Ainsi, entre 2015 et 2019, une poignée d'employés des camps d'Auschwitz, de Majdanek et du Stutthof sont poursuivis.

Doc. Faut-il encore juger les criminels nazis ?

Nous sommes ici rassemblés pour célébrer l'inauguration de ce musée de l'Holocauste.

Question. Deux gardiens d'Auschwitz passent devant les tribunaux. À quoi sert-il de les juger après si longtemps ?

Serge Klarsfeld. Ceux qui restent à juger aujourd'hui avaient moins de 25 ans à l'époque, ils se trouvaient tout en bas de la hiérarchie. Les crimes qu'ils ont commis n'ont pas été documentés de la même manière que ceux des responsables. [...].

Question. Mais ces procès n'ont-ils pas une valeur symbolique ?

Serge Klarsfeld. On ne juge pas les symboles, mais d'éventuels coupables. L'intérêt de ces procès est d'entretenir la mémoire de la Shoah. Mais ils n'ajoutent que peu de choses à la connaissance que nous avons de cette période de l'histoire. Au contraire des procès que nous avons initiés et qui ont permis de dévoiler des pans entiers de l'entreprise génocidaire. Nuremberg a ouvert la voie, le procès Eichmann a suivi. Puis ceux auxquels nous avons contribué : celui de Maurice Papon, de René Bousquet, de Paul Touvier, chacun d'entre eux illustre une page de la Shoah. Ils ont permis de rassembler une documentation gigantesque. Les instructions ont duré des années pour établir les faits, pour dresser des rapports détaillés qui représentent une matière fantastique pour les historiens.

Entretien avec Serge et Beate Klarsfeld publié dans le journal suisse *Le Temps*, le 9 mars 2016.

- **Ces procès furent décisifs sur le plan judiciaire, mémoriel et historique** : Auschwitz est alors reconnu comme l'un des principaux centres de mise à mort nazi et les grands médias allemands ont très largement couvert les procès, mettant en exergue le terme de « *Vergangenheitsbewältigung* ».
- **À partir des années 1970, la mémoire de la Shoah imprègne davantage la société ouest-allemande** : dans la foulée de la « révolution de 1968 », les étudiants ont remis en cause leurs propres parents pour leur implication active ou passive dans le régime nazi. La diffusion à la télévision de la série *Holocaust* recueille une très large audience en 1978 et contribue à lever les tabous et les silences sur le génocide juif.
- **Mais des polémiques perdurent, démontrant que la mémoire de la période nazie reste conflictuelle.** En 1986, le philosophe Habermas dénonce les tentatives de réhabilitation de l'histoire allemande et déclenche ainsi la « querelle des historiens ».

Sachez que...

Le 7 novembre 1968, Beate Karsfled gifle le chancelier d'Allemagne fédérale, Kurt Georg Kiesinger, en le traitant de nazi. Celui-ci avait en effet été membre du parti nazi entre 1933 et 1945 et avait exercé des responsabilités pour le ministère des Affaires étrangères.

Sachez que...

Vergangenheitsbewältigung signifie « gestion et maîtrise du passé ». Ce terme permet de sensibiliser l'opinion publique allemande sur le devoir moral d'assumer son passé qui incombe à tout pays démocratique. C'est une étape vers la « résilience »

3. Juger les crimes nazis à l'étranger : des procès pour l'Histoire ?

• **Juger les crimes nazis hors d'Allemagne devient un enjeu important à partir des années 1950. En France, débute en janvier 1953 le procès des responsables du massacre d'Oradour-sur-Glane** (village du Limousin), organisé par l'unité Waffen SS « Das Reich » le 10 juin 1944 et qui a fait 642 morts. Sur le banc des accusés, on ne retrouve aucun donneur d'ordre mais des exécutants, dont quatorze Alsaciens, qualifiés de « malgré-nous ». Quand le verdict tombe avec des condamnations à mort, des peines de prisons et travaux forcés de dix à douze ans, l'opinion publique alsacienne est choquée, car elle considère le jugement comme une injustice pour les malgré-nous.

• **En avril 1961, Adolf Eichmann, l'un des principaux exécutants et organisateur de la déportation des Juifs d'Europe vers les centres de mise à mort**, qui a été capturé à Buenos Aires où il tentait d'échapper à la justice, est jugé par un tribunal israélien pour crime contre l'humanité. Il est reconnu coupable et exécuté en mai 1962. Ce procès, très médiatisé, permet également de mieux cerner la notion de « crime contre l'humanité ».

• **En 1987, le procès de Klaus Barbie** (voir **Zoom**, p. 139) **initie des poursuites contre des Français qui ont participé à des crimes pendant l'occupation nazie** : c'est le cas de Paul Touvier, ancien chef de la milice de Lyon, qui est condamné en 1994 pour « complicité de crimes contre l'humanité » et, en 1997-1998, de Maurice Papon, ancien secrétaire général de la préfecture de la Gironde, condamné à Bordeaux à dix ans de réclusion criminelle pour sa responsabilité dans la déportation de Juifs bordelais entre 1942 et 1944.

• **On sait que l'URSS organise également des procès de crimes nazis, mais ils sont mal connus des historiens.** Ainsi en 1988, un collaborateur des nazis devenu SS, Alexandre Possevine, est traduit en justice pour avoir participé aux massacres de civils en Ukraine, condamné à mort et fusillé.

• **En 1998, la justice italienne condamne à la réclusion perpétuelle (commuée plus tard en internement à domicile) l'ex-officier SS Erich Priebke** pour sa participation au massacre des fosses Ardéatines à Rome, où 335 otages avaient été exécutés.

• **L'objectif de ces procès était de rendre justice aux victimes, de libérer leur parole et surtout de lutter contre l'oubli.** Dans cette optique, chaque année depuis 2005, le centre Simon-Wiesenthal publie une liste des criminels de guerre nazis les plus recherchés dans le monde.

ZOOM SUR...

Les procès de Francfort (1963-1965) : juger des crimes nazis en Allemagne

1 Un contexte spécifique

→ **De 1952 à 1958, la justice ouest-allemande condamne uniquement quelques dizaines de personnes** pour assassinats commis sous le IIIe Reich.

→ **Le contexte de guerre froide rend en effet difficile la coopération judiciaire avec les démocraties populaires** d'Europe de l'Est, où des massacres de masse ont été perpétrés pendant l'occupation nazie.

→ **Le tournant s'amorce avec le procès d'Ulm en 1958, contre des officiers SS ayant appartenu aux Einzatsgruppen**. Ce procès a un important écho médiatique. L'opinion publique réalise alors qu'une grande partie des crimes nazis demeurent impunis, notamment ceux qui ont été perpétrés en dehors du territoire allemand.

2 La création du ZSTL et l'action de Fritz Bauer

→ **Sous pression des Alliés, les autorités ouest-allemandes décident en octobre 1958 de créer le « Service central d'enquête sur les crimes nationaux-socialistes »** de Ludwigsburg ou « ZSTL » (« Zentrale Stelle der Landesjustizverwaltungen zur Aufklärung nationalsozialisticher Verbrechen ») commis en dehors des frontières de la RFA.

→ **Sa mission consistait à mener des enquêtes et à transmettre les dossiers au Parquet pour l'ouverture de procédures**, si les preuves étaient suffisantes.

→ **Enfin, en 1965, le Bundestag (une des assemblées) prolonge le délai de prescription des assassinats perpétrés à l'époque du nazisme**, car en Allemagne comme en France, la prescription des crimes intervient au bout de vingt ans. Il était donc temps d'agir.

→ **Fritz Bauer (1903-1968), qui s'était exilé pendant le nazisme, est rentré en Allemagne en 1949 et participe à la reconstruction du système judiciaire ouest-allemand**. En 1956, il est nommé procureur général de Hesse à Francfort, et met tout en œuvre pour rendre justice et obtenir des compensations pour les victimes du régime nazi.

→ **En 1959, la Cour fédérale de justice déclare compétent le tribunal régional de Francfort pour toutes les poursuites visant des employés du camp d'Auschwitz.**

3 Des procès essentiels pour la mémoire du génocide juif en Allemagne

→ **Ces démarches aboutissent à l'organisation des trois procès dits « d'Auschwitz » entre 1963 et 1965**. Le procureur Bauer veilla à ce que toutes les fonctions hiérarchiques au sein du camp soient représentées parmi les vingt-deux accusés. Lors du procès, environ 360 témoins dont 210 rescapés sont entendus et permettent à la mémoire du génocide juif d'émerger en Allemagne.

→ **Le 20 décembre 1963, débute à Francfort le « second procès d'Auschwitz »**, qui dure jusqu'au 19 août 1965. Près de 360 témoins, parmi lesquels 211 survivants de la Shoah, sont présents pour assister au jugement des SS affectés au camp d'Auschwitz. Ce procès est l'œuvre de Fritz Bauer et des procureurs Kügler et Wieser.

→ **Pourtant, une partie de l'opinion se défie du procureur général**, car de nombreux Allemands se sentent alors proches des accusés, estimant que la période du nazisme ne se réduit pas uniquement aux crimes dont on l'accuse.

→ **Le bilan judiciaire demeure modeste** : sur les vingt-deux accusés des procès de Francfort, six seulement ont été condamnés à la prison à perpétuité, la peine de mort n'existant plus en Allemagne. Trois accusés ont été acquittés et les responsables « bureaucratiques » (ou « tueurs depuis leur bureau ») du génocide n'ont été que légèrement condamnés

ZOOM SUR...

Le procès Barbie (mai-juillet 1987) : justice, histoire et mémoire

1 La personnalité de l'accusé et les faits qui lui sont reprochés

→ **Né en Allemagne en 1913, Klaus Barbie entame à partir de 1933 une carrière au sein du parti et des institutions nazis.** En 1942, il est nommé à la direction de la section IV (la Gestapo) lyonnaise de l'Office central de sécurité du Reich. Il est responsable d'un vaste territoire où il traque les résistants et les Juifs.

→ **Il est particulièrement impliqué dans trois affaires** : les rafles de la rue Sainte-Catherine (où quatre-vingts personnes sont arrêtées) et celle des quarante-quatre enfants de la colonie d'Izieu. Il est également soupçonné d'avoir ordonné la déportation d'environ six cent cinquante prisonniers par le dernier convoi qui quitte Lyon, le 11 août 1944. Au total, l'acte d'accusation de 1987 recense à l'encontre de Barbie 4 342 meurtres, 7 581 Juifs déportés et 14 311 résistants arrêtés et déportés entre 1942 et 1944.

2 De la fuite en Bolivie au débat juridique

→ **Klaus Barbie quitte Lyon fin août 1944. Il est fait prisonnier par les Américains en Rhénanie en 1945, mais est relâché et récupéré par la CIA** pour qui il effectue des missions jusqu'en 1951, date à laquelle il fuit en Bolivie. Il échappe ainsi à la justice française, qui le condamne par contumace le 29 avril 1952 et le 25 novembre 1954. Protégé par les dictateurs boliviens, il est repéré par les services ouest-allemands à la fin des années 1960, mais la RFA refuse de le juger. Beate et Serge Klarsfeld, aidés par des victimes de Barbie, tentent de mobiliser l'opinion publique pour exiger son extradition vers la France. Celle-ci intervient en février 1983. L'instruction du procès Barbie se déroule jusqu'en octobre 1985.

→ **Un débat juridique a lieu sur la possibilité de juger Barbie pour des faits qui ont été prescrits** : le 20 décembre 1985, la chambre criminelle de la Cour de cassation élargit la notion de « crimes contre l'humanité » imprescriptibles aux adversaires de la politique menée par les nazis, permettant ainsi d'inclure les résistants dans les parties civiles, et pas uniquement les victimes juives.

3 Un procès d'assises exceptionnel

→ **Barbie est jugé par la cour d'assises du Rhône entre mai et juillet 1987.** Pour ce procès exceptionnel, la justice est soucieuse d'accorder tous ses droits à l'accusé. On fait appel à des « témoins d'intérêt général » qui éclairent les jurés sur le contexte historique de l'époque. Enfin, ce procès est le premier en France à faire l'objet d'un enregistrement audiovisuel.

→ **Le procès Barbie a beaucoup apporté à l'histoire et a démontré l'importance de la transmission de la mémoire.** En respectant les droits de la défense, il a ouvert la voie à d'autres procès, en particulier de ceux qui ont collaboré avec les nazis, facilitant la réalisation de leurs crimes.

Doc. Klaus Barbie dans sa cellule à Montluc, en 1983

C Le génocide dans la littérature et le cinéma

1. La littérature et l'évocation du génocide : entre témoignages, histoire et fictions

- **Dès l'après-guerre, de nombreuses œuvres littéraires évoquent la Shoah par le biais de témoignages ou de fictions romancées.** En 1947, Primo Levi, résistant italien déporté, publie *Si c'est un homme*, où il raconte sa déportation vers Auschwitz et sa captivité entre février 1944 et la libération du centre de mise à mort, en janvier 1945. Mais cet écrivain et témoin n'est pas reconnu immédiatement. Aujourd'hui, son œuvre fait partie des « classiques » parmi les témoignages sur la Shoah. Il n'a pourtant été traduit que tardivement à l'étranger (en 1987 en France et en 1991 en Allemagne).

- **C'est également en 1947 qu'Otto Frank fait publier aux Pays-Bas le *Journal d'Anne Frank*,** rédigé par sa fille entre juin et août 1944. Cette jeune juive d'origine allemande, installée avec sa famille aux Pays-Bas, a vécu cachée à Amsterdam, avant d'être arrêtée, déportée et décédée à Bergen-Belsen au printemps 1945. Cette œuvre a connu un immense succès international et a été depuis vendue à 30 millions d'exemplaires dans 70 pays. Elle a permis, en particulier aux jeunes générations, de mieux comprendre le processus génocidaire.

- **Cependant, jusque dans les années 1970, l'urgence de témoigner de la Shoah et de conserver des traces pour en écrire plus tard l'histoire est surtout le fait des historiens.** Les associations de survivants juifs se concentrent surtout dans l'entraide, sans chercher à publier de témoignage à destination du grand public. En 1961, l'historien américain Raul Hilberg éprouve même des difficultés à publier sa thèse, *La Destruction des Juifs d'Europe*, qui est pourtant devenue depuis une référence sur le sujet. Mais peu à peu, avec les nouvelles générations, l'opinion publique change son regard sur son histoire récente. En 1963, le dramaturge allemand Rolf Hochhuth écrit la pièce de théâtre *Le Vicaire*, qui dénonce les silences du pape Pie XII sur le nazisme et la Shoah pendant la Seconde Guerre mondiale.

> **Sachez que…**
> *Le Vicaire* déclenche des polémiques, car certains estiment que cette œuvre vise à déculpabiliser les Allemands.

- **En France, la création littéraire autour de la Shoah reste contrainte par l'évocation dominante de la Résistance** et par les débats sur le rôle de Pétain et de la collaboration. Mais à partir des années 1970, une revendication mémorielle émerge de la part de groupes dont la parole avait été minorée ou même ignorée. C'est le cas de la communauté juive, ébranlée par le conflit israélo-arabe qui s'est placé au cœur de l'actualité pendant la guerre des Six Jours (1967).

• **En 1963, Joseph Joffo publie, avec l'aide de Patrick Cauvin, un récit autobiographique intitulé *Un sac de billes*,** qui connaît un grand succès en librairie, en France comme à l'étranger, avec 20 millions d'exemplaires vendus.

• **Les parutions n'ont cessé de se développer au fur et à mesure que la figure de la victime juive a remplacé celle du héros résistant dans la représentation collective de la Seconde Guerre mondiale.** Ainsi, en 2004, Philippe Grimbert publie son roman autobiographique *Un secret*, qui a remporté le Goncourt des lycéens en 2004 et a été transposé en 2007 au cinéma par Claude Miller.

• **Enfin, en 2008, est publié *Le Journal d'Hélène Berr*,** tenu par une jeune parisienne juive de 21 ans entre avril 1942 et février 1944. Hélène Berr a été qualifiée d'« Anne Frank française ».

• **La littérature revêt également la forme du roman graphique et de la bande dessinée.** L'œuvre de Art Spiegelman, *Maus*, publiée entre 1980 et 1991, est à ce sujet emblématique. L'auteur utilise l'animalisation des personnages pour donner plus de force au témoignage. Vingt ans plus tard, l'auteur publie *Metamaus*, un recueil d'interviews, de dessins et d'images d'archives qui expliquent la genèse de *Maus*.

Sachez que...

Art Spiegelman a obtenu une véritable reconnaissance internationale en recevant en 1992 le prix Pulitzer pour son œuvre.

• **Le génocide tsigane a moins été abordé dans la littérature, mais différents ouvrages de témoignages sont parus à partir des années 1990.** L'universitaire et militant tsigane Ian Hancock, a ainsi popularisé le terme de « Porajmos ».

2. Le cinéma, reflet de l'évolution de l'histoire et de la mémoire de la Shoah

• **En France, le cinéma d'après-guerre conforte à sa manière l'image héroïque des résistants en mettant en lumière leurs actes de bravoure,** plus que le déroulement de la Shoah sous l'occupation. La déportation est évoquée par certains films, mais la représentation qu'ils en offrent est confuse : elle mélange en effet la déportation vers les centres de mise à mort avec celle vers les camps de concentration ou les camps de prisonniers.

• **Cette vision est reprise dans le film *Nuit et brouillard*** (en référence au décret « Nacht und Nebel ») d'Alain Resnais, sorti en 1956. Le mot « juif » n'y est prononcé qu'une seule fois et l'image d'un policier français gardant l'entrée du camp de Pithiviers est même censurée. En outre, les mesures antisémites étant considérées comme imposées par l'occupant, elles n'apparaissent que comme une parenthèse effacée par le retour de la république.

• **Il faut attendre la fin des années 1960 pour que le cinéma évoque la Shoah de manière spécifique.** C'est le cas avec le film *Le Vieil Homme et l'enfant*, co-écrit et réalisé par Claude Berri en 1967. Cette œuvre semi-autobiographique met en scène le destin des « enfants cachés » sous l'occupation. *Les Guichets du Louvre* (1974) et *Monsieur Klein* (1976) sont par ailleurs les premiers films à présenter la participation de la police française à la rafle dite « du Vel d'hiv » de juillet 1942.

Sachez que...
Les « enfants cachés » sont des enfants juifs qui ont été dissimulés dans des familles ou des organismes d'accueil pour échapper aux persécutions nazies. De nombreux films les évoquent, dont *Au revoir les enfants* de Louis Malle (1987).

• **Le cinéma-documentaire se fait également le reflet de cette inflexion mémorielle**. Ainsi, *Le Chagrin et la pitié* (1969-1971) présente une France pétainiste et collaboratrice, ce qui déclenche une vive polémique, y compris parmi les victimes juives (voir p. 153). Il n'est donc pas projeté à la télévision avant 1981.

• **Les médias audiovisuels dans leur ensemble jouent un double rôle en France : ils sont à la fois les facilitateurs de ces changements, mais parfois également des freins**. Depuis, de nombreux films ont eu pour thème le génocide juif, dans différents registres. En 1985, Claude Lanzmann réalise le film documentaire *Shoah*, qui mêle prises de vue sur les lieux de mémoire et témoignages. En 2002, *Monsieur Batignole* mêle humour et drame pour évoquer l'engagement progressif d'un charcutier parisien pour sauver des enfants juifs.

Sachez que...
Steven Spielberg a lancé en 1994 la Fondation pour l'histoire visuelle des survivants de la Shoah qui a collecté plus de 50 000 interviews de survivants dans 56 pays.

• **À partir des années 1970, le génocide juif fait également l'objet de grandes productions américaines,** diffusées même à la télévision. C'est le cas de la série *Holocaust*, réalisée par Marvin Chomsky, qui recueille une très large audience en 1978 aux États-Unis et dans le monde occidental. La mémoire de la Shoah s'est donc mondialisée et américanisée. En 1993, sort le film de Steven Spielberg *La Liste de Schindler*. Il a été vu par 65 millions de foyers américains à la télévision en 1997, réalisant la plus forte audience pour un programme non sportif aux États-Unis.

Doc. Oskar Schindler, un « Juste » devenu héros d'Hollywood

Affiche du film de Steven Spielberg, 1993.

L'industriel allemand Oskar Schindler sauva la vie de 1 200 juifs pendant la Seconde Guerre mondiale.

L'ESSENTIEL

L'histoire et les mémoires du génocide des Juifs et des Tsiganes

- La mémoire des génocides juif et tsigane a eu des difficultés à émerger dans l'espace public, et ce n'est que progressivement que des lieux de mémoires spécifiques ont pu être créés pour commémorer ces génocides.
- Les crimes de masse commis pendant les guerres de l'ex-Yougoslavie et le génocide rwandais ont suscité la mise en place de tribunaux pénaux internationaux qui ont jugé les responsables pour crimes contre l'humanité. Ces initiatives ont facilité la création de la Cour pénale internationale en 2002.
- Juger les criminels nazis a été un processus lent est difficile qui atteint aujourd'hui son terme.
- Ces procès pour l'histoire ont permis de mettre en lumière la littérature et les productions cinématographiques centrées sur le génocide.

Mots-clés

■ **Amnistie** : loi qui met fin aux poursuites et aux condamnations.

■ **Communauté internationale** : ensemble des États qui jouent un rôle dans la diplomatie et les affaires de la planète.

■ **Conseil de sécurité de l'ONU** : organe exécutif de l'ONU en charge du maintien de la paix. Il est composé de quinze membres, dont cinq sont permanents (États-Unis, Russie, Chine, France et Royaume-Uni).

■ **Contumace** : se dit d'un procès où l'accusé est absent.

■ **Dénazification** : processus dirigé par les Alliés à la fin de la Seconde Guerre mondiale pour éradiquer le nazisme dans les institutions et la vie publique allemandes.

■ **Einzatsgruppen** : « unités spéciales », groupes mobiles armés nazis chargés de rafler et d'exécuter les populations juives à l'arrière du front soviétique à partir de 1941.

■ **Épuration ethnique** : pratique politique ayant pour objectif de créer des territoires avec une homogénéité ethnique, au moyen de la déportation ou du déplacement forcé de populations.

■ **Gestapo** : « police secrète d'État » créée en avril 1933. Elle est à la fois police secrète et police privée du parti nazi.

■ **Harki** : de l'arabe *harka* (« mouvement »), ce terme s'applique aux soldats de certaines « unités supplétives autochtones » d'Algérie engagées avec l'armée française pendant la guerre d'Algérie.

■ **Imprescriptibilité** : en droit, crime que l'on peut poursuivre sans condition de temps ou de lieu.

■ **Juste** : titre attribué depuis 1953 par le mémorial Yad Vashem aux personnes non juives ayant sauvé des Juifs de l'extermination nazie. Plus de 4 000 Français l'ont reçu.

■ **Justice pénale internationale** : juridictions chargées de la répression des infractions au droit international humanitaire et au droit pénal international (crime contre l'humanité, génocide…). Elles disposent d'une compétence extraterritoriale.

■ **Justice transitionnelle** : ensemble de mesures (judiciaires ou non) auxquelles un nouveau pouvoir a recours pour rétablir la paix et le droit dans un contexte de sortie de conflit ou de transition démocratique.

■ **Lieu de mémoire** : élément matériel (lieu de bataille, monument…) ou immatériel (œuvre littéraire, institution…) à partir duquel un groupe (national, religieux…) s'identifie à un passé commun (souvent un événement traumatique ou fondateur) et cherche à en perpétuer le souvenir.

■ **Loi mémorielle** : loi exprimant le point de vue officiel d'un État sur un événement dans le but de lutter contre la négation de faits historiques avérés (en France, ces textes portent sur les génocides arménien et juif, l'esclavage, la traite négrière).

■ **Malgré-nous** : surnom donné aux Alsaciens et Mosellans enrôlés de force dans l'armée allemande (la Wehrmacht) durant la Seconde Guerre mondiale.

■ **Mémoire collective/mémoire individuelle** : la mémoire collective est la représentation sélective d'événements du passé qui participent à la définition de l'identité d'un groupe. La mémoire individuelle est constituée des souvenirs d'une personne. Alors que les historiens et les sociologues ont pour objet d'étude la mémoire collective, les neurologues et psychologues travaillent sur la mémoire individuelle et la psyché.

■ **Mémorial** : lieu de mise en scène publique de la mémoire, allant des simples monuments aux morts aux centres culturels, comme le mémorial ACTe de Pointe-à-Pitre, dédié au souvenir des victimes de l'esclavage.

■ **Mouvement pangermaniste** : mouvement allemand né au XIXe siècle qui souhaitait rassembler tous les Allemands et germanophones dans un seul État.

■ **« Nacht und Nebel »** : décret émis en 1941 par les nazis pour faciliter la disparition de tous les ennemis supposés du Reich en les déportant.

■ **Patrimoine** : ensemble des biens matériels, mais également immatériels, dont une communauté se sent l'héritière et dans lequel elle se reconnaît.

■ **Patrimoine mondial de l'Unesco** : ensemble de biens culturels et naturels sélectionnés par l'Unesco (Organisation des Nations unies pour l'éducation, la science et la culture) et qui présentent un intérêt exceptionnel pour l'héritage commun de l'humanité.

■ **Pied-noir** : terme utilisé après 1962 pour désigner les « Français d'Algérie ».

■ **Processus génocidaire** : suite d'actions et de décisions qui mènent à l'extermination en passant par les étapes de la discrimination, de l'arrestation, de l'internement et de la déportation.

■ **Querelle des historiens** : débat d'opinion qui a opposé en 1986 intellectuels et historiens sur la place du national-socialisme dans l'histoire récente de l'Allemagne et sur la comparaison des crimes nazis avec ceux du stalinisme.

■ **Rapatrié** : appellation qui désigne tous ceux qui sont revenus d'Algérie après l'indépendance en 1962.

■ **Samudaripen** : terme désignant les persécutions et le génocide commis envers les Tsiganes pendant la Seconde Guerre mondiale, en Allemagne nazie et dans les territoires qu'elle occupait. Dans certains pays, on emploie le terme de « Porajmos » qui signifie « dévorer ».

■ **Shoah** : terme qui signifie « catastrophe » en hébreu, et désigne le caractère spécifique du génocide juif. Dans certains pays, on préfère utiliser le terme d'« Holocauste » (qui se traduit par « sacrifice »).

■ **Sinti et Roms** : noms des deux principales communautés regroupant les Tsiganes, cette dernière appellation ayant en Allemagne une connotation péjorative qu'elle n'a pas en France.

■ **Travail de mémoire** : expression qui se diffuse dans les années 1990 pour désigner le processus de commémoration des victimes d'un événement, dont la connaissance et la transmission sont jugées nécessaires pour tirer les enseignements du passé.

■ **Tribunaux (ou juridictions) gacaca** : se prononce « gatchatcha » ou « gazon ». Tribunaux chargés de juger les crimes du génocide. Le terme renvoie à l'herbe au sol sur laquelle se tiennent ces tribunaux qui s'inspirent d'un mode de gestion local des conflits.

Biographies

Hélène Berr (1921-1945)

Jeune française juive, auteure d'un journal relatant sa vie de 1942 à 1944, qui est publié pour la première fois en 2008.

Carla del Ponte (née en 1947)

Magistrate suisse, elle a été nommée procureure internationale auprès du Tribunal pénal international pour l'ex-Yougoslavie (TPIY) entre 1999 et 2007, puis auprès du Tribunal pénal International pour le Rwanda (TPIR) de 1999 à 2003.

Beate Klarsfeld (née en 1939)
Serge Klarsfeld (né en 1935)

Serge Klarsfeld (né en 1935) échappe enfant à la Gestapo, mais son père meurt à Auschwitz. Devenu ensuite avocat, il épouse en 1963 Beate (née en 1939). Ensemble, ils décident de poursuivre les nazis qui ont échappé à la justice. Ce sont eux qui mobilisent l'opinion publique en faveur de l'extradition de Barbie depuis la Bolivie. Serge est devenu également un historien de la Shoah.

Raphaël Lemkin (1900-1959)

Juriste juif polonais devenu américain, il invente en 1943 le concept de génocide, qui est appliqué par l'ONU en 1948.

Pierre Nora (né en 1931)

Historien français et membre de l'Académie française, il a forgé le concept de « lieux de mémoires » et a mené une réflexion sur la démarche historique de recherche.

Sylvie Thénault (née en 1969)

Historienne française et directrice de recherche au CNRS, elle a publié de nombreux ouvrages sur les structures de l'Algérie coloniale et sur l'histoire et les mémoires de la guerre d'indépendance algérienne.

Repères chronologiques

Novembre 1943	Le juriste américain Raphaël Lemkin forge le terme de « génocide ».
8 août 1945	Accord de Londres qui fixe le statut du tribunal de Nuremberg.
Novembre 1945-octobre 1946	Procès des dirigeants et organisations nazis à Nuremberg.
1957	Inauguration du mémorial de Yad Vashem à Jérusalem-Ouest.
1961-1962	Procès d'Eichmann à Jérusalem.
1962-1965	Suite de procès à Francfort de différents personnels allemands du camp d'Auschwitz.
1980	Parution du premier album du roman graphique *Maus*, d'Art Spiegelman.
1984 et 1992	Pierre Nora, *Les Lieux de mémoire*.
Mai-juillet 1987	Klaus Barbie est jugé à Lyon. C'est le premier procès pour « crime contre l'humanité » en France.
1989-1999	Massacres de masse pendant les guerres dans l'ex-Yougoslavie.
1992	Ouverture des archives militaires sur la guerre d'Algérie.
Avril-juillet 1994	Génocide contre les Tutsis au Rwanda.
Juillet 1995	Jacques Chirac reconnaît la responsabilité de l'État français dans les arrestations et la déportation des Juifs en France.
1998	Création de la Cour pénale internationale (CPI) à Rome.
Janvier 2001	Création des juridictions gacaca au Rwanda.
2005	Inauguration au centre de Berlin du mémorial aux Juifs assassinés.
2013	Polémique avec la publication de l'ouvrage *Les Somnambules*, de Christopher Clark, qui atténue les responsabilités allemandes dans le déclenchement de la Première Guerre mondiale.

Documents majeurs

Doc. 1 Raphaël Lemkin définit la notion de génocide

De nouvelles conceptions supposent l'adoption de nouveaux termes. Par « génocide », nous entendons la destruction d'une nation ou d'un groupe ethnique. Ce nouveau mot, forgé par l'auteur pour signifier une vieille pratique dans son évolution moderne, est composé du mot grec *genos* (race, tribu), et du mot latin *cide* (tuer), s'apparentant ainsi par sa formation à des mots comme tyrannicide, homicide, infanticide, etc. En règle générale, le génocide ne signifie pas nécessairement la destruction immédiate d'une nation, sauf lorsqu'il est réalisé par des meurtres en masse de tous les membres d'une nation. Il entend plutôt signifier un plan coordonné de différentes actions visant à la destruction de fondements essentiels de la vie de groupes nationaux, dans le but d'exterminer les groupes eux-mêmes.

Raphael Lemkin, *Axis rule in occupied Europe : laws of occupation, analysis of government, proposals for redress, 1944.*

Doc. 2 Pierre Nora définit les lieux de mémoire

« Les lieux de mémoire, ce sont d'abord des restes. La forme extrême où subsiste une conscience commémorative dans une histoire qui l'appelle, parce qu'elle l'ignore. [...] Musées, archives, cimetières et collections, fêtes, anniversaires, traités, procès-verbaux, monuments, sanctuaires, associations, ce sont les buttes-témoins d'un autre âge, des illusions d'éternité.

Mémoires, TDC, Canopé, avril 20.

Doc. 3 La création des tribunaux gacaca, rapport présenté à la clôture des juridictions gacaca

La loi organique n° 40/2000 du 26 janvier 2001 portant création des juridictions *gacaca* et organisation des poursuites des infractions constitutives du crime de génocide ou de crimes contre l'humanité [...].

Les objectifs principaux assignés aux juridictions *gacaca* étaient les suivants :
- révéler la vérité sur le génocide ;
- accélérer les procès du génocide ;
- éradiquer la culture de l'impunité ;
- renforcer l'unité et la réconciliation du peuple rwandais ;
- prouver la capacité des Rwandais à résoudre leurs problèmes [...].

Il est créé, dans chaque Cellule, dans chaque Secteur, dans chaque District [...], une juridiction *gacaca* appelée à connaître, dans les limites établies par la loi, des infractions constitutives du crime de génocide et des crimes contre l'humanité commises au Rwanda entre le 1er octobre 1990 et le 31 décembre 1994.

Doc. 4 Vers une histoire réconciliée ?

Pour terminer, on rappellera que, notamment depuis la guerre d'indépendance algérienne, les historiens français ont considérablement évolué et il n'en reste guère plus aujourd'hui qui soient des thuriféraires de la colonisation. […] Peut-on émettre le voeu que dans la sérénité soit méditée la possibilité d'aboutir un jour à l'équivalent franco-algérien du manuel d'histoire franco-allemand qui a tenté de donner, au début du vingtième siècle, une histoire à deux voix conciliées surmontant un contentieux historique plus que séculaire ? Même si chercheurs français et chercheurs algériens ne disent pas forcément la même chose, et même si dans leurs rangs respectifs il y a des divergences mais aussi des débats, l'histoire commune franco- algérienne est si dense que toutes les tentatives d'échanges entre historiens libres doivent être encouragées.

Gilbert Meynier, *L'Algérie et la France, Deux siècles d'histoire croisée*, L'Harmattan, 2017.

Doc. 5 Le procès Eichmann expliqué par David Ben Gourion, Premier Ministre d'Israël

« La mise en jugement du criminel Eichmann sera le Nuremberg du peuple juif, qui a été privé à la libération du droit de faire le procès de ses bourreaux […]. La tragédie juive sous l'hitlérisme ne peut être comparée au sort des peuples européens qui ont vécu sous la botte nazie. On a voulu nous exterminer jusqu'au dernier nouveau-né. Or à Nuremberg ce sont les procureurs américains, anglais ou français qui ont prononcé les réquisitoires, et les représentants du peuple juif n'ont été que les témoins passifs. Aucun châtiment ne pourra jamais être à la mesure des crimes d'Eichmann, mais celui-ci nous servira à faire toute la lumière sur le fameux plan de Hitler de « résoudre » le problème juif par le génocide […]. Eichmann sera jugé en Israël par un tribunal purement israélien et selon la loi israélienne votée en 1950 tout spécialement à l'intention des bourreaux nazis. Nous ne lâcherons pas notre proie. En revanche, nous donnerons à ce criminel de guerre toutes les garanties d'un procès équitable. Il pourra se faire défendre par des avocats étrangers, même des Allemands, à condition que ces derniers ne soient pas d'anciens nazis. »

Interview réalisée par Éric Rouleau, *Le Monde*, 21 juin 1960.

L'étude critique de document(s)

1. Prendre connaissance de la consigne et l'analyser

• **La consigne vous invite généralement à replacer le(s) document(s) dans son (leur) contexte géographique ou historique.** Elle comporte des mots clés qu'il faut définir. Recopiez-la au brouillon afin de vous assurer de l'avoir bien comprise.

2. Identifier le(s) document(s)

• **Avant d'étudier un document, vous devez l'identifier** en observant ses sources et en vous posant des questions fondamentales : qui l'a produit et pourquoi ? Dans quelle intention ? Dans quel contexte (quand, où) ? Répondre à ces questions permet souvent d'éclairer la compréhension du document, d'éviter des contresens.

• Pour cela on doit repérer :

– **sa nature** : texte en précisant : discours, article, loi ; correspondance privée, etc., image (affiche, peinture, photographie…), carte, document statistique (tableau, graphique) ;
– **son auteur** : est-ce un individu, est-il connu ? Est-ce une institution (ONU, État, entreprise, etc.) ?
– **sa date** : il s'agit ici de la date de production et/ou de publication, à distinguer de la date concernée par le propos (on parle alors de « double contexte »). L'auteur parle-t-il de son époque ou d'une autre, avec quelle distance, quel recul ? S'agit-il de mémoires, d'un témoignage ? Quel est alors le contexte de production du document, que se passe-t-il à cette époque ?
– **son thème principal** : quelle est l'idée centrale, l'intention ou le message de l'auteur ?

3. Lire attentivement le(s) document(s) et relever les informations

• **Une fois la consigne bien en tête, vous devez lire le(s) document(s) attentivement** : à l'aide de stylos ou de surligneurs, mettez en évidence les passages essentiels, les allusions que vous allez devoir expliquer, les repères ou notions que vous avez étudiés en cours…

• Le travail de relevé et de résumé des informations doit permettre de dégager les idées ou thèmes abordés par le document.

• Pour un texte, l'analyse linéaire est possible. Pour une image, il faut à la fois se pencher sur les éléments présents et sur la façon dont ils sont disposés sur l'image (en haut, en bas, à l'avant ou à l'arrière-plan, etc.), car une image n'est jamais neutre, elle est construite avec des intentions. Pour des statistiques, il faut essayer de dégager des tendances (évolutions, proportions, etc.). Dans ce dernier cas comme pour les autres, on peut regrouper les informations (catégories de territoires dans un tableau statistique, personnages d'un tableau, etc.).

4. Préparer l'analyse

• **Les connaissances vous seront utiles pour passer de l'implicite à l'explicite,** c'est-à-dire éclairer ce qui n'est pas dit clairement, directement, mais que l'on comprend à la lecture ou qui nécessite d'être expliqué :

– définir une notion, un mot de vocabulaire simplement cité, ou retrouver cette notion ou ce mot à travers le propos de l'auteur ;
– préciser un acteur, un personnage auquel il est fait allusion et expliquer son rôle, préciser un évènement ;
– mobiliser ses connaissances sur l'auteur si ce dernier est un « acteur » connu (d'où l'importance de bien présenter le document, sa source, etc.) pour expliquer son point de vue et montrer si celui-ci est partiel, pour ne pas dire partial.

5. Organiser ses idées

• **Au brouillon, vous devez organiser votre plan afin de proposer une étude de document(s) structurée** : s'il y a plusieurs documents, confrontez-les. Sont-ils complémentaires ou contradictoires ? La consigne vous donne déjà une indication pour organiser vos idées.

• **Pour ajuster votre plan, essayez de déterminer les intentions précises de l'auteur** : pour qui ou pour quoi s'engage-t-il ? Omet-il certains points et pourquoi ? Pensez bien que le principe central de l'exercice est d'articuler des citations du document avec des explications issues de vos connaissances personnelles.

6. Rédiger une accroche et une conclusion

• **Sans renouer avec l'introduction et la conclusion de la dissertation/composition, vous pouvez rédiger une accroche et une petite conclusion.** L'accroche doit contenir une phrase permettant d'amener le sujet qui sera traité et l'identification du ou des document(s) (qui peut aussi être faite dans le développement si cela est demandé en consigne). Enfin, vous pouvez énoncer vos objectifs et présenter la structure du devoir.

• La petite conclusion doit apporter une réponse globale et synthétique à la consigne du sujet.

Exercice d'application

Étude critique de document

Consigne : après avoir présenté le document, vous montrerez de quelle manière l'auteur analyse les rapports entre la mémoire et l'histoire de la Shoah. Enfin, vous déterminerez les limites et la portée du document.

Doc. Simone Veil évoque l'évolution complexe de l'histoire et de la mémoire du génocide juif en France

Simone Veil (1927-2017) a été déportée avec sa famille à Auschwitz en 1944. Rescapée de la Shoah, elle est devenue ministre de la Santé en 1974 et a porté la loi sur l'IVG (interruption volontaire de grossesse) devant l'Assemblée nationale. Après avoir été membre du Conseil constitutionnel, elle a rédigé ses mémoires en 2007 et s'est retirée de la vie publique à partir de 2013.

Dans la ligne de ses engagements antérieurs, le président de la République [Jacques Chirac] a rendu hommage le 18 janvier 2007 aux deux mille sept cent vingt-cinq Justes de France reconnus à ce jour […] : « Nommés Justes parmi les nations ou restés anonymes, des femmes et des hommes de toutes origines et de toutes conditions ont sauvé des Juifs des persécutions antisémites et des camps d'extermination. Bravant les risques encourus, ils ont incarné l'Honneur de la France, ses valeurs de Justice, de Tolérance et d'Humanité ». Ce fut un moment à la fois grandiose et émouvant, l'hommage enfin rendu à toutes ces personnes longtemps restées anonymes et qui ont témoigné de la grandeur de l'Homme dans le même temps où Vichy démontrait la petitesse de l'État ; ce jour-là, une sorte de réponse a été donnée aux déclarations présidentielles de 1995. Et il était essentiel que ce soit le même homme qui prononce cette double parole de repentance et d'hommage ; le même président qui, au nom de la France, projette sur les ténèbres de la mort et de la honte la lumière des Justes.

C'est pour les Justes que naguère, alors [au] conseil d'administration de l'ORTF[1] […], je m'étais personnellement opposée au financement et à la diffusion par la télévision du célèbre film *Le Chagrin et la pitié*. Les producteurs nourrissaient le projet de vendre leur film à la télévision, où il serait passé avant sa sortie en salles […]. Il m'était aussitôt apparu indigne d'être acheté par la télévision française. Je ne me suis d'ailleurs pas privée de le dire au conseil d'administration. Venant de moi, un tel rejet en surprit plus d'un ; comment une Juive ancienne déportée pouvait-elle être hostile à un documentaire qui stigmatisait l'attitude pour le moins frileuse des Français durant l'Occupation ? La chose semblait incompréhensible. Mais comme je ne manquais pas d'arguments, je suis partie au combat sans la moindre hésitation, et je l'ai gagné.

Les années 1970 avaient inversé la tendance des années 1950 ; à l'époque, réconciliation des Français et reconstruction du pays obligent, les gaullistes étaient parvenus à imposer l'idée d'une France héroïque et résistante à laquelle tout le monde avait fait semblant de croire. Vingt ans plus tard, la pensée dominante avait changé, tout aussi simplificatrice.

Désormais les jeunes se montraient ravis qu'on leur dise que leurs parents s'étaient tous comportés comme des salauds, que la France avait agi de façon abominable, que pendant quatre ans la dénonciation avait été omniprésente, et qu'à l'exception des communistes, pas un seul citoyen n'avait accompli le moindre acte de résistance. *Le Chagrin et la pitié* tombait à pic dans ce concert d'autoflagellation, et c'est à ce titre que je trouvais ce film injuste et partisan. En outre, il ne nous épargnait aucun raccourci mensonger. Ainsi la ville de Clermont-Ferrand, où un grand nombre d'étudiants avaient rejoint la Résistance, où nombre d'entre eux furent arrêtés, et pour beaucoup fusillés ou déportés, était présentée en exemple de la collaboration universelle. Un tel choix témoignait des manœuvres grossières du film. Germaine Tillion[2], qui avait elle aussi assisté à la projection, partageait largement mon point de vue.

J'ai exprimé avec vigueur ma réprobation, tant au conseil d'administration de l'ORTF qu'à l'extérieur. Certes je ne disposais que d'une voix, mais si le conseil décidait d'acheter l'œuvre, j'avais annoncé que j'en démissionnerais aussitôt. Après des débats embarrassés, la décision a finalement été prise de ne pas acquérir le film. Certains, sans doute pour se dédouaner, se sont ensuite répandus dans la presse en affirmant que Mme Veil n'en avait pas voulu. Je n'en avais pas fait mystère et si l'incident m'a valu une certaine notoriété publique, ce n'est pas de mon fait. Quant à Marcel Ophuls, il ne décolérait pas, car cette décision le privait d'une recette espérée. […]

J'avais suffisamment travaillé sur la Shoah pour savoir que la France avait été de loin le pays où le pourcentage de Juifs déportés s'était révélé le plus faible, un quart de la communauté et, toujours en proportion, très peu d'enfants. Ce phénomène ne trouvait son explication que dans une réalité indéniable : nombreux étaient les Français qui avaient caché des Juifs, ou n'avaient rien dit lorsqu'ils savaient qui en protégeait. Or le film n'en disait mot. Il se montrait en cela d'une grande injustice, moins d'ailleurs à l'égard du pouvoir de Vichy que des Français eux-mêmes. Quand j'exprimais de telles idées, je me gardais d'invoquer les hauts faits de résistance des uns ou des autres. Je mettais en avant les actes de tous ces gens perdus dans la foule qui avaient prévenu des familles entières, sauvé des enfants, caché des adultes. Ils avaient agi avec un courage digne de respect, alors même qu'ils ne savaient rien du sort qui attendait les déportés […]. Pour toutes ces raisons, et même si mon attitude a pu choquer certains, je ne la regrette pas. J'avais observé qu'à cause de l'existence de deux zones, la France a en fait subi deux déportations : celle des Juifs étrangers et celle des Juifs français, ce qui a compliqué le déroulement des opérations telles que les avaient imaginées les Allemands, et ce qui a donc diminué le nombre de victimes. Les arrestations de Juifs dans les autres pays occupés sont survenues beaucoup plus tôt qu'en France, et la mortalité y a été plus importante. Peu de ceux qui furent déportés en 1941 sont revenus, car survivre deux ou trois hivers derrière les barbelés nazis relevait de l'impossible.

Simone Veil, *Une Vie*, Stock, 2007.

1. ORTF : Office de radiodiffusion-télévision française. Cet établissement public, créé en 1964 et remplacé en 1974, avait pour mission d'assurer la tutelle de la radiodiffusion et de la télévision publique en France.

2. Germaine Tillion (1907-2008) : ethnologue devenue historienne. Résistante, elle fut déportée à Ravensbrück.

PROPOSITION DE CORRIGÉ

[1re étape]

Présenter le document de manière précise en reprenant les termes du sujet, à rattacher aux notions abordées en cours

Ce document est un extrait des mémoires de Simone Veil (1926-2017), parues en 2007 (au moment où celle-ci quitte toute fonction politique avec la fin de son mandat de membre du Conseil constitutionnel). Cette responsable politique est une ancienne déportée raciale (elle est juive) à Auschwitz (le plus grand centre de mise à mort nazi) et a assuré les plus hautes fonctions en France. Elle a ainsi été ministre de la Santé à deux reprises et a promu la loi sur l'IVG en 1974-1975. Elle a également une audience internationale, puisqu'elle a été la première présidente élue du Parlement européen en 1979. Sa parole de témoin et de femme politique donne à son témoignage une valeur particulière.

Surtout, cet extrait nous permet de porter un regard différent sur les rapports entre histoire et mémoire de la Shoah. Les différents termes de la consigne sont en effet complémentaires, mais aussi antinomiques. L'histoire correspond à une volonté de comprendre et à une mise en récit autour d'une problématique et l'historien produit une analyse et une lecture critique des évènements. De son côté, la mémoire tire sa force des souvenirs directs et des sentiments qu'elle met en œuvre. Il y a donc eu depuis 1945 une opposition larvée entre histoire et mémoires, et la place de témoins et historiens y est particulière, voire conflictuelle.

La Shoah (« catastrophe » en hébreu) désigne l'extermination des juifs d'Europe planifiée par les nazis. Son histoire et la mémoire juive qui s'en réclament ont eu des difficultés à émerger dans l'Histoire française de l'après-guerre. C'est ce qu'explique Simone Veil dans ce document.

[2e étape]

Rédiger le corps du devoir en répondant à la question centrale : de quelle manière l'auteur analyse-t-elle les rapports entre la mémoire, l'histoire et les historiens de la Shoah ?

- **Histoire et mémoire de la Shoah ont eu des difficultés à émerger dans la France de l'après-guerre.**

Simone Veil rappelle qu'il a fallu attendre les « déclarations présidentielles de 1995 » de Jacques Chirac (président français de 1995 à 2007) pour qu'enfin l'État reconnaisse la responsabilité, même indirecte, de la France et de son administration dans la Shoah. S. Veil évoque même la notion de « repentance ».

CORRIGÉS

En effet, après 1945, une confusion s'instaure dans le grand public sur les différentes catégories de « déportés », du fait de leur retour dans un lieu commun : l'hôtel Lutetia à Paris. Ceux qui l'ont été au titre de la Shoah semblent amalgamés aux mémoires collectives de la déportation. Surtout, la vénération de la « Résistance » semble occulter toutes les autres formes de mémoire. La communauté juive se concentre sur l'entraide et ne songe pas encore à témoigner. Simone Veil explique que « les gaullistes étaient parvenus à imposer l'idée d'une France héroïque et résistante à laquelle tout le monde avait fait semblant de croire ». Les communistes avaient adopté la même posture. Quant aux historiens, ils sont peu à s'intéresser au sujet, et l'histoire de la Shoah en France n'est que peu étudiée. Tout change à partir de 1970. Ainsi, Robert Paxton, dans *La France de Vichy* en 1973, démontre que la collaboration et les lois antisémites (prélude à la discrimination, l'arrestation, la déportation et l'extermination dans la logique du processus génocidaire) avaient été le fait de Vichy plus que de l'Allemagne qui n'était pas demandeuse. Henry Rousso a évoqué le « retour de balancier » pour désigner ce basculement mémoriel et historique.

Méthode
Utilisez des connecteurs logiques : « tout d'abord », « en effet », « en revanche », car votre devoir est une démonstration.

Méthode
Citer des extraits choisis du document permet d'associer énonciation de l'idée, citation/description de l'élément qui correspond à l'idée et explications à partir des connaissances (repères et notions venus du cours).

● **La mémoire de la Shoah émerge, en versant parfois dans la simplification et sans se référer à la réalité historique.**

Simone Veil explique que cette inflexion mémorielle a été biaisée dans sa réalité historique. La mémoire ou les mémoires oubliées prennent leur revanche mais offrent, comme la vision « résistancialiste » (terme employé par Henry Rousso) de l'après-guerre, une vision tronquée de l'histoire. Elle rappelle que « vingt ans plus tard, la pensée dominante avait changé, tout aussi simplificatrice » et que son impact sociétal était pervers. Pour elle, la société française était menacée de divisions, surtout au niveau intergénérationnel : « Désormais les jeunes se montraient ravis qu'on leur dise que leurs parents s'étaient tous comportés comme des salauds, que la France avait agi de façon abominable ». Elle ajoute que l'on ose alors penser que « pendant quatre ans la dénonciation avait été omniprésente, et qu'à l'exception des communistes, pas un seul citoyen n'avait accompli le moindre acte de résistance ».

En prenant conscience de cette situation Simone Veil, alors membre du Conseil d'administration de l'ORTF, s'opposa à la diffusion à la télévision du documentaire *Le Chagrin et la pitié*. Réalisé par Marcel Ophuls, documentariste célèbre, ce film étudiait la situation de Clermont-Ferrand pendant la période de l'Occupation et prétendait démontrer que cette ville avait été un

« exemple de la collaboration universelle ». Pour Simone Veil, cela était inacceptable, car dans cette ville justement, « un grand nombre d'étudiants avaient rejoint la Résistance, où nombre d'entre eux furent arrêtés, et pour beaucoup fusillés ou déportés ». Ces « jeunes » étaient entretemps devenus les adultes que les jeunes des années 1970 critiquaient.

En tant qu'ancienne déportée, Simone Veil s'opposa à la diffusion de ce film à la télévision, créant un certain mécontentement : « comment une juive ancienne déportée pouvait-elle être hostile à un documentaire qui stigmatisait l'attitude pour le moins frileuse des Français durant l'Occupation ? ». De même, elle précise que « Marcel Ophuls ne décolérait pas, car cette décision le privait d'une recette espérée », laissant entendre que seul le profit intéressait celui-ci. Elle utilise un registre de langue adapté pour dénoncer ce qu'elle appelle un « raccourci mensonger » : « concert d'autoflagellation », « manœuvres grossières », « la chose semblait incompréhensible ».

Elle assume sa responsabilité (« J'ai gagné », « même si mon attitude a pu choquer certains, je ne la regrette pas ») dans ce refus et a profité de son statut de déportée pour l'imposer en annonçant qu'elle « démissionnerait » du CA de l'ORTF.

Simone Veil, qui est avant tout un témoin, donc sujette à l'influence de la mémoire, prend soin d'associer à son action Germaine Tillion, ancienne résistante et déportée à Ravensbrück (camp de concentration), mais surtout ethnologue et historienne (comme cela a été vu en Première, elle a rédigé un ouvrage décortiquant le système SS à Ravensbrück). Aussi, elle veut dépasser le stade mémoriel pour s'inscrire dans une démarche historienne.

- **Pour Simone Veil, seuls l'histoire et le travail des historiens permettent d'étudier et de comprendre la Shoah en France.**

Pour l'auteur, la France a mis longtemps à reconnaître la réalité de la participation étatique à la Shoah. Elle explique que cette repentance était nécessaire et était attendue après tant d'années de silences. Elle rend en cela hommage à Jacques Chirac et à son discours du 16 juillet 1995 sur l'ancien site du Vel d'Hiv en évoquant une forme d'« engagement ».

Dans le même temps, Simone Veil souhaite certes parler de « repentance », mais également rendre hommage aux « Justes de France ». Il s'agit des « deux mille sept cent vingt-cinq » citoyens qui ont pris tous les risques et « ont témoigné de la grandeur de l'Homme dans le même temps où Vichy démontrait la petitesse de l'État ». Elle reprend même les paroles de Jacques Chirac pour dire que ceux-ci « bravant les risques encourus, ont incarné l'Honneur de la France, ses valeurs de Justice, de Tolérance et d'Humanité ».

L'astuce du prof

N'hésitez pas à réinvestir des notions ou repères venus du cours pour valoriser votre réponse. Ainsi, la notion de « repentance » a été étudiée dans « Histoire et mémoire : la guerre d'Algérie ».

S'appuyant sur les recherches historiques récentes, Simone Veil explique que « nombreux étaient les Français qui avaient caché des Juifs, ou n'avaient rien dit lorsqu'ils savaient qui en protégeait ». C'est ce qu'oubliait justement opportunément le documentaire *Le Chagrin et la pitié*. Elle va plus loin en rappelant qu'il y avait eu « deux déportations : celle des Juifs étrangers et celle des Juifs français » et que l'existence de deux zones avait repoussé les arrestations de Juifs. Dans d'autres pays européens (Pays-Bas et Europe de l'Est en particulier), les Juifs avaient été déportés très tôt et s'ils échappaient à la sélection, une survie de trois à quatre ans dans un centre de mise à mort s'avérait impossible.

En outre, Simone Veil explique que « toujours en proportion, très peu d'enfants » avaient été déportés et avaient échappé à l'extermination. Ainsi, les « Justes » et la situation particulière de la France sur le plan géopolitique, avaient permis que les deux tiers des Juifs de France échappent à la Shoah. Simone Veil n'a pas mené personnellement ces recherches mais s'est documentée dans de nombreux ouvrages d'historiens sur le sujet (dont Georges Bensoussan). Elle perçoit bien la nécessité de réguler les mémoires à partir de l'histoire.

[3e étape]

Déterminer les limites et la portée du document

Ce document a une portée importante de par la personnalité qui l'a rédigé. En effet, Simone Veil est une des personnalités les plus admirées des Français. Non seulement, elle a le statut de déportée juive, donc de la Shoah ; mais en plus, son expérience politique lui a permis de rencontrer diverses situations où s'exprimaient les rapports entre histoire et mémoire de la Shoah. Elle a compris que la mémoire peut être manipulée par tous ceux qui souhaitent accéder au pouvoir ou s'enrichir. Son regard critique sur la manière dont on a orchestré en France l'émergence de la Shoah comme phénomène mémoriel est confirmé par la thèse récente d'Azouvi en 2012, *Le Mythe du grand silence* et qui démontre que cette mémoire n'avait pas été occultée totalement après 1945 avec certaines réalisations tel le « mémorial du Martyr juif inconnu à Paris », l'action des milieux catholiques ou certains films.

Cependant, Simone Veil se fait historienne dans toute une partie du document et elle n'en a pas pour autant les compétences. Sa position éminente le lui permet, mais il convient d'en limiter la portée. Elle oublie également de faire référence au passage à la télévision du documentaire *Le Chagrin et la pitié* en 1981 sans que cela déclenche dans l'opinion d'inflexion mémorielle particulière. Le succès du film au cinéma avait été important justement parce qu'il avait été interdit à la télévision, phénomène classique de curiosité…

Méthode

Les limites d'un document se comprennent surtout comme les « reproches » que l'on peut formuler à son encontre pour traiter légitimement le sujet abordé.

CHAPITRE 4

Identifier, protéger et valoriser le patrimoine : enjeux géopolitiques

DE QUOI S'AGIT-IL ?

Le patrimoine, qui désigne ce qu'un groupe choisit de conserver de son passé pour former une mémoire commune unissant tous ses membres, est un enjeu géopolitique. D'abord dans la définition de son contenu : pour les occidentaux, le patrimoine est avant tout un objet (peintures, manuscrits…) ou un monument (églises, châteaux, usines), alors que les peuples des autres continents se sont construits avec un patrimoine immatériel, vivant et évolutif (comme les traditions, les savoir-faire, les rites…). De plus, le patrimoine est l'objet de conflits entre pays ou entre peuples : demande de rapatriements d'œuvres majeures ou encore destruction pour dévaloriser ou nier l'identité d'un ennemi. Enfin, la protection et la valorisation du patrimoine sont d'une grande importance pour l'image et la place des États sur la scène internationale : vecteur de développement (tourisme, formation…), mais aussi source de conflits d'usages.

1 Introduction : le patrimoine

A Qu'est-ce que le patrimoine ?

1. Une notion récente

• **Le patrimoine (étymologiquement, « héritage du père ») désigne d'abord l'ensemble des biens hérités de la famille.** Mais depuis les années 1970, le patrimoine se définit aussi comme un héritage collectif, légué par les générations passées et à transmettre aux générations futures. Si l'héritage familial est reçu sans être choisi, l'héritage collectif est une construction : c'est parce qu'un objet est considéré comme important à un moment, par une génération, qu'il acquiert une « fonction patrimoniale ». Et même si ce bien est la propriété d'une personne, il appartient symboliquement à tous. Le patrimoine construit donc l'identité d'un groupe. Il se construit prioritairement à l'échelle nationale (en intégrant plus ou moins le patrimoine local et le patrimoine des minorités).

• **Le mot « patrimoine » est donc utilisé à partir du moment où préserver l'environnement et protéger la culture devient une préoccupation de la nation, des citoyens.** En effet, les bouleversements économiques et sociaux depuis les Trente Glorieuses (mondialisation, augmentation des mobilités…) ont fait naître le besoin de conserver des repères du passé. Par exemple, le patrimoine industriel se développe depuis les années 1980 en France, alors que le pays connaît une désindustrialisation. La volonté de développement économique et d'aménagement territorial à travers le tourisme explique également l'importance de plus en plus grande que la société accorde au patrimoine.

2. Une notion qui s'élargit : l'inflation patrimoniale

• **L'article 2 de la Convention de Faro (Convention du Conseil de l'Europe de 2005) définit ainsi le patrimoine culturel** : « un ensemble de ressources héritées du passé que des personnes considèrent, par-delà le régime de propriété des biens, comme un reflet et une expression de leurs valeurs, croyances, savoirs et traditions en continuelle évolution ».

• **L'utilisation du mot « patrimoine » à partir des années 1970 s'explique aussi par la variété de plus en plus grande de ce qu'il inclut.** Par exemple, en France, « les Journées portes ouvertes dans les monuments historiques » créées en 1984 se sont appelées « Journées du patrimoine » à partir de 1992.

• **L'élargissement du contenu imposait donc ce changement de terminologie** : ce n'est plus seulement ce qui est considéré comme beau ou prestigieux (château, église…), mais aussi ce qui est très particulier, comme le Palais du Facteur Cheval, ou encore ce qui témoigne de la vie traditionnelle (lavoirs, machines à café…). Et depuis les années 2000, se développe même le patrimoine immatériel, comme les traditions, le savoir-faire (par exemple, le tango argentin ou la gastronomie française). À cela s'ajoute un élargissement topographique (d'abord le monument, puis un site, et maintenant des quartiers entiers) et un élargissement chronologique (des objets de plus en plus récents).

Sachez que…
Les Sept Merveilles du monde, ancêtres de l'inventaire de l'Unesco, représentent le patrimoine pour une partie des Européens qui vivaient au IIIe siècle av. J.-C. Les monuments, considérés comme les plus parfaits, étaient le mausolée d'Halicarnasse, la pyramide de Khéops, le phare d'Alexandrie, le colosse de Rhodes, les jardins suspendus de Babylone, la statue de Zeus Olympien à Olympie et, enfin, le temple d'Artémis à Éphèse.

3. Une notion qui s'est mondialisée

• **La France, au moment de la Révolution française, est pionnière dans sa volonté de conserver des objets du passé pour construire la nation** (biens nationaux, musée du Louvre). Puis, dans les années 1820-1840, c'est l'Europe qui met en place des politiques du patrimoine, dans un contexte de changements provoqués par la naissance des États-nations, par l'industrialisation et l'urbanisation. Listes de biens, musées, bibliothèques, archives, conservatoires, parcs naturels sont les dispositifs pour sélectionner, conserver et transmettre ce passé.

• **Dans l'entre-deux-guerres, le modèle européen se développe dans le reste du monde.** Par exemple, la charte d'Athènes de 1931, élaborée par la Société des Nations, est une liste de sept résolutions qui doivent être respectées pour conserver l'authenticité des monuments historiques à restaurer.

• **Mais ce passage à l'échelle mondiale pose la question des critères à retenir pour reconnaître le patrimoine.** Par exemple, les trésors vivants japonais sont des formes de conservation du passé différentes des formes occidentales. Dans un contexte de mondialisation, se produisent une uniformisation et une mise en concurrence des patrimoines nationaux. Ces enjeux se retrouvent dans la notion de patrimoine mondial que l'Unesco fait entrer dans la législation internationale en 1972.

B Le « patrimoine mondial » de l'Unesco

1. Un patrimoine décidé par les États

- **En 1972, les États membres de l'Unesco (Organisation des Nations unies pour l'éducation, la science et la culture) ont adopté un accord international,** la Convention concernant la protection du patrimoine mondial culturel et naturel. Le patrimoine mondial désigne l'ensemble des biens et des endroits sur Terre qui ont une valeur universelle et exceptionnelle pour l'humanité. Ils sont inscrits sur une liste pour être protégés. Une liste du patrimoine en péril est également établie pour alerter la communauté internationale sur les sites en danger.

- **Aujourd'hui, 193 États (« États parties ») ont ratifié cette convention.** Depuis 1978, ils actualisent chaque année la liste du patrimoine mondial. Ce sont ces États qui déposent des candidatures et gèrent les biens classés. Avec un budget annuel de 3 millions de dollars pour le patrimoine et aucun moyen de coercition, l'Unesco a surtout un rôle administratif, de conseil et de sensibilisation.

2. La diversification du patrimoine mondial

- **L'originalité de la convention de 1972 est de réunir dans un même texte la préservation des sites naturels et culturels** (proposition des États-Unis). On y retrouve la logique occidentale d'inventaire dans le but de conserver des biens anciens et originaux (pas de reproductions).

- **En 2003, une nouvelle liste est créée avec la Convention pour la sauvegarde du patrimoine culturel immatériel.** C'est un bouleversement à la fois géopolitique et conceptuel. Projet défendu par les pays d'Asie, il repose sur la représentativité (tout ce qui est partagé par n'importe quelle communauté est digne d'intérêt) plutôt que l'exceptionnalité (n'a de la valeur que ce qui est unique par sa beauté, son authenticité, son ancienneté…), la sauvegarde (transmission d'une tradition qui évolue) plutôt que la conservation.

3. Un patrimoine concentré géographiquement

- **Les candidatures au classement du « patrimoine mondial » sont très nombreuses** et entre vingt et trente biens sont ajoutés chaque année (entre trente et soixante entre 1996 et 2001). L'idée de préservation s'est donc mondialisée, d'autant que le label « Unesco » est devenu un argument commercial qui renforce l'attractivité du territoire (en particulier pour le tourisme).

- **La liste reflète les inégalités mondiales.** L'Afrique est sous-représentée (10 % des biens), alors que

Sachez que…

En 1974, l'Unesco a divisé le monde en cinq régions à partir de trois critères : l'intensité des échanges avec les autres États de la région, « la situation géographique » et les « traditions historiques ou culturelles ou sociales ». Ainsi, Chypre, membre de l'Union européenne, est classée en Asie.

l'Europe et l'Amérique du Nord (dont les conceptions patrimoniales se sont imposées comme norme mondiale), sont surreprésentées (presque 50 %). L'Italie et la Chine sont les États qui ont le plus de biens classés (55), la France arrivant en cinquième position (45 biens). Le patrimoine mondial en péril se concentre dans les États arabes (40 %) et en Afrique (30 %).

Doc. **Les biens inscrits au patrimoine mondial, par région (2019)**

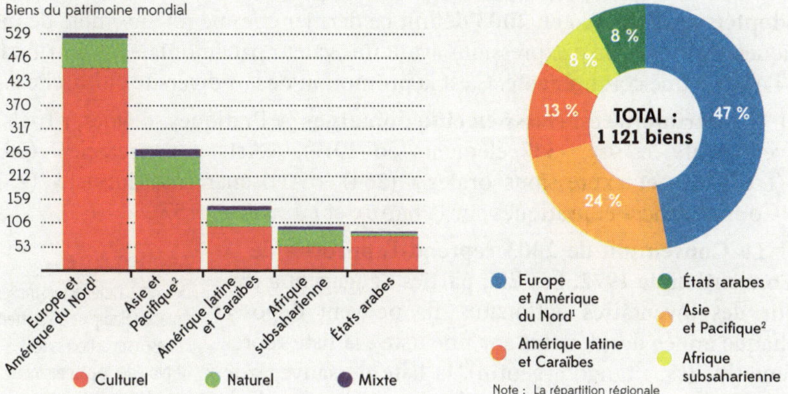

1. Avec israël 2. Y compris Russie, Turquie, Iran.

Note : La répartition régionale est celle utilisée par l'Unesco.

Source : UNESCO, 2019.

L'ESSENTIEL

Le patrimoine

- L'utilisation du terme « patrimoine » s'est développée avec la recherche de repères dans des sociétés bouleversées depuis les années 1970. Le résultat serait une « inflation patrimoniale », avec l'extension catégorielle, chronologique et topographique du patrimoine.
- L'évolution du patrimoine mondial défini par l'Unesco est l'expression des rapports géopolitiques dans le monde et l'illustration du rôle de l'Unesco comme organisation de coopération entre les États.

ZOOM SUR...

Le patrimoine culturel immatériel (PCI)

1 Un patrimoine vivant

→ **La Convention pour la sauvegarde du patrimoine culturel immatériel adoptée par l'Unesco en 2003** définit ce dernier comme un ensemble de pratiques, de rites et/ou d'expressions ayant une valeur patrimoniale et contribuant à l'unité d'une communauté. C'est la promotion de la « diversité culturelle ».

→ **Ce patrimoine est classé en cinq domaines** : « Pratiques sociales, rituels et événements festifs » (347 éléments en 2019), « Arts du spectacle » (293), « Traditions et expressions orales » (264), « Artisanat traditionnel » (257), « Connaissances et pratiques sur la nature et l'univers » (157).

→ **La Convention de 2003 reprend l'approche de la Convention de 1972.** Les État parties s'engagent à établir des inventaires nationaux. Ils peuvent déposer chaque année des dossiers sur une liste : la liste représentative (ex. : tango argentin), la liste de sauvegarde urgente (ex. : le Sanké mon, rite de pêche collective dans le Sanké, au Mali) et le registre de bonne pratique (ex. : la sauvegarde de la culture du carillon en Belgique).

Sachez que...
Dès 1962, l'intellectuel malien Amadou Hampate Ba alertait l'Unesco sur la nécessité de protéger le patrimoine immatériel : « quand un vieillard meurt, c'est une bibliothèque qui brûle ».

2 Un patrimoine populaire

→ **Signe de son succès, la Convention a été ratifiée par 178 États** (en 2019), malgré l'absence des pays anglo-saxons opposés à « l'exception culturelle » (la création culturelle n'est pas une marchandise comme une autre et son commerce doit être protégé des règles du libre-échange). En 2019, on compte 549 éléments classés, en suivant une dynamique plus rapide et plus homogène géographiquement que le « patrimoine mondial » : 33 % pour l'Asie et le Pacifique (dont la Convention reprend la conception patrimoniale), 20 % pour l'Europe, 14 % pour l'Amérique latine et les Caraïbes, 10 % pour l'Afrique et 8 % pour les États arabes.

→ **Ce succès s'explique par la place centrale dévolue aux « communautés »**, définies comme des groupes qui partagent un patrimoine immatériel. Cette notion tautologique inquiète les États centralisateurs ou autoritaires. Mais militants associatifs et acteurs locaux y trouvent une légitimité pour promouvoir un patrimoine différent et d'égale dignité que les autres.

2 Usages sociaux et politiques du patrimoine

A Réaménager la mémoire : les usages de Versailles de l'empire à nos jours

1. Un monument national (1804-1871)

• **Versailles n'est plus une résidence royale depuis 1789.** Tous les meubles ont été vendus et le château a été reconverti en musée. Napoléon (1804-1814) renonce à en faire une des résidences impériales à cause du coût des travaux que cela impliquerait. À la Restauration, Louis XVIII (1814-1824) prévoit naturellement de s'installer dans le château de son oncle Louis XVI. Mais conscient du risque de donner une image de roi absolu, il abandonne cette idée : le palais est trop lié à la mémoire de l'Ancien Régime.

Sachez que...
Le domaine de Versailles, projet politique et artistique de Louis XIV pour célébrer sa gloire, est considéré comme le symbole du pouvoir absolu. C'est un château de 65 000 m^2 (2 500 à 3 000 pièces), des jardins, un parc, le domaine de Trianon et quelques dépendances en ville, soit plus de 800 hectares.

• **Louis-Philippe (1830-1848) refonde Versailles en musée « dédié à toutes les gloires de France ».** Le bâtiment devient alors celui de l'histoire de la nation toute entière. Son but est de réconcilier le pays et de légitimer la monarchie de Juillet en construisant un récit national rassembleur et consensuel, de Clovis jusqu'à 1830. Les Galeries Historiques, inaugurées en 1837, présentent peintures et sculptures pour commémorer grandes batailles, généraux et rois victorieux, écrivains et philosophes célèbres. Le public afflue (350 000 visiteurs les deux premiers mois après l'ouverture !). Cette collection est un modèle pour les musées de l'Europe entière.

Sachez que...
Les œuvres de ce musée sont devenues la principale source iconographique de l'histoire de France et marquent la mémoire. Par exemple, cette collection est aujourd'hui plus utilisée que celle du Louvre pour illustrer les manuels scolaires.

• **Napoléon III (1852-1870) confirme Versailles dans son rôle de musée** en complétant les collections des Galeries Historiques et en transformant les palais de Trianon en musées, dont l'un est consacré à Marie-Antoinette. Mais il redonne aussi à Versailles la fonction officielle de réception, par exemple avec la visite de la reine Victoria (1855), reine du Royaume-Uni.

2. Un palais de la République (1871-1980)

• **C'est dans le château que l'Assemblée nationale vote les lois donnant naissance à la IIIe République** (1871-1875) ! En effet, les députés, comme le gouvernement ensuite, ont quitté Paris, à cause des troubles de la Commune et de l'invasion prussienne. Cette solution, prise dans l'urgence, prend fin en 1879.

Mais les réunions du Congrès (Assemblée nationale et Sénat réunis pour élire le président de la République jusqu'en 1953 et pour voter les réformes constitutionnelles) sont maintenues à Versailles. Le Parlement revendique ainsi la légitimité d'un pouvoir ancien, né en 1789 avec la proclamation de la première Assemblée nationale dans la salle du Jeu de paume. C'est la mémoire de la Révolution qui s'impose. Le Parlement occupe une part importante des locaux : salle du Congrès construite en 1876 pour 1 500 personnes, logements....

• **Avec la Ve République (1958), le rôle politique de Versailles se renforce encore.** Le général de Gaulle en fait le lieu privilégié pour accueillir les chefs d'État en visite officielle (onze visites en dix ans). Artisan d'une politique de grandeur de la France, il fait ainsi rejaillir le prestige international du château sur l'État. En 1966, après des travaux très importants, le Grand Trianon devient résidence présidentielle avec des appartements pour les chefs d'États étrangers, mais aussi pour le président (alimentant ainsi la critique d'une « monarchie républicaine »). La dernière grande réception à Versailles, le sommet du G7 de 1982 organisé par Mitterrand, a été digne des fastes de Louis XIV.

Doc. **L'aménagement du Grand Trianon caricaturé**

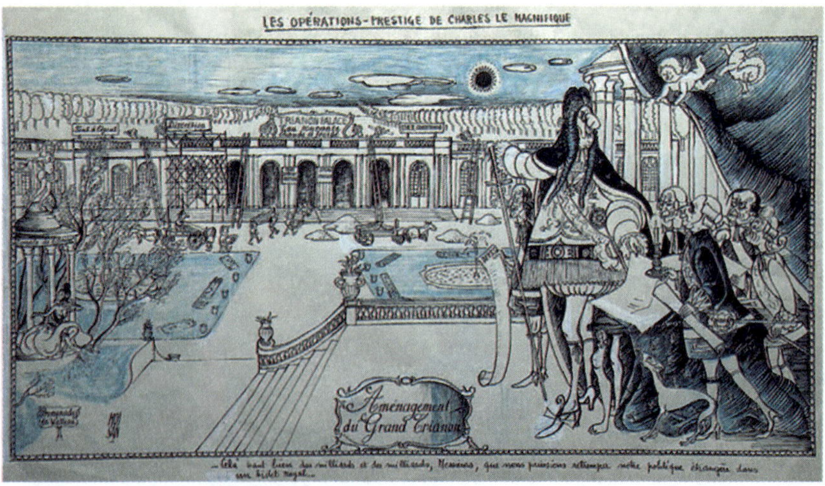

Moisan, « Les Opérations-Prestige de Charles-le-Magnifique », 1963.

● **Rompant avec les Galeries Historiques, le musée se recentre sur le palais d'Ancien Régime à partir de 1882.** Inscrit sur la liste des monuments historiques en 1862 et en 1906, le « lieu de résidence privilégié de la monarchie française de Louis XIV à Louis XVI » entre au patrimoine mondial de l'Unesco en 1979. C'est un patrimoine devenu très populaire au XXe siècle, comme en témoigne le nombre de visiteurs (plus d'un million en 1937) ou le mécénat (don de 48 millions de francs par l'américain J. D. Rockefeller entre 1924 et 1936). Mais Versailles reste un monument en mauvais état, faute d'argent.

3. Un monument mondial d'art et d'histoire (depuis 1980)

● **Versailles est de moins en moins un lieu de pouvoir républicain.** Le domaine récupère les espaces du Sénat en 1959, de l'Assemblée en 2005 (à l'exception de la salle du Congrès) et de la présidence en 2009 (Trianon). Depuis 1995, le domaine, transformé en établissement public, est devenu autonome de l'État. De 1980 à 2017, les présidents utilisent peu les mémoires portées par Versailles. Depuis l'élection d'Emmanuel Macron en 2017, le domaine est de nouveau utilisé (discours annuel devant le Congrès, réception de dirigeants étrangers ou de patrons). Macron s'affirme ainsi comme l'héritier non seulement de la République, mais aussi de la monarchie.

● **Versailles, désormais lieu de loisirs et de culture, atteint les 8 millions de visiteurs** (dont 80 % d'étrangers) en 2018. La mémoire de Louis XIV, et plus encore de Marie-Antoinette attire, tout comme celle de l'art de vivre de l'Ancien Régime, patrimoine immatériel, dont les conservateurs estiment aussi être les gardiens. Depuis une trentaine d'années, la continuité historique est niée au profit de l'époque précédent 1789. Ainsi, la restauration de la grille du château ne se fait pas à partir du dernier état connu (règle de la restauration des bâtiments anciens), mais copie celle qui a été retirée en 1771.

● **En proposant d'adopter un arbre pour remettre en état le parc après la tempête de décembre 1999, le domaine fait entrer massivement une nouvelle mémoire dans ce patrimoine** : celle des donateurs. Le plan de localisation de l'arbre et le certificat d'adoption nominatif pérennisent la mémoire du souscripteur pour une très longue durée. Avec le financement participatif, chacun s'est approprié une part de ce patrimoine et peut tirer profit de son prestige : c'est la personnalisation du patrimoine.

ZOOM SUR...

La galerie des Glaces

1 L'exaltation de la puissance française

→ **Construite entre 1678 et 1684 par l'architecte Hardouin-Mansart et le peintre Le Brun, la galerie des Glaces est la pièce la plus prestigieuse du château.** Ses dimensions (longue de 73 mètres, large de 10,3 mètres), ses 357 miroirs, sa voûte peinte (à la gloire des réalisations des 18 premières années du règne personnel de Louis XIV) ou sa vue sur les jardins en font une exaltation de la puissance de Louis XIV et de la grandeur du royaume.

→ **Sous l'Ancien Régime, elle accueillait les grandes cérémonies, en particulier les réceptions diplomatiques.** Cette tradition n'a jamais cessé et s'est même renforcée sous les premiers présidents de la Ve République (par exemple, de Gaulle fait électrifier la salle pour y organiser le dîner avec les Kennedy en 1961).

2 La guerre mémorielle franco-allemande (1684-1919)

→ **Les peintures de la voûte de la galerie évoquent les succès militaires de Louis XIV outre-Rhin**, et en particulier la destruction systématique du comté du Palatinat en 1689, qui a rassemblé l'opinion allemande dans une haine commune des Français, renforcée par la victoire de Napoléon à Iéna (1806).

→ **Pendant le siège de Paris (guerre franco-allemande de 1870-1871), l'Empire allemand est proclamé dans la galerie des Glaces le 18 janvier 1871.** L'estrade sur laquelle se trouve l'empereur est installée à l'opposé de l'emplacement du trône de Louis XIV. En 1919, les Français ont imposé que le traité de paix soit signé à Versailles. Ils l'avaient envisagé dès 1914.

→ **Pendant la Seconde Guerre mondiale, les Allemands se sont portés garants de la protection du château** que les Français avaient vidé dès la déclaration de guerre. Les soldats allemands sont très nombreux à visiter les lieux.

Doc. La signature de la paix dans la galerie des Glaces

William Orpen, *La Signature de la paix dans la galerie des Glaces le 28 juin 1919*, Imperial War Museum, Londres.

B Conflits de patrimoine : les frises du Parthénon depuis le XIXe siècle

1. Au nom du droit (jusqu'aux années 1980)

• **Au XIXe siècle, l'Europe connaît encore une véritable passion pour l'Antiquité, considérant Athènes et Rome comme ses racines.** Le Parthénon, bien qu'en ruine depuis un bombardement en 1687, rayonne particulièrement. Ce temple, construit sur l'Acropole par la démocratie athénienne, est un chef-d'œuvre de l'art classique. Sur la partie supérieure, a été sculptée sur du marbre, entre 442 et 438 av. J.-C., une frise de 160 mètres de long représentant la procession des grandes Panathénées.

• **Après de somptueux cadeaux faits aux Ottomans, Lord Elgin, ambassadeur de l'Angleterre à Constantinople, reçoit un firman (décret royal) dont le contenu imprécis l'autorise, à titre personnel, à étudier le Parthénon** (la Grèce fait alors partie de l'Empire ottoman). Le firman original a disparu, ainsi que l'exemplaire des archives ottomanes. De 1801 à 1803, Elgin fait arracher douze statues des frontons et cent cinquante-six dalles de la frise, sans ménagement pour le monument. Le gouvernement britannique l'accuse de pillage et de destruction, de trafic d'œuvres d'art antiques, de corruption et refuse de lui racheter les marbres qu'il a ramenés. Mais en 1816, le Parlement les fait acheter pour une rétrocession à perpétuité au British Museum de Londres.

• **La demande de restitution grecque s'inscrit dans le mouvement des nationalités que l'Europe connaît à partir de 1815** : en 1821, les Grecs se soulèvent contre les Ottomans et le Parthénon devient le monument de la nation. Plus que l'authenticité ou le non-respect du firman, c'est donc sa légitimité même qui est remise en cause. L'occupant ottoman n'était pas habilité à vendre le patrimoine national grec. Les fouilles archéologiques et l'exportation des marbres étaient donc illégales.

• **Mais pour la Grande-Bretagne, Les marbres ne sont pas des « butins de guerre » ottomans, la Grèce étant partie intégrante de cet État.** Leur acquisition est un acte commercial privé, puisqu'Elgin a dû payer les autorités turques d'Athènes. Et la législation internationale contre le trafic illicite d'œuvres d'art (convention Unesco de 1970, convention UNIDROIT de 1995) ne peut être appliquée à des faits de 1803 (non rétroactivité des lois).

Remarque

Ce conflit de patrimoine se concentre sur le British Museum, car il détient la plus grande partie de la frise du Parthénon (50 %, contre 30 % pour le musée de l'Acropole en 2020). La frise était disséminée dans de nombreux musées européens : certains possèdent toujours des fragments, comme le Louvre, alors que d'autres les ont déjà rendus, tel le Vatican en 2008 par exemple.

• **L'Angleterre justifie la présence des marbres à Londres par la vocation universelle du British Museum,** inscrite dans la loi de création du musée en 1753 et confirmée ensuite par la notion de patrimoine mondial portée par l'Unesco. Comme c'est une œuvre qui appartient à l'humanité tout entière, peu importe sa localisation. Le British Museum a considéré qu'il pouvait mieux protéger les marbres qu'Athènes (contre les Ottomans au XIXe siècle, la pollution atmosphérique au XXe siècle) et les présenter à un public bien plus large. Enfin, pièce maîtresse du musée londonien, cette partie de la frise appartient désormais au patrimoine culturel anglais, et ne doit jamais en sortir (British Museum Act de 1963).

2. Au nom de la morale (depuis les années 1980)

• **Jamais une action judiciaire n'a été lancée pour récupérer la frise exposée à Londres.** Le droit ne semblant pas de leur côté, à partir des années 1980, les Grecs ont fait évoluer leur argumentation vers la morale, la politique et l'esthétique. Neuf ans après la fin de la dictature (1974), pendant la présidence grecque de la CEE, la deuxième demande officielle de restitution fait des marbres le symbole de la démocratie (c'est ce régime politique, inventé par les Athéniens, qui a fait construire ce temple au Ve siècle av. J.-C.). La ministre de la Culture grecque Melina Mercouri (1981-1989) incarne le combat pour faire revenir la frise de Londres. En 1997, une troisième demande officielle est faite, directement au musée, autonome d'après le gouvernement anglais.

• **L'Angleterre ne change pas d'argumentation. Le conflit de patrimoine prend une dimension géopolitique croissante en opposant les pays du Nord à ceux du Sud** : le directeur du British Museum, avec dix-sept de ses collègues (occidentaux et russe), signe la Déclaration sur l'importance et la valeur des musées universels pour réaffirmer son opposition à la restitution des œuvres à leur pays d'origine et exposer sa crainte de voir ses musées vidés de leur collection.

• **La Grèce participe à la Conférence du Caire de 2010, qui rassemble les pays dans lesquels ont été prises des œuvres** (surtout des pays du Sud, à cause de la colonisation). Ils répondent qu'ils souhaitent retrouver uniquement les œuvres à haute valeur esthétique, culturelle, symbolique et monétaire.

Sachez que...

Le logo de l'Unesco est le Parthénon. « Le temple où la puissance s'allie à la grâce et l'ambition à la mesure, symbolise bien cette recherche de l'équilibre et de l'harmonie » de l'Unesco, d'après Amadou-Mahtar M'Bow, directeur général en 1982.

• **La construction du musée de l'Acropole en 2009, juste en dessous du Parthénon, avec le soutien financier de la fondation Mercouri, est une autre réponse au concept de musée universel.** L'Unesco soutient la Grèce depuis 2014, car le musée remplit les deux conditions posées pour que soit rendu un bien culturel : « primauté de l'objet » (la frise est protégée et mise en valeur) et

« cohérence du patrimoine reconstitué » (la frise permet aux Grecs de comprendre leurs racines et leur culture : la muséographie met en scène le manque à travers des copies blanches siglées « BM », British Museum, parmi les originaux de couleur ocre).

Doc. Un musée moderne

Frise du Parthénon, musée de l'Acropole (Athènes), 2e étage, 2009.

● **L'organisation de la célébration du bicentenaire de la guerre d'indépendance (2021) est à nouveau l'occasion d'attirer l'attention mondiale sur ce conflit de patrimoine.** En 2019, France et Grèce sont parvenues à un accord : un échange provisoire de la plaque des Ergastines du Louvre contre des bronzes anciens. En 2020, la Grèce a demandé que l'obligation de restituer les marbres figure dans l'accord commercial que l'Union européenne négocie avec le Royaume-Uni.

● **Alors que des institutions ont déjà rendu leurs fragments, le British Museum a proposé des prêts temporaires et les Grecs ont suggéré un échange avec des pièces d'un grand intérêt.** Authenticité (la copie n'a pas de valeur) et inaliénabilité de l'œuvre, conceptions européennes du patrimoine, sont les obstacles à une solution dans ce conflit.

Remarque

Les mots ne sont pas neutres. Les partisans du maintien de la frise à Londres parlent de « marbres d'Elgin », mais leurs adversaires de « marbres du Parthénon ». Les Grecs veulent une « restitution » (car il y aurait eu vol), alors que leurs soutiens attendent un « retour » (exportation illégale).

• **En 2020, le British Museum fait évoluer à son tour son argumentaire** pour garder la frise : l'accrochage des marbres est un « acte créatif » formant un héritage culturel nouveau. Pourtant, d'après les sondages, l'opinion publique anglaise est prête à la rendre.

COURS

L'ESSENTIEL

Usages sociaux et politiques du patrimoine

- Symbole de la monarchie absolue (XVIIe-XVIIIe siècles), Versailles est paradoxalement réutilisé comme symbole républicain. Depuis le XIXe siècle, les différents régimes politiques ont cherché une légitimité en intégrant ce patrimoine dans des mémoires officielles, qui sont cependant restées en conflit avec la mémoire populaire et mondiale.
- Symbole des conflits de restitution, une partie des marbres du Parthénon (Ve siècle av. J.-C.) a été expatriée légalement en Angleterre (et est entrée dans sa mémoire nationale) au début du XIXe siècle. Aussi le combat juridique des Grecs pour les récupérer est-il devenu politique et moral à la fin du XXe siècle. Les biens culturels emportés en Europe pendant la colonisation sont un cas similaire.

3 Patrimoine : la préservation entre tensions et concurrences

A Le patrimoine parisien entre protection et nouvel urbanisme

1. 1980-2000, une muséification de Paris ?

• **L'urbanisme parisien de la fin du XXᵉ siècle se caractérise par une croissance de la patrimonialisation.** Tout d'abord le nombre de lieux patrimoniaux augmente. Par exemple, entre 1982 et 1998, l'État décide et finance les « Grandes opérations d'architecture et d'urbanisme » : Louvre, musée d'Orsay, la Villette, Bibliothèque nationale de France… Par ailleurs, les aménagements d'espaces publics intègrent une logique patrimoniale, celle de l'organisation haussmannienne : hauteur maximale de 25-31 mètres pour les nouveaux bâtiments, revalorisation des aménagements haussmanniens comme les Grands Boulevards…

• **Ces aménagements concernent surtout le centre (axe de la Seine et lieux emblématiques comme les Champs-Elysées) et l'est.** Ils provoquent un processus de relégation vers la périphérie de certaines activités (par exemple, les abattoirs de la Villette partent en banlieue à Rungis) et des catégories populaires à cause de la hausse des loyers dans le cœur de la ville (gentrification), comme dans le Marais, classé secteur sauvegardé. Seul l'est de la ville, qui bénéficie d'une politique de rééquilibrage, gagne des habitants.

Sachez que…
Le nouvel urbanisme prône un retour à l'organisation spatiale traditionnelle : la densification et la diversification sociale et économique doivent limiter les déplacements (en particulier automobiles) et créer de la vie collective localement.

• **Ces aménagements urbains s'inscrivent dans une double logique.** D'une part, c'est la première étape vers le nouvel urbanisme, avec la prise de conscience patrimoniale née de la destruction des Halles de Baltard (1971). D'autre part, l'attractivité et la compétitivité de Paris, ville mondiale, sont renforcées par la culture et le tourisme. Ainsi, en 1991, les rives de la Seine à Paris sont inscrites au patrimoine mondial.

• **Cet urbanisme fait l'objet d'un consensus entre l'État** (avec l'implication personnelle du président François Mitterrand) **et la mairie de Paris** (dirigée par Jacques Chirac de 1977 à 1995 et par Jean Tiberi de 1995 à 2002), mais provoque une forte mobilisation des associations de protection du patrimoine, en particulier lors des grandes opérations, destructrices.

2. Depuis les années 2000, un patrimoine en transition (écologique)

• **La volonté de protection du patrimoine reste présente.** Le plan local d'urbanisme de 2006 institue la « protection Ville de Paris » (PVP) pour empêcher la destruction du patrimoine local peu prestigieux (7,5 % des parcelles parisiennes). Enfin, 20 % du budget participatif depuis 2014 a été consacré à la culture et au patrimoine (par exemple, la rénovation des trente-trois kiosques à musique votée en 2014).

• **Meilleur partage des espaces publics et végétalisation, priorités du nouvel urbanisme, incluent l'objectif de « réintégration » du patrimoine dans la ville** : par exemple, la statue de la place de la République est devenue accessible avec le réaménagement de 2013. En revanche, la volonté de densifier avec des immeubles de grande hauteur (comme le nouveau palais de Justice dans le quartier des Batignolles, haut de 160 mètres) reste perçue comme une atteinte au patrimoine architectural et urbanistique de Paris.

• **La mairie et ses partenaires privilégient aujourd'hui davantage la valeur d'usage du patrimoine que sa valeur d'existence.** Des sites patrimoniaux ont été mis en vente lors des opérations « Réinventer Paris » (2014 et 2017) dans le cadre d'un urbanisme de partenariat avec des acteurs privés. La mairie a choisi les propositions les plus créatives, participatives et écologiques, mixant les catégories sociales et les activités. Ainsi, la réhabilitation de la gare Masséna (construite en 1867) prévoit un site de production agricole et de restauration bio et un lieu de fête pour les habitants du quartier.

• **Cette nouvelle gestion du patrimoine est le résultat d'une évolution des lois.** Le renforcement de la décentralisation en 2004 et l'assouplissement des obligations urbanistiques en 2014 ont donné plus de liberté aux maires (Bertrand Delanoë de 2001 à 2014 et Anne Hidalgo ensuite). La « recommandation concernant le paysage urbain historique » de l'Unesco (2011) et la loi sur la protection des monuments de 2016 obligent à diversifier la mise en valeur du patrimoine et à impliquer les habitants. Acquise aux idées de la transition (écologique), la mairie de Paris applique les principes du nouvel urbanisme.

Doc. **Un urbanisme qui protège et valorise le patrimoine classé**

1 Le Paris haussmanien préservé

2 Le Grand Louvre, une des grandes opérations d'architecture et d'urbanisme (1982-1989)

3 Les Champs-Elysées : espace public réaménagé en 1992-1994, réaménagement prévu pour 2024 (végétalisation et piétonnisation)

4 Les berges pietonnisées en 2018

ZOOM SUR...

La ZAC Rive Gauche

1 Une opération de patrimonialisation

→ **Au centre du projet de la zone d'aménagement concertée, la Bibliothèque nationale de France a pour rôle de conserver un exemplaire de tout ce qui est publié en France.** Inaugurée en 1995 (c'est une des « Grandes opérations d'architecture et d'urbanisme »), sa construction a reçu le prix d'architecture de l'Union européenne : ce lieu de conservation du patrimoine est devenu patrimoine.

→ **Le patrimoine industriel (130 ha d'installations ferroviaires et d'entrepôts en déclin depuis les années 1970) a échappé en partie à la destruction** après les succès judiciaires des associations locales (1996) contre le premier projet de la mairie de Paris : les entrepôts frigorifiques sont devenus une résidence d'artistes, les Grands Moulins ont été réhabilités pour accueillir l'université Paris 7...

2 La Station F, un patrimoine dans le nouvel urbanisme

→ **La halle Freyssinet a été inscrite au titre des monuments historiques en 2012**, sous la pression des associations pour empêcher la mairie de la détruire. Ce bâtiment en béton achevé en 1929 est le fruit d'une innovation : la précontrainte (sa voûte en béton ne fait que 7 cm d'épaisseur). Ancien espace logistique, il a été racheté en 2013 pour 70 millions d'euros par Xavier Niel pour y créer un « incubateur de start-up ».

→ **L'identité du lieu a été respectée** (nef centrale dégagée pour mettre en valeur la voûte, conteneurs pour les espaces de travail), car l'originalité du bâtiment (ancien et unique) donne une identité et du prestige au projet. Il incarne l'innovation (Xavier Niel se présente comme l'héritier de Freyssinet et des Français qui ont su innover). Ce campus, largement ouvert sur le quartier, est un espace multifonctionnel (Poste, supermarché).

Doc. La nef centrale de la Station F

B Enjeu géopolitique, la question patrimoniale au Mali

1. Détruire le patrimoine et anéantir

- **Contrecoup des printemps arabes de 2010-2012** (armes et combattants venus de Libye, légitimation des islamistes par leur succès électoraux tunisiens et égyptiens), **les conflits s'intensifient au Mali.** Ainsi, entre avril 2012 et mars 2013, le nord du Mali est occupé par les groupes djihadistes Ansar Dine et Al-Qaïda au Maghreb islamique, alliés à des rebelles autonomistes touaregs (Mouvement national de libération de l'Azawad).

Doc. La destruction des mausolées de Tombouctou

- **Au nord du Mali, deux sites sont classés au patrimoine mondial depuis 1988** : les mausolées de Tombouctou et le tombeau des Askia de Gao. Ce sont des lieux de culte très importants pour la population locale. L'Unesco les a inscrits sur la liste du patrimoine en péril en juin 2012, après la première destruction d'un mausolée : depuis la destruction de Bouddhas en Afghanistan (2003), des djihadistes considèrent les sites patrimoniaux comme une cible.

COURS

COURS

Doc. **Les différentes conceptions du patrimoine à Tombouctou**

La destruction des symboles montrant à la fois l'enracinement local des cultures et la reconnaissance internationale par le label du patrimoine mondial de l'Unesco est l'expression la plus visible d'une volonté de gommer toute appartenance particulière. [...] Au Mali, le porte-parole d'Ansâr ed-Din a très clairement expliqué que le passage à l'action rapide des combattants islamistes pour la destruction des mausolées de Tombouctou avait été motivé par l'inscription des biens classés de Tombouctou sur la liste du patrimoine mondial en péril, inscription à laquelle l'Unesco avait procédé quelques jours avant le saccage. Ces destructions sont des manifestations tragiques nées d'un refus de reconnaître un patrimoine hérité localement.

Soufian Al Karjousli, Diama Cissouma Togola et Anne Ouallet, « Diversité, conflictualités et sociabilités au coeur de la patrimonialisation de l'islam au Mali », dans *Le Mali contemporain*, IRD Éditions, 2014.

À partir de 1988, date de classement des trois mosquées et seize mausolées, l'Unesco apparaît, avec l'État malien, comme acteur à part entière du patrimoine de Tombouctou. [...] Désormais, aucune intervention sur les sites n'est envisageable sans l'accord préalable de l'Unesco. [...] Parallèlement, la population qui finançait ces travaux [...] a été sensibilisée aussi sur sa participation considérée comme « une prise d'assaut » des sites jugée dangereuse par les tenants de la conservation. [...]. Les biens culturels classés de Tombouctou [...] sont patrimoine pourtant dès lors qu'ils ont échappé à l'oubli, à la désuétude ou à la destruction. Ils le sont encore plus pour leur dimension religieuse qui en fait des sites sacrés plutôt que pour leur valeur patrimoniale.

Traoré Hadizatou, « Le bien culturel de Tombouctou, une patrimonialisation discutée ? Conditions locales de réception de la notion de patrimoine de type Unesco », *L'Année du Maghreb*, 19, 2018.

- **Pendant leur occupation, les islamistes détruisent de nombreux biens culturels à Tombouctou** (quatorze mausolées classés et trois cents manuscrits anciens, entre autres), dans la région de Gao (un mausolée et des instruments de musique) et dans le pays Dogon (le Toguna, bâtiment traditionnel de réunion).
- **La destruction du patrimoine est une stratégie des djihadistes** pour rejeter la culture occidentale (les critères du patrimoine mondial sont ceux de l'Occident) à l'échelle mondiale, détruire ce qui fonde l'identité de leur ennemi (disparition de leur mémoire) à l'échelle nationale, et enfin pour s'enrichir (pillage, trafic).

Sachez que...

Tombouctou est surnommée la « citée des 333 saints » en référence au culte des protecteurs de la ville (les mausolées). Aux XIVe et XVe siècles, elle était un centre économique (commerce transsaharien), intellectuel (université de Sankoré) et spirituel.

2. Protéger le patrimoine et punir

- **La protection du patrimoine est une priorité militaire.** Dès janvier 2013, tous les soldats sont sensibilisés au comportement à adopter pour empêcher des dégradations (par exemple, distribution du « Passeport pour le patrimoine » rédigé par l'Unesco). Mais surtout, en mars 2013, pour la première fois, la protection du patrimoine devient une des missions d'une force de maintien de la paix de l'ONU, la MINUSMA (qui succède à la MISMA, en difficulté).

- **De plus, depuis 2016, détruire intentionnellement un patrimoine est un crime culturel relevant du crime de guerre.** C'est ainsi que la Cour pénale internationale a qualifié la destruction des mausolées protégés de Tombouctou en 2012 par un djihadiste malien, condamné à neuf ans de prison et à 2,7 millions d'euros de réparation. En 2017, suivant ce jugement, le Conseil de sécurité de l'ONU vote à l'unanimité une résolution identique.

Remarque
La libération du nord du Mali (janvier à mars 2013) est menée par l'armée malienne, une force de maintien de la paix africaine, la MISMA (Mission internationale de soutien au Mali) et une force française (Opération Serval) demandée par le président malien.

3. Restaurer le patrimoine et pacifier

- **La restauration du patrimoine s'appuie d'abord sur l'ONU.** Le « Plan d'action pour la réhabilitation du patrimoine culturel endommagé dans le nord Mali (2013-2017) » est mené conjointement par le Mali et l'Unesco, dont la coopération entre le Mali et l'Unesco est considérée comme un modèle. Mais n'ayant levé que 3 millions sur les 11 millions nécessaires, le programme a dû être prolongé. La MINUSMA apporte, elle, un soutien logistique et matériel à ce projet. L'objectif est la réconciliation et le développement.

- **Les principaux partenaires financiers sont les Européens** : l'Union européenne, mais aussi la Norvège et la Suisse, dont la coopération avec le Mali est ancienne. Leur objectif est à la fois de défendre leurs valeurs et d'assurer leur sécurité (le Sahel est considéré comme la frontière sud de l'Europe).

- **La France est un partenaire essentiel, militaire et financier.** La fondation internationale Alliance internationale pour la protection du patrimoine, créée en 2017 avec sept autres États, a financé la rénovation du tombeau des Askia. Ainsi, la France se renforce dans sa zone d'influence, renouvelle son soft power et intensifie les liens avec ses alliés.

ZOOM SUR...

La MINUSMA

1 Une meilleure protection du patrimoine

→ **C'est la première fois que des Casques bleus ont pour mission « l'appui à la sauvegarde du patrimoine culturel ».** En effet, la Mission multidimensionnelle des Nations unies pour la stabilisation du Mali (MINUSMA) est une opération de consolidation de la paix, avec des objectifs militaires et civils.

→ **La sauvegarde du patrimoine répond à plusieurs objectifs** : *peacemaking* (empêcher des destructions), *peacebuilding* (encourager la réconciliation par l'appropriation du patrimoine), *peacekeeping* (empêcher la vente illégale de biens patrimoniaux dont les revenus alimenteraient la guerre).

2 Une protection née de l'urgence

→ **Craignant une nouvelle déstabilisation de la région** (comme celle provoquée par l'intervention en Libye en 2011), **le Conseil de sécurité prévoyait au départ des solutions classiques, comme la MISMA.** C'est la France (présente sur le terrain avec l'opération Serval) qui a su convaincre de la nécessité d'une force comme la MINUSMA. Elle a préparé la résolution n° 2100, qui a été adoptée à l'unanimité le 25 avril 2013.

→ **L'inscription de l'appui à la sauvegarde du patrimoine dans les missions de la MINUSMA s'explique par les nombreuses destructions de chefs-d'œuvres culturels par les djihadistes** depuis 2003 (ils en font une arme, avec une mise en scène médiatisée). Par ailleurs, la directrice générale de l'Unesco, Irina Bokova, a été très présente pour alerter le Conseil sur les dangers au Mali et convaincre du rôle de l'Unesco.

Doc. Le soutien de la MINUSMA à l'action de l'UNESCO entre 2013 et 2017

Nature	Actions	Objectifs
Formation	3 000 agents de la MINUSMA	Développer une vision commune du patrimoine malien. Faire adopter la conduite appropriée. Faire intégrer une attention aux sites culturels dans le cadre des patrouilles.
Soutien logistique et technique	800 déplacements aériens entre la capitale Bamako et le nord du Mali (300 000 dollars) Transport de 4 tonnes de matériel Cartographie du site archéologique de Saneye (Gao)	Permettre le fonctionnement des missions culturelles.
Financement de projets à impact rapide (QIP)	Réhabilitation de trois bibliothèques de Tombouctou Rééquipement de l'orchestre régional de Gao Réhabilitation du bâtiment des ablutions de la mosquée Djingareyber, à Tombouctou **Montant total** : 87 000 dollars	Sauvegarder le patrimoine matériel et immatériel malien.

Source : site internet de la MINUSMA, 2020.

C Venise, entre valorisation touristique et protection du patrimoine

1. Un patrimoine co-construit par les habitants et les touristes

• **Gondoles, pont des Soupirs… : la lagune de Venise forme un imaginaire touristique qui a été patrimonialisé**. Mais les contraintes de ce site compliquent sa valorisation touristique et rendent indispensable la protection du patrimoine : accessibilité limitée (le cœur historique n'est relié à la terre ferme que par un pont routier et ferroviaire), fragilité du milieu (risques d'affaissement, inondation comme celle de 1966).

Sachez que…
Venise est une référence patrimoniale : les villes parcourues de canaux sont souvent surnommées « petite Venise ». Et certaines organisent leur « carnaval vénitien » : la petite Venise des Alpes (Annecy), la petite Venise du Nord (Bruges), la petite Venise du Languedoc (Castres)…

• **Le tourisme joue un rôle dans la protection du patrimoine.** L'argent du tourisme (1,5 milliard d'euros de dépenses) est une source de financement pour les restaurations ou les aménagements de protection, comme MOSE, un système de quatre-vingts digues qui devrait empêcher l'inondation de la ville. Si l'inscription sur la liste du patrimoine mondial (1987) a contribué au développement touristique, l'Unesco veille attentivement à la conservation du site.

• **Enfin, pour répondre à la demande touristique, la patrimonialisation se poursuit.** Ainsi, au début des années 2000, pour élargir les visites au-delà de la zone de Saint-Marc (cathédrale, Grand Canal, Palais Grassi…), de nouveaux quartiers ont été rénovés, comme l'Arsenal ou la pointe de la Douane. Le patrimoine immatériel est aussi valorisé : le carnaval, attesté dès le XIe siècle, est réintroduit en 1980 avec succès (120 000 visiteurs qui ont dépensé 65 millions d'euros en 2018).

2. Un mal développement

• **La forte pression touristique** (environ 30 millions de touristes par an, nombre multiplié par quatre en vingt-cinq ans, avec une forte augmentation des croisiéristes) **a provoqué une muséification du cœur historique de Venise.** Le tourisme (commerce, restauration…) a relégué, en dehors des îles, toutes les autres activités, ainsi qu'une partie de la population (55 000 habitants, nombre divisé par deux en quarante ans) : gentrification, multiplication des locations touristiques (un quart des logements), saturation des espaces publics (rues bondées, nuisances sonores, incivilités…).

Remarque
Venise est l'archétype de la muséification : le tourisme, devenu activité unique, empêche toute évolution des paysages et des activités, pour correspondre à l'imaginaire touristique. C'est une des formes de la « disneylandisation » (les sociétés et les cultures des sociétés se transforment pour répondre aux attentes des touristes).

• **La ville devient de plus en plus vulnérable.** Les risques humains augmentent. Par exemple, en juin 2019, un paquebot de croisière a heurté un quai puis un bateau touristique, blessant quatre personnes. L'impact du tourisme (érosion des fonds marins par les paquebots, pollution) et les aménagements de protection, conjugués au changement climatique, sont responsables de catastrophes naturelles : en novembre 2019, la ville a été inondée trois fois de suite en une semaine, avec une marée à 1,87 mètre.

Doc. Une action municipale contre les excès du tourisme

• **Ce problème de soutenabilité est la conséquence des conflits d'acteurs géographiques** : les pouvoirs publics sont en désaccord, et chaque corporation professionnelle défend ses intérêts. Les mesures de régulation et de protection sont mal appliquées (seuls 20 % des touristes paient la taxe de séjour, les paquebots naviguent sur le canal de la Giudecca, malgré l'interdiction de 2012) ou semblent inadaptées et insuffisantes (MOSE, les portiques pour réguler les flux de touristes à l'intérieur de la ville). Les habitants se mobilisent contre le trop grand nombre de touristes à travers des associations. Après les inondations de novembre 2019, l'Unesco a menacé l'État italien de placer Venise sur la liste du patrimoine en péril.

L'ESSENTIEL

Patrimoine : la préservation entre tensions et concurrences

- Dans la gestion des territoires, le patrimoine est l'enjeu de conflits d'usages.
- Ressource pour le développement et l'urbanisation du Paris de la fin du XXe siècle, la valorisation du patrimoine subit les contraintes de la transition depuis les années 2000.
- Après la destruction d'une partie du patrimoine malien par les dijhadistes en 2012 (pour éliminer ce qui fait l'identité de ce peuple), la protection du patrimoine est devenue une mission militaire (MINUSMA) et une obligation internationale (crime de guerre).
- À Venise, le tourisme a permis de protéger et de valoriser le patrimoine. Mais une mauvaise gestion a provoqué la muséification du cœur historique et aggravé les problèmes environnementaux.

4 La France et le patrimoine, des actions majeures de valorisation et de protection

A Politiques publiques et gestion du patrimoine

1. Une politique étatique ancienne

- **L'intérêt de l'État pour le patrimoine se concrétise au moment de la Révolution française.** Cette période de rupture politique, sociale et culturelle profonde, voit émerger des actes tendant à la destruction, parfois physique, de toute survivance de l'Ancien Régime. La Grande Peur de juillet 1789, à la suite de la prise et du démantèlement de la Bastille, est ponctuée du saccage des châteaux seigneuriaux, et en particulier de leurs archives. La déchristianisation s'accompagne d'actes de vandalisme sur les églises. Un certain nombre de révolutionnaires s'en émeuvent, comme l'abbé Grégoire, voyant en la Révolution d'abord un processus de transformation de l'État, et se montrent soucieux d'assurer une continuité des structures politiques nationales, à replacer sous l'égide de la souveraineté nationale. Les Archives nationales sont ainsi créées en 1790, le Conservatoire national des Arts et Métiers en 1794.

- **La rupture qu'est le passage de la monarchie à la république oblige les autorités à prendre un certain nombre de décisions.** De nombreux bâtiments sont abandonnés par l'émigration de la noblesse, puis la déchéance de la famille royale. Les révolutionnaires réfléchissent à l'usage qu'ils peuvent en faire, au profit de la nation. Dans sa politique de contrôle de l'Église par la Constitution civile du clergé, couplée au règlement de la crise financière, l'État expérimente à partir de novembre 1789 une forme de nationalisation transformant églises, domaines ecclésiastiques, puis palais désertés en biens nationaux, mis en vente. Pour l'instruction du peuple, le palais du Louvre est transformé en musée à vocation universelle et encyclopédique, puisant dans les œuvres accumulées par la dynastie capétienne et dans celles saisies sur le clergé et la noblesse. Napoléon Bonaparte abondera ses réserves lors de ses nombreuses expéditions, à commencer par l'Italie ou l'Égypte.

> **Sachez que...**
> Le projet de musée au Louvre est ancien, soutenu par Louis XVI avant la Révolution. Le château de Versailles connaît des projets de restauration sous Napoléon, puis sous Louis XVIII et Charles X, avant que Louis-Philippe n'en fasse un autre musée, dédié à l'histoire de France.

- **Ces politiques étatiques de préservation et de valorisation du patrimoine se poursuivent au XIXe siècle.** La monarchie restaurée restitue et réutilise un certain nombre de bâtiments. En 1830, est créée une Inspection générale des monuments historiques, chargée sous la direction de Prosper Mérimée de faire l'inventaire de tous les bâtiments dignes d'être conservés. Une première liste de plus de 1 000 sites est établie en 1840. Son objectif est aussi de cibler les financements publics d'entretien et de restauration. Très tôt, des désaccords se font jour entre la tentation de modifier les édifices à l'occasion de leur restauration, comme le fait l'architecte Eugène Viollet-le-Duc, et une posture de conservation à l'identique.

Sachez que...
La flèche de Notre-Dame de Paris, qui s'est effondrée lors de l'incendie de 2019, ne datait pas de l'époque médiévale, mais avait été ajoutée par Viollet-le-Duc. Ces débats existent encore par exemple dans les années 1980, lors de la construction d'une pyramide de verre au milieu de la cour du Louvre.

2. Une politique qui contribue à créer l'identité nationale

- **La République qui s'installe à partir de la fin du XIXe siècle perpétue ces politiques patrimoniales.** Les lois de 1887 et 1913 sur les monuments historiques renforcent la législation. Les autorités s'intéressent aussi aux objets, aux collections privées. Une grande place est donnée à l'école à une histoire patriotique, unissant les Français, accessible localement par les monuments et renforcée par une politique de commémoration (par exemple, avec les monuments aux morts après 1914-1918).
- **Cela contribue à ancrer une culture commune du patrimoine national.** Les citoyens deviennent à leur tour des acteurs pouvant se mobiliser pour défendre et préserver le patrimoine, comme lorsque les Parisiens s'émeuvent de la disparition des Halles de Baltard dans les années 1970. Les associations dédiées à la préservation du patrimoine fleurissent et sont progressivement reconnues.
- **Enfin, la colonisation qui se déroule durant cette période s'accompagne d'un processus d'appropriation d'œuvres provenant de l'empire.** Ce processus est couronné par l'ouverture en 1931 du musée des Colonies dans le cadre de l'Exposition coloniale.
- **La création du ministère de la Culture dès 1958, sous la Ve République gaullienne, accentue encore le lien entre patrimoine et missions de l'État.** En 1964, le ministre André Malraux crée le service de l'Inventaire qui doit recenser méthodiquement, au niveau local, le patrimoine français. Dans les années 1980, le ministère étend le patrimoine à la photographie, à l'art contemporain et au patrimoine industriel – en pleine période de crise industrielle qui voit fermer de nombreux sites à l'activité séculaire. Les sites liés aux événements historiques font aussi l'objet d'une grande attention, par exemple dans le cadre du travail mémoriel réalisé sur les deux guerres mondiales (tranchées, maquis résistants, lieux de la déportation...). Enfin, le patrimoine immatériel entre dans le champ d'action des politiques patrimoniales.

- **Dans la même période, alors que les questions environnementales commencent à surgir, l'État se soucie du patrimoine naturel** d'un pays qui couvre une grande variété de milieux et de paysages. Les premiers parcs nationaux (au nombre de onze en 2020) sont créés en 1963 et couvrent essentiellement des espaces de montagne, à une époque où l'État favorise aussi en parallèle l'aménagement de stations de sports d'hiver.

- **Enfin, les échelles d'action se diversifient.** Les lois de décentralisation de 1982-1983 ouvrent la possibilité pour les acteurs locaux de mener des politiques patrimoniales, permettant à l'État de se désengager, notamment financièrement, de certaines actions, tout en préservant son rôle de prescripteur, donnant des cadres généraux à la politique patrimoniale.

- **Toutes les échelles territoriales peuvent intervenir.** La loi de séparation des Églises et de l'État en 1905 obligeait déjà les communes à entretenir les églises comme un bien public, issu de la longue histoire de la nation française. À partir de 1984, les communes peuvent classer une partie de leur territoire en ZPPAUP (zones de protection de patrimoine architectural, urbain et paysager). Les parcs naturels régionaux, créés à partir de 1969, se multiplient – cinquante-quatre en 2020. Cette action locale est une des manifestations de la défense des identités régionales, surtout à une époque de mondialisation qui tend à uniformiser les cultures. L'Unesco est un autre acteur majeur, à échelle mondiale, ainsi que l'UE pour les sites naturels (Natura 2000, sites marins RAMSAR).

Sachez que...

Le mécénat joue aussi un rôle important dans la conservation du patrimoine à travers des fondations, comme la Fondation du patrimoine, organisme privé créé en 1996, qui a reçu délégation d'État pour agir à l'échelle locale.

- **Le patrimoine devient un facteur de développement économique, avec ses inconvénients.** Les sites reconnus, classés par différents labels (Monuments historiques, Unesco, etc.) participent du dynamisme du premier pays touristique mondial par le nombre de visiteurs (plus de 90 millions chaque année). Mais la fréquentation des sites s'accompagne aussi d'aménagements qui peuvent les dénaturer (comme ce fut le cas pour le Mont-Saint-Michel, un temps menacé d'ensablement) et les dégrader (Mont-Blanc) ou encore muséifier certains espaces (Paris). Les aménagements urbains permanents, en particulier quand ils touchent les couches souterraines (métro, parkings, fondations) sont encadrés depuis la loi de 2001 par des opérations menées par l'INRAP (Institut national de recherches archéologiques préventives).

COURS

Doc. L'archéologie préventive

En 2013, lors d'un diagnostic effectué à Orchies (en banlieue lilloise) où un immeuble doit être construit, quatre statues du XVIe siècle sont découvertes et exhumées par les agents de l'INRAP. Les « Belles du Nord » sont présentées au Palais des Beaux-Arts de Lille depuis septembre 2016.

ZOOM SUR...

Le loto du patrimoine

1 Protéger, mais moins dépenser

→ **Créé en 2018, le loto du patrimoine est une réponse trouvée par la « Mission patrimoine en péril »** (confiée par le président de la République Emmanuel Macron à une personnalité médiatique, Stéphane Bern) **au manque de financement pour entretenir le patrimoine, en particulier public.** Sur les 2 000 sites signalés en péril en 2018, 64 % appartenaient à des collectivités territoriales et 61 % étaient classés.

→ **Ce loto s'inscrit dans la tendance consistant à trouver des financements en dehors des fonds publics.** Tout d'abord la loterie, avec les jeux « Mission patrimoine » (un loto et deux jeux de grattage), mais aussi le mécénat. Ainsi, cette opération n'a pas été gérée par le ministère de la Culture, mais par la Fondation du patrimoine (qui recherche des mécènes pour le patrimoine non protégé).

2 Mobiliser et valoriser

→ **Cette mission, en recourant à un jeu populaire, vise à impliquer les citoyens.** La large couverture médiatique a permis de les sensibiliser sur le patrimoine en péril et de les mobiliser. Cet achat était même présenté comme un « acte citoyen ». Les jeux du patrimoine ont rapporté 30 millions d'euros en 2018-2019. Si les associations et les collectivités territoriales ont été nombreuses à faire des signalements, elles n'ont pas participé au processus de décision.

→ **Enfin, la valorisation est une dimension importante de l'opération**, puisque la sélection ne repose pas seulement sur la valeur d'existence du bien, mais aussi sur son potentiel d'usage. Les objectifs sont le développement économique (en particulier le tourisme) et l'aménagement du territoire (zone rurale et petites agglomérations sont favorisées).

B La préservation du bassin minier du Nord-Pas-de-Calais

1. Un espace constitutif de l'histoire de France

• **Le bassin minier du Nord-Pas-de-Calais se constitue au cours de la Révolution industrielle.** La région était déjà depuis le Moyen Âge dynamisée par les villes et l'artisanat, notamment du textile. L'exploitation, de Béthune à Valenciennes, de filons de charbon, plus précisément de houille, commence dès le XVIIIe siècle. Combustible fondamental de la première révolution industrielle, il fait de cette région un des pôles du développement industriel de la France au XIXe siècle.

Sachez que...
La petite ville médiévale de Lens, qui oscillait entre 2 000 et 3 000 habitants entre la Révolution et la découverte du charbon au milieu du XIXe siècle, voit sa population tripler tous les trente ans jusqu'à la veille de la Première Guerre mondiale. L'immigration contribue par ailleurs à la croissance démographique de la région tout au long de son histoire industrielle.

• **Les paysages se transforment.** L'urbanisation s'accélère, les mines ouvrent en nombre et des usines, textiles et métallurgiques, s'installent dans cette zone qui offre une main-d'œuvre importante. Des quartiers de logements ouvriers, les corons, sont construits, souvent par les entreprises elles-mêmes, à proximité des sites industriels. Les corons s'inscrivent dans l'identité urbaine du nord au même titre que les beffrois du Moyen Âge, ainsi que les terrils, collines artificielles constituées des remblais issus de l'extraction minière.

• **Le bassin minier participe aussi de l'histoire sociale de la France.** Il est emblématique de la question ouvrière, ses conditions de travail, de vie, décrites par Émile Zola dans *Germinal*. La région est le théâtre d'une agitation sociale récurrente, faite de grèves, de revendications, mais aussi de répressions, comme lors de la fusillade de Fourmies le 1er mai 1891. Elle contribue au débat et aux réformes sociales qui jalonnent l'histoire de France.

Sachez que...
La catastrophe de Courrières en 1906 fait plus de mille morts dans la mine, déclenchant une vague de grèves.

Doc. Un ancien site minier à Arenberg (Nord) inscrit au patrimoine de l'Unesco

2. Un patrimoine à préserver

- **La crise industrielle qui commence dans les années 1970 bouleverse la région.** Les mines et les usines ferment, créant un chômage massif. Les friches industrielles se multiplient, quand les installations ne sont pas simplement détruites. Dans les années 1990, la tendance est à l'effacement des traces de ce passé, à travers les politiques de reconversion de l'État.

- **À partir des années 2000, une politique de préservation est menée.** Impulsée par les acteurs locaux, il s'agit de garder au contraire les traces et, à travers elles, la mémoire du passé industriel, économique et social, qui a fortement marqué l'identité et le paysage de la région. Certains bâtiments miniers remarquables sont classés aux monuments historiques et restaurés. Dès 1984, la mine de Lewarde a été reconvertie en Centre historique, véritable musée de la mine. L'environnement est intégré à cette politique (trame verte, verdissement des terrils, niches écologiques…).

- **Le classement par l'Unesco comme « Paysage culturel évolutif vivant » consacre cette politique.** Le 30 juin 2012, le bassin minier du Nord-Pas-de-Calais est inscrit sur la liste du patrimoine mondial, en reconnaissance des critères paysagers, économiques et sociaux de son passé. Cela concerne toutefois une partie du patrimoine, 4 000 hectares de paysages et 353 biens remarquables (corons, terrils, chevalements de mines).

• **L'enjeu est économique et social.** Pour la région, il s'agit de valoriser ces sites en développant le tourisme, les loisirs, comme autant de facteurs de la reconversion économique de la région et de création d'emplois. L'ouverture d'une annexe du Louvre à Lens en 2012 participe de cette dynamique.

Sachez que...
À Noeux-les-Mines, le terril a été réaménagé en 1996 en piste de ski synthétique, qui attire plus de 30 000 skieurs par an.

C Le repas gastronomique et le rayonnement de la France

1. Un classement au patrimoine immatériel de l'Unesco

• **La France a obtenu le classement par l'Unesco d'un certain nombre de pratiques culturelles et artisanales au titre du patrimoine immatériel.** On trouve parmi elles la fauconnerie, l'alpinisme, la dentelle d'Alençon, le gwoka guadeloupéen… En 2010, l'Unesco valide le dossier déposé par la France pour classer sa gastronomie. Celle-ci souhaitait valoriser une image, pour ne pas dire un stéréotype, de « pays de la meilleure gastronomie du monde », avec ses plats reflétant la diversité et l'ancienneté des traditions culinaires, ses restaurants et chefs mondialement connus, son guide Michelin distribuant des étoiles.

• **L'Unesco n'a pas classé à proprement parler la gastronomie, mais une pratique de la gastronomie.** Elle définit ainsi ses critères de classement : « pratique sociale coutumière destinée à célébrer les moments les plus importants de la vie des individus et des groupes, tels que naissances, mariages, anniversaires, succès et retrouvailles. Il s'agit d'un repas festif dont les convives pratiquent, pour cette occasion, l'art du "bien manger" et du "bien boire". Le repas gastronomique met l'accent sur le fait d'être bien ensemble, le plaisir du goût, l'harmonie entre l'être humain et les productions de la nature ».

• **Cette nuance résulte de débats et de la recherche d'un équilibre à dimension géopolitique, montrant que le patrimoine est aussi un objet de concurrence entre États.** Le titre de meilleure gastronomie du monde est contesté – et contestable ! D'autres pays se réclament aussi d'une tradition gastronomique spécifique et ancienne (la Chine, par exemple), les classements des meilleurs restaurants du monde par différents journaux ne placent pas toujours la France en tête. Plutôt que de valider et prendre le risque de hiérarchiser des plats, l'Unesco a choisi de se recentrer sur la pratique sociale qui les accompagne et distingue effectivement une coutume répandue dans la société et constitutive de la culture française.

Sachez que...
L'Italie a de son côté attendu 2017 pour réussir à faire classer la pizza napolitaine ! La dimension internationale de la pizza (les États-Unis contestaient ce classement) a permis de classer un plat spécifiquement identifié.

2. Un instrument diplomatique ?

- **La dimension géopolitique de l'affaire n'est pas à négliger et fonde même la démarche.** Il s'agit pour la France de renforcer son influence culturelle dans une stratégie de « soft power ». La gastronomie à la française rejoint les efforts de protection et de diffusion de la production cinématographique nationale, de la langue, à travers par exemple les Instituts culturels implantés à l'étranger. C'est dans ce dernier cadre notamment que s'organisent des manifestations, comme lors de la semaine du goût ou, depuis 2019, avec l'opération « Good France/Goût de France ». La popularité à l'étranger des restaurants de cuisine française et des chefs français ne se dément pas. À l'inverse, des chefs étrangers viennent aussi travailler en France.

- **Enfin, l'enjeu est économique.** L'image gastronomique de la France permet de soutenir une filière agro-alimentaire qui, en 2017, représentait près de 200 milliards d'euros de chiffre d'affaires, plus de 400 000 emplois pour 17 000 entreprises de toutes tailles, et dégageait des excédents alors que la balance commerciale de la France était déficitaire. Ce n'est pas un hasard si les États-Unis, lors de conflits commerciaux avec la France, ciblent ce secteur précis dans leurs mesures de rétorsion, notamment par l'augmentation de taxes sur les produits français (alcools, fromages, etc.).

Doc. La gastronomie, objet d'action diplomatique ?

La gastronomie, une affaire d'État ? « Oui », à en croire le ministère des Affaires étrangères. Jeudi 19 mars, à l'appel [du ministre] Laurent Fabius, le ban et l'arrière-ban des meilleurs chefs français et étrangers est convoqué pour la confection d'un déjeuner à la gloire de la cuisine française. Le clou de cette manifestation : un dîner d'exception à Versailles, dans la galerie des Batailles, concocté par six grands chefs étoilés, d'Alain Ducasse à Joël Robuchon, à l'intention de l'ensemble des ambassadeurs étrangers. Le même jour, l'opération-charme sera dupliquée dans les ambassades, consulats, restaurants de 150 pays où 1 300 chefs s'efforceront, avec un dîner à la française, de prouver que la gastronomie fait partie du patrimoine français. […]

À l'époque du « *soft power* », la culture gastronomique fait partie de la boîte à outils d'une grande puissance. […]

Quant à la gastronomie […], elle sert de vitrine et de drapeau à une flopée de filières agro-alimentaires (160 milliards de chiffre d'affaires, premier secteur d'exportation), toutes créatrices de richesses et d'emplois. « Savourer la France » de Sydney à Tokyo comme le clame le Quai d'Orsay, c'est aussi conforter des emplois, développer des ventes à l'étranger – les licences d'importation des charcuteries françaises figuraient au « menu » des discussions lors de la visite en France du Président chinois Xi Jinping !

Jean-Gabriel Fredet, « La gastronomie, cette nouvelle arme de la diplomatie française », *Challenges*, 17 mars 2015.

COURS

L'ESSENTIEL

La France et le patrimoine, des actions majeures de valorisation et de protection

- L'État en France pratique des politiques patrimoniales de longue date, élargissant son périmètre d'action (des monuments historiques au patrimoine immatériel). Les acteurs se multiplient aussi, à toutes les échelles.
- L'Unesco a inscrit sur sa liste du patrimoine mondial quarante-cinq sites naturels et historiques (comme le bassin minier du Nord-Pas-de-Calais), ainsi que dix-huit éléments du patrimoine immatériel, comme le repas gastronomique.

Mots-clés

- **Authenticité** : d'abord appliquée aux chefs-d'œuvre en Europe, cette notion visait à reconnaître que le bien était ancien et n'était pas une copie. Mais avec la reconnaissance d'autres patrimoines (hors d'Europe, immatériel), elle permet d'attester que les matériaux, les méthodes utilisées et le lieu correspondent à l'époque de la création du bien.

- **Crime culturel** : depuis 2016, le droit international prévoit qu'une destruction volontaire d'un patrimoine peut être condamnée par un tribunal en tant que crime de guerre.

- **Inaliénabilité** : protection qui garantit qu'un bien (et en particulier les collections des musées publics) restera toujours dans le domaine public.

- **Mécénat** : soutien financier pour l'art ou le patrimoine, du nom de Mécène (68-8 av. J. -C.), qui y consacra sa fortune.

- **Mémoire** : ensemble des souvenirs d'un individu, d'un groupe. Le patrimoine est formé de « lieux de mémoire » (symboles, événements, monuments…).

- **Muséification** : situation dans laquelle le tourisme, devenu activité unique, empêche toute évolution des paysages et des activités d'un territoire.

- **Patrimoine** : héritage collectif, légué par les générations passées et à transmettre aux générations futures. Il est le résultat d'une sélection ou d'une création de biens par un groupe à un moment donné (patrimonialisation).

- **Patrimoine immatériel** : ensemble de pratiques, de rites et/ou d'expressions ayant une valeur patrimoniale et contribuant à l'unité d'une communauté.

- **Paysage culturel** : partie visible du territoire qui est le résultat de l'aménagement par les hommes en fonction des contraintes et des ressources, comme le paysage urbain historique. En 1992, cette troisième catégorie est ajoutée sur la liste du patrimoine mondial.

- **Restauration** : ensemble des actions visant à redonner à un bien une apparence proche de son état initial, sans pour autant effacer les traces des modifications qu'il aurait pu subir.

- **Restitution** : rapatriement dans le territoire d'origine de biens culturels considérés comme volés dans le cadre d'une relation d'inégalité ou de violence. Le terme « retour » est plus neutre.

- **Vandalisme** : destruction ou dégradation commise sur le patrimoine (en référence aux Vandales, peuples germaniques auxquels on attribue la destruction de Rome au ve siècle).

Biographies

Irina Bokova (née en 1962)

Diplomate bulgare, elle est la première femme élue à la tête de l'Unesco (2009-2017). Sa fonction l'amène à jouer un rôle de médiation : lettre à l'Angleterre pour proposer son arbitrage dans le conflit des frises du Parthénon (2013), déplacement à Venise (2016) et entretien avec son maire (2017). La reconstruction du patrimoine malien détruit par des djihadistes (2012) a été une de ses priorités.

Lord Elgin (1766-1841)

Thomas Bruce, septième comte d'Elgin, est ambassadeur anglais auprès de l'Empire ottoman quand il fait arracher une partie de la frise du Parthénon d'Athènes (1801-1805). Ruiné, dénoncé pour son comportement, il a des difficultés à revendre les marbres au Parlement anglais (1816). L'elginisme désigne aujourd'hui une forme de vandalisme qui consiste à arracher des parties d'un monument pour se les approprier.

Amadou Hampate Ba (1900-1991)

Écrivain et ethnologue malien, il s'est consacré au recueil de traditions orales africaines. Représentant du Mali à l'Unesco, il a alerté dès 1962 sur la fragilité du patrimoine immatériel : « quand un vieillard meurt, c'est une bibliothèque qui brûle ». Il est une référence pour les promoteurs de la Convention pour la sauvegarde du patrimoine culturel immatériel (2003).

André Malraux (1901-1976)

Journaliste et écrivain, il s'est engagé aux côtés des républicains espagnols (1936-1937) et dans la Résistance. Ministre de la Culture de 1959 à 1969, il fait voter des lois de 1961 et 1967 pour la restauration des grands monuments de France. La création des « secteurs sauvegardés » (1962) permet d'assurer la préservation des centres anciens. En 1964, il lance l'Inventaire, qui recense le patrimoine de toutes les régions.

Eugène Viollet-le-Duc (1814-1879)

Architecte français, il a mené de nombreuses opérations de restauration d'édifices médiévaux, mais sans rechercher l'authenticité. Par exemple, il a ajouté une flèche qui n'a jamais existé sur la cathédrale Notre-Dame de Paris (1845-1864), ce qui alimente le débat sur sa reconstruction après l'incendie de 2019.

Repères chronologiques

1790	Création de la Commission des monuments en France, pour sélectionner ce qui devait être conservé parmi les biens nationaux (de l'Église, des émigrés) et pour lutter contre le vandalisme.
1791	Création du musée du Louvre, musée universel (comme le British Museum, fondé en 1753).
1830	Création d'une Inspection générale des monuments historiques, qui a dirigé le classement des monuments devant être protégés et entretenus par le gouvernement.
1897	Définition des trésors nationaux au Japon, un patrimoine immatériel et vivant.
1913	Loi relative aux monuments historiques, qui complète les lois antérieures en autorisant le classement d'office des biens privés.
1931	Charte d'Athènes, qui définit des règles mondiales dans la reconstruction des monuments historiques (complétée par d'autres textes comme la charte de Venise de 1964).
1945	Création de l'Unesco, organisation de l'ONU, qui a pour rôle de protéger le patrimoine en créant des règles internationales, en assistant et en alertant la Communauté internationale.
1954	Convention de La Haye pour la protection des biens culturels en cas de conflit armé (et depuis 1999, les conflits non internationaux), qui permet à l'Unesco de faire du droit du patrimoine un droit de l'homme.
1964	Mise en place par André Malraux de l'Inventaire général des monuments et des richesses artistiques de la France, qui élargit le patrimoine aux biens peu prestigieux (patrimoine industriel, par exemple).
1970	Convention de l'Unesco concernant le commerce international illégal de biens culturels. C'est la première convention internationale de protection des biens culturels en dehors du droit de la guerre.
1972	Convention de l'Unesco sur la protection du patrimoine mondial, culturel et naturel, défini à partir de la conception européenne du patrimoine.
1983	Dans le cadre de la décentralisation, création des zones de protection du patrimoine architectural, urbain et paysager (ZPPAUP) pour l'urbanisme municipal.
2003	Convention du patrimoine culturel immatériel, défini à partir de conceptions asiatique et africaine du patrimoine.
2016	Définition du crime culturel par la Cour pénale internationale.
2019	Forum réunissant Français et Africains pour travailler sur le rapatriement temporaire ou définitif d'œuvres dont le retour est réclamé.

REPÈRES

Documents majeurs

Doc. 1 Pourquoi créer une liste du patrimoine mondial ?

La Conférence générale de l'Organisation des Nations unies pour l'éducation, la science et la culture, réunie à Paris du 17 octobre au 21 novembre 1972, en sa dix-septième session,

Constatant que le patrimoine culturel et le patrimoine naturel sont de plus en plus menacés de destruction non seulement par les causes traditionnelles de dégradation mais encore par l'évolution de la vie sociale et économique qui les aggrave par des phénomènes d'altération ou de destruction encore plus redoutables,

Considérant que la dégradation ou la disparition d'un bien du patrimoine culturel et naturel constitue un appauvrissement néfaste du patrimoine de tous les peuples du monde,

Considérant que la protection de ce patrimoine à l'échelon national reste souvent incomplète en raison de l'ampleur des moyens qu'elle nécessite et de l'insuffisance des ressources économiques, scientifiques et techniques du pays sur le territoire duquel se trouve le bien à sauvegarder,

Rappelant que l'Acte constitutif de l'Organisation prévoit qu'elle aidera au maintien, à l'avancement et à la diffusion du savoir en veillant à la conservation et protection du patrimoine universel et en recommandant aux peuples intéressés des conventions internationales à cet effet,

Considérant que les conventions, recommandations et résolutions internationales existantes en faveur des biens culturels et naturels démontrent l'importance que présente, pour tous les peuples du monde, la sauvegarde de ces biens uniques et irremplaçables à quelque peuple qu'ils appartiennent,

Considérant que certains biens du patrimoine culturel et naturel présentent un intérêt exceptionnel qui nécessite leur préservation en tant qu'élément du patrimoine mondial de l'humanité tout entière,

Considérant que devant l'ampleur et la gravité des dangers nouveaux qui les menacent il incombe à la collectivité internationale tout entière de participer à la protection du patrimoine culturel et naturel de valeur universelle exceptionnelle, par l'octroi d'une assistance collective qui sans se substituer à l'action de l'État intéressé la complétera efficacement,

Considérant qu'il est indispensable d'adopter à cet effet de nouvelles dispositions conventionnelles établissant un système efficace de protection collective du patrimoine culturel et naturel de valeur universelle exceptionnelle organisé d'une façon permanente et selon des méthodes scientifiques et modernes,

Après avoir décidé lors de sa seizième session que cette question ferait l'objet d'une Convention internationale,

Adopte ce seizième jour de novembre 1972 la présente Convention.

Unesco, préambule de la Convention concernant la protection du patrimoine mondial, culturel et naturel, 1972.

Doc. 2 Versailles en 2020 : monument national et palais de la République

1 Galerie des Batailles
2 Chapelle royale
3 Galerie haute
4 Grand appartement du Roi
5 Galerie des Glaces
6 Grand appartement de la Reine
7 Opéra
8 Hémicycle
9 Grand Trianon
10 La Lanterne
Limites du domaine national

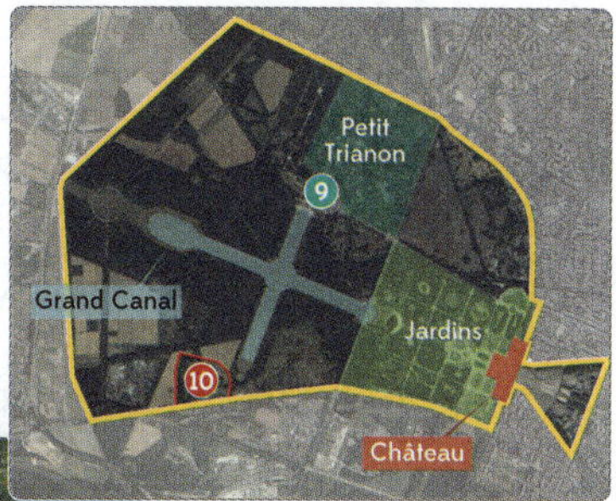

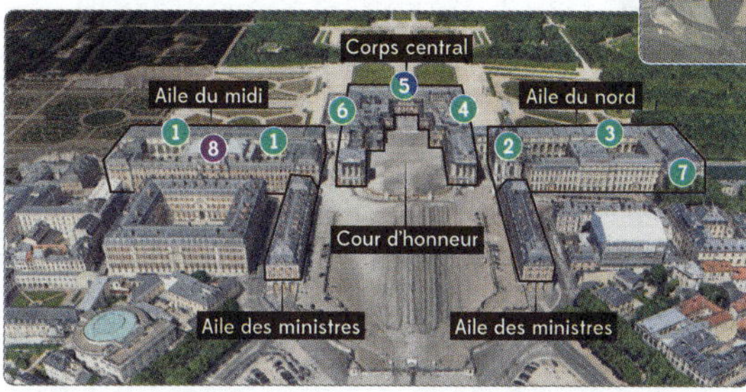

Parties ouvertes au public
Parties réservées au Congrès
Parties réservées aux réceptions officielles des chefs d'État
Résidence présidentielle

1 Galerie des Batailles, salle principale des Galeries historiques
2 Chapelle royale
3 Salles Louis XIV
4 Grand appartement du Roi
5 Galerie des Glaces
6 Grand appartement de la Reine
7 Opéra
8 Hémicycle
9 Grand Trianon

Doc. 3 L'Unesco pour le retour des frises du Parthénon

Cela dure depuis plus de trente ans. En 1983, l'actrice Melina Mercouri, alors ministre de la Culture, avait demandé officiellement le retour à Athènes des frises orientales du Parthénon, conservées par le British Museum de Londres. Cette requête qui pouvait à première vue sembler légitime est pourtant restée lettre morte. Aujourd'hui, c'est sous l'égide de l'Unesco qu'une nouvelle campagne de mobilisation voit le jour. Elle vise à ramener ce trésor emblématique de l'art hellénique à Athènes. Ioannis Maronitis, la cheville ouvrière de la délégation grecque et le président de la section de l'Unesco, qui possède ses bureaux au Pirée, a légitimé cette nouvelle demande : « Les Grecs, mais pas seulement, tous les citoyens du monde sensibles aux questions de justice et de patrimoine doivent soutenir le retour des frises du Parthénon ». Depuis 1983, l'argument du British Museum pour continuer de détenir les frises du Parthénon reposait sur l'incapacité supposée des Grecs à conserver décemment ces trésors du patrimoine de l'humanité. L'ouverture d'un musée ultra-moderne en 2009 sur l'Acropole rend obsolète le plaidoyer anglais.

Bertrand Guyard, « L'Unesco demande le retour des frises du Parthénon », *Le Figaro*, 8 octobre 2014.

REPÈRES

Doc. 4 Le projet Clichy-Batignolles : quelle place pour le patrimoine ?

Clichy-Batignolles est un projet résolument mixte. Dans le domaine économique, sa vocation tertiaire est pleinement justifiée par sa situation dans le prolongement du quartier central des affaires, et par une offre de transport performante, bientôt complétée de deux stations de la ligne 14 prolongée et du tramway T3. Sur le plan résidentiel, sa contribution à l'effort de production de logements est significative puisque 3 400 y seront construits [...]. La moitié des surfaces sera dédiée au logement social y compris dans des formes adaptées à des demandes spécifiques : étudiants, personnes âgées, jeunes travailleurs...

Le bâtiment emblématique de 160 m de haut conçu par Renzo Piano pour le futur palais de justice imposera sa marque de qualité et d'élégance au quartier. La conception architecturale des programmes immobiliers s'attache à tirer le meilleur parti du parc, du paysage ferroviaire et des possibilités offertes ici de construire des immeubles de logement pouvant atteindre une hauteur de 50 m. La liberté formelle reste de rigueur sous réserve de cohérence d'ensemble et de performance environnementale. [...]

Les mesures de sobriété énergétique, la production d'électricité photovoltaïque et le recours aux énergies renouvelables permettent de respecter l'ambitieux Plan Climat de Paris. Clichy-Batignolles est également en pointe dans la mise en œuvre du Plan Biodiversité, grâce notamment au parc Martin-Luther-King, où s'exprime une vision très contemporaine de la nature en ville.

Mairie de Paris, plaquette générale de présentation du projet, mars 2015.

Doc. 5 La reconstruction du patrimoine culturel malien

La valeur de reconstruction de Tombouctou, une capitale intellectuelle et spirituelle unique riche en trésors culturels, est inestimable aussi bien pour la reconstruction post-conflit du Mali que pour l'importance de son patrimoine mondial. Toutefois, 8 millions de dollars sont toujours nécessaires pour les frais de restauration réels, selon Lazare Eloundou Assomo, représentant de l'Unesco au Mali et expert mondial sur le site emblématique du patrimoine mondial.

[...] « Nous voulons que les communautés participent à la reconstruction de leur propre patrimoine. Il ne s'agit pas uniquement de reconstruction de pierres. Il faut aussi sauvegarder la signification culturelle et maintenir la fonction que le mausolée avait dans la structuration de la vie communautaire », a déclaré Eloundou.

[...] « À l'Unesco, nous savons que le patrimoine culturel d'une communauté reflète sa vie, son histoire et son identité. Sa préservation aide à reconstruire les communautés brisées, à restaurer leur identité, et relier leur passé leur présent et leur avenir », a déclaré Vibeke Jensen, directeur du bureau de l'Unesco à New York, ajoutant : « En endommageant et en détruisant le patrimoine culturel d'une communauté, on détruit en effet non seulement son passé mais bien son avenir ».

Quatorze des seize mausolées de Tombouctou inscrits sur la liste du patrimoine mondial de l'Unesco ont été détruits par des groupes armées au cours du conflit. Les

• • •

• • •
manuscrits du Mali constituent un fonds documentaire unique qui témoigne de l'histoire de l'Afrique et de l'humanité toute entière. Certains d'entre eux remontent au XIIIe siècle. Au cours du conflit, plus de 4 000 des 40 000 manuscrits gardés à l'Institut Ahmed Baba ont été perdus. Certains ont été brûlés ou volés, tandis que la condition de plus de 10 000 d'entre eux reste critique. Les communautés locales ont secrètement transféré plus de 300 000 manuscrits à Bamako. Ils ne sont toutefois pas conservés dans des conditions optimales. Le programme de reconstruction du patrimoine sera mené en coopération avec le ministère malien de la Culture, de l'Enseignement supérieur et de la Recherche scientifique.

L'Unesco a entrepris la reconstruction des mausolées détruits, la réhabilitation des mosquées et des bibliothèques privées, ainsi que des projets de conservation de manuscrits anciens. L'Unseco assurera également la participation des communautés concernées. Du personnel local est actuellement formé pour garantir une préservation durable. Cette restauration a bénéficié de dons de la Suisse, de l'Union européenne, de la Norvège, des Pays-Bas, du Bahreïn, de la Croatie, de l'Ile Maurice, et d'Andorre.

Communiqué de l'Unesco, www.unesco.org, consulté en 2020.

Doc. 6 Le patrimoine de Venise menacé par le tourisme ?

Paquebot passant devant la place Saint-Marc
après une *acqua alta* (inondation), novembre 2019.

Doc. 7 La reconversion du site minier de Loos-en-Gohelle

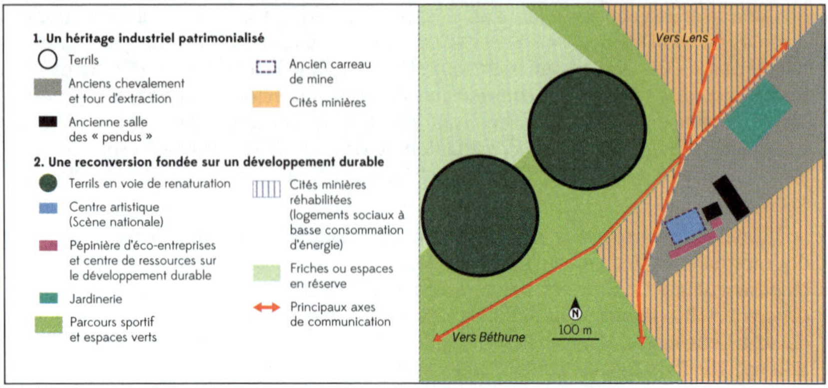

Rédiger une dissertation

Bien comprendre

La dissertation est un exercice formel, qui approfondit les méthodes, vues précédemment dans votre scolarité, du développement construit du brevet à la question problématisée de tronc commun.

- La rédaction demande des qualités d'expression écrite, une clarté du propos qui n'est possible que si vous restez dans une démarche de démonstration, en gardant bien à l'esprit le sujet et sa problématique (demandez-vous pourquoi vous utilisez telle ou telle connaissance, quel est son lien avec le sujet).
- L'introduction commence par présenter le sujet : ses mots-clés, ses contextes temporels et/ou spatiaux. Elle peut débuter par une phrase d'accroche (événement récent lié au sujet, citation…). Les premières phrases permettent de replacer le sujet dans un cadre plus général, par exemple dans une notion du programme. Puis elle formule la problématique (question ou phrase qui affirme une idée). Enfin, elle présente en autant de phrases les parties du plan adopté.
- Dans le développement ensuite, votre propos présente de façon organisée les connaissances, utilisées comme autant d'arguments pour répondre au sujet et à la problématique. Votre plan doit permettre de regrouper les idées, une partie correspondant à un thème précis. Des exemples, tirés du cours mais aussi de vos connaissances personnelles accompagnent votre argumentation. Un schéma, s'il est pertinent, permet de valoriser la copie. Une phrase de transition permet de passer d'une partie à l'autre.
- Enfin, la conclusion doit, en 5 ou 10 lignes, résumer une réponse à la problématique et proposer une ouverture sur un autre thème (évolutions possibles en géographie, en géopolitique, période suivante en histoire…).
- Pour faciliter la lecture du correcteur, sautez deux lignes entre introduction, développement et conclusion, une ligne entre chaque partie et allez à la ligne quand vous passez à un nouveau sous-thème. Les titres de parties ne sont pas exigés – vous les avez présentés dans l'introduction.

Exercice

Rédiger une dissertation

Sujet : Une géopolitique du patrimoine ?

PROPOSITION DE CORRIGÉ

[Analyse et problématisation du sujet]

Le sujet fait appel à deux notions, l'une fondamentale dans la spécialité et examinée depuis la Première, la géopolitique (science des relations entre les États liant géographie et politique), qu'il faut appliquer à l'autre notion, spécifique du programme de Terminale, le patrimoine. Le sujet, formulé avec un point d'interrogation, revient à se demander s'il existe une géopolitique du patrimoine, si le patrimoine peut être un enjeu de la géopolitique, avec ses rapports de force, ses accords internationaux, des conflits…

[Rédaction]

Introduction

« Palmyre incarne dans sa pierre tout ce que les extrémistes ont en horreur : la diversité culturelle, le dialogue des cultures, la rencontre des peuples de toutes les origines… ». Ainsi s'exprimait la directrice générale de l'Unesco lors des destructions commises sur ce site antique par Daech en 2017 dans le cadre de la guerre civile syrienne. Cette citation vient rappeler que le patrimoine, au départ compris surtout comme un héritage ancré localement, permettant de créer des identités nationales, a pris au cours du XXe siècle une dimension internationale. En quoi le patrimoine peut-il être une manière de comprendre la géopolitique, un de ses enjeux ? Il semble en effet y avoir un consensus mondial sur la nécessité de protéger le patrimoine de tous les peuples. Pourtant, ce consensus n'empêche pas le jeu des puissances et un rapport de force sur les questions patrimoniales. Au terme de cette étude, peut-on dégager une typologie des puissances patrimoniales ?

Développement

Le développement proposé ici est un résumé.

L'Unesco, en établissant une liste du patrimoine mondial de l'humanité, a montré que la notion de patrimoine s'est généralisée au cours du XXe siècle. Ce patrimoine est vécu comme un bien commun, qui définit l'identité humaine par-delà les différences, tout en valorisant celles-ci. L'Unesco réunit 193 États et fonctionne dans l'esprit de la charte des Nations unies qui a présidé à l'établissement de la paix depuis 1945.

Le patrimoine peut donc être vécu comme un lien entre les peuples, permettant des relations, des accords et des croisements culturels (par exemple l'ouverture d'une annexe du Louvre à Abu Dhabi, les musées Guggenheim d'art moderne essaimant depuis New York) qui peuvent aussi toucher le patrimoine naturel (parcs naturels transfrontaliers, par exemple entre Afrique du Sud et Mozambique).

Le patrimoine, objet culturel qui peut sembler neutre, peut aussi être un outil de paix, de réconciliation (ex. : la construction de monuments mémoriels de la Shoah à Berlin, le travail de mémoire sur les traces du passé esclavagiste dans le paysage urbain de Bristol). L'exemple de la reconstruction en 2004 du vieux pont de Mostar, détruit dans la guerre civile yougoslave, a été un symbole de retour à la paix entre les communautés.

Car le patrimoine n'est pas si neutre que cela et peut être l'objet de conflits, de rapports de forces. Lors de l'avancée islamiste au Mali en 2012, le patrimoine de la ville de Tombouctou (manuscrits anciens, mausolées) a été ménacé de destruction, comme à Palmyre. Les djihadistes ciblaient volontairement et symboliquement un patrimoine considéré comme hérétique à l'islam mais aussi entâché d'occidentalisation, car protégé par l'Unesco. En temps de guerre, la protection du patrimoine face aux destructions devient un enjeu, de plus en plus important.

Cette question de la protection peut aussi créer des désaccords, des tensions comme dans le cas de la querelle qui oppose le Royaume-Uni et la Grèce sur le retour des frises du Parthénon. Le Brésil tolère mal les critiques qui lui sont faites sur sa gestion de l'Amazonie, tour à tour considérée comme espace souverain ou bien commun de l'humanité.

Le patrimoine est en effet un enjeu de puissance, qui peut servir d'outil d'influence à un État. La valorisation du patrimoine permet de développer le tourisme, renforçant l'attractivité de tel ou tel pays. La France, très avancée dans l'exploitation de son image culturelle, dispose de nombreux atouts à travers ses sites (Versailles, Paris, le Mont-Saint-Michel, etc.), mais aussi son patrimoine immatériel, comme le repas gastronomique – ce dernier ayant fait l'objet de débats au moment de son inscription par l'Unesco.

En effet, le patrimoine crée des concurrences, les classements et autres labels étant très demandés. Ces tensions reflètent les rapports de force géopolitiques. On peut tracer une hiérarchie des puissances patrimoniales, en fonction de leur influence par exemple à l'Unesco, dans la définition des principes et des actions liés à la notion de patrimoine, du nombre de sites reconnus, de leur attractivité touristique…

Apparaît alors clairement une domination de l'Occident, l'Europe, où est née la notion moderne de patrimoine, en tête. L'Italie est le pays qui compte le plus de sites culturels inscrits au patrimoine mondial (55 en 2020). On voit cependant émerger l'Asie, en particulier la Chine et l'Inde avec leur riche passé – et leur taille. L'Afrique arrive en dernière position, comptant moins de sites culturels que l'Italie seule…

Le classement du patrimoine naturel montre un meilleur équilibre, la diversité des milieux et paysages étant peut-être mieux répartie que les sites culturels – mais pas plus objective, les classements, malgré des critères qui apparaissent comme précis, résultant tout de même d'une appréciation de valeur. La création plus récente d'une liste du patrimoine immatériel incite à garder un équilibre entre les zones géographiques dans les inscriptions.

Conclusion

Le patrimoine est donc bien un enjeu de la géopolitique, un terrain qui permet à la fois de trouver des accords, à l'échelle internationale, mais aussi de s'affronter entre États souverains et puissances, créant une hiérarchie.

CHAPITRE 5

L'environnement, entre exploitation et protection : un enjeu planétaire

DE QUOI S'AGIT-IL ?

Depuis le tournant du millénaire, les questions environnementales sont devenues des enjeux au cœur de toutes les problématiques, politiques, sociales, économiques, culturelles et à toutes les échelles, aussi bien locale qu'internationale. La transformation accélérée de l'environnement est de plus en plus attribuée aux activités humaines, forçant l'homme à revoir sa perception et sa relation à l'environnement, d'abord vécu comme un simple cadre naturel au sein duquel il évoluait.

Les transformations avaient déjà été profondes à partir de l'ère néolithique ; la révolution industrielle ne les a-t-elle pas muées en bouleversements mettant en péril les équilibres naturels ? Le cas des changements climatiques et de leurs effets sur les sociétés peuvent s'étudier sur le long terme, et l'actuel réchauffement, bien plus rapide que dans les cas naturels déjà répertoriés, font craindre une menace à l'échelle de l'humanité.

Les actions de protection de l'environnement, de développement durable pour infléchir ces changements deviennent des enjeux géopolitiques majeurs qui impliquent la responsabilité des États, seuls souverains. Le cas des États-Unis montre la complexité tout autant que l'ambiguïté de ses actions.

COURS

1 Introduction : qu'est-ce que l'environnement ?

A Une construction historique, sociale et politique

1. Environnement et espèce humaine

• **Le terme « environnement », dans son usage actuel, est très récent.** Son origine remonte à l'ancien français (il a alors le sens de « contour »), mais il n'apparaît sous sa forme actuelle qu'à partir du XIXe siècle, d'abord en anglais avant de revenir en français au début du XXe siècle. « Environnement » peut signifier « ce qui se trouve autour ».

Sachez que...
« Environnement » est forgé sur le mot « environ(s) », d'une racine indo-européenne qui a donné « gyrer/virer », c'est-à-dire « tourner ».

• **Dès le départ, la notion d'environnement met en jeu le rapport de l'homme à la nature.** Selon une vision qui se consolide à l'époque de l'humanisme, l'homme est placé au centre du monde. L'environnement apparaît alors comme le cadre dans lequel il évolue, ce qui est autour de l'homme. La notion rejoint celle de « milieu », plus souvent utilisée en biologie ou en géographie. Le terme désigne ainsi tous les éléments naturels indispensables à la vie humaine : sol, air, eau, climat, relief, végétaux, animaux...

• **Mais cette vision tend à placer l'homme hors de la nature.** L'homme est vécu comme une espèce à part, capable de transformer, adapter, dominer la nature en fonction de ses besoins. La nature n'est plus qu'une ressource dans laquelle l'homme peut puiser.

Sachez que...
Cette conception se retrouve dans la Bible (Genèse, 1,28) qui fonde la culture des pays occidentaux, les plus développés et transformant le plus leur environnement.

• **À partir de la seconde moitié du XXe siècle, la conscience écologique amène à réviser cette vision humano-centrée.** La prise de conscience des dégâts causés par les activités humaines se fait progressivement. Elle invite à une vision plus humble, qui place l'homme comme un des éléments parmi les nombreuses interactions qui constituent un milieu.

2. Une question devenue un enjeu planétaire majeur

• **Cette prise de conscience se fait à une époque où la pression anthropique devient plus forte.** Le prélèvement des ressources et la transformation de l'environnement se fait dès la préhistoire. Le passage à l'agriculture au Néolithique accentue les transformations et permet d'amorcer une croissance démographique.

• **Or, la croissance démographique s'accélère à partir du XVIIIe siècle, incitant à accroître aussi la pression sur les ressources** pour satisfaire les besoins d'une population qui atteint son premier milliard d'habitants aux alentours de 1800, passe le second milliard vers 1900, pour dépasser sept milliards un siècle plus tard. C'est la période de l'industrialisation.

• **Après la Seconde Guerre mondiale, les alertes sur les dégâts environnementaux se multiplient**, dans les pays industrialisés (États-Unis, Europe, Japon…) en premier lieu, car les plus touchés. Dans un rapport de 1972, le Club de Rome préconise la décroissance : ralentir l'activité économique pour qu'elle pèse moins sur l'environnement.

Sachez que…

Le Club de Rome réunit à partir de 1968 des scientifiques, mais aussi des économistes et des industriels, ainsi que des fonctionnaires de divers États et organismes internationaux inquiets des questions environnementales.

• **L'ONU se saisit de la question.** Dès 1972 elle crée son Programme des Nations unies pour l'environnement (PNUE), à l'image du PNUD (1965) pour le développement, qui devait se pencher sur la question des inégalités. Faisant la synthèse des questions de développement et d'environnement, le rapport Brundtland consacre en 1987 la notion de développement durable. Le rythme trop rapide de transformation environnementale (réchauffement climatique, épuisement des ressources, pollutions) peut mettre en péril la présence de l'espèce humaine elle-même.

• **Des politiques de protection de l'environnement se mettent en place à diverses échelles.** Depuis les années 1970, des conférences internationales ont régulièrement lieu sur ces questions. Mais l'action reste dépendante du bon vouloir des États. Le principe de souveraineté leur permet de mener activement des politiques environnementales (législations protectrices, parcs naturels…) comme de rejeter ou de ne pas respecter certains accords comme celui de la COP21 (Paris). Enfin, l'échelle locale (villes, régions…) est parfois plus efficace et peut même prendre le relai de l'État (cas de certains États aux États-Unis, comme la Californie).

Doc. **Les objectifs de développement durable de l'ONU (2015)**

B L'environnement, objet historiographique

1. La naissance d'une branche de l'histoire

- **L'histoire de l'environnement est une branche de l'histoire.** Elle rejoint d'autres branches comme l'histoire sociale ou l'histoire économique, qui se sont développées en France au XXe siècle. avec l'École des Annales – qui voulait réagir à une vision classique de l'histoire très centrée sur l'événement politique.

- **Cette branche naît aux États-Unis dans les années 1970.** Le contexte est alors celui d'une forte agitation sociale et de revendication des catégories opprimées : les femmes, les Noirs. Les éléments naturels (animaux, etc.) apparaissent comme d'autres formes de dominés dont il faut aussi faire l'histoire. L'émergence des sensibilités politiques écologistes se fait en parallèle et contribue à l'apparition de ce courant.

Remarque
Le cours d'histoire de tronc commun peut être relié à ce chapitre, avec le point de passage sur l'année 1968.

2. Une historiographie riche et active

- **L'histoire de l'environnement se développe dans l'historiographie à l'échelle mondiale.** Elle est reconnue désormais dans les universités et dans les laboratoires de recherches. En France, l'historien Emmanuel Le Roy Ladurie fait figure de pionnier en s'intéressant au climat comme facteur explicatif des évolutions sociales des campagnes (*L'Histoire du climat depuis l'an Mil*, 1967).

Sachez que...
L'historiographie désigne la science qui étudie l'histoire (ses méthodes, ses évolutions, ses productions).

- **Plusieurs sous-branches se développent**. Les divers éléments qui constituent l'environnement peuvent devenir des objets spécifiques de recherche : climat, sols, faune, eau, paysage, etc. Mais l'environnement étant la résultante d'interactions en particulier avec l'homme, c'est d'abord cette dimension qui l'emporte. La recherche peut donc porter aussi sur des périodes spécifiques (transformations de l'environnement, notamment à l'ère néolithique ou à l'ère industrielle) ou des espaces géographiques précis (évolutions de l'Amazonie, par exemple).

- **L'histoire de l'environnement s'inscrit bien dans les nouveaux courants historiques par sa dimension multidisciplinaire.** Elle oblige à faire appel aux sciences « exactes » (biologie, géologie, climatologie, etc.) en plus des sources archivistiques classiques.

Doc. Les carottages glaciaires

Scientifiques du projet EPICA (*European Project for Ice Coring in Antarctica*), Projet européen pour le carottage de glace en Antarctique, à Dronning Maud Land, Antarctique. Les carottes de glace prélevées permettent d'étudier la composition de l'atmosphère au moment où la glace s'est formée. Cela permet notamment de mesurer l'évolution de la pollution atmosphérique à travers les âges.

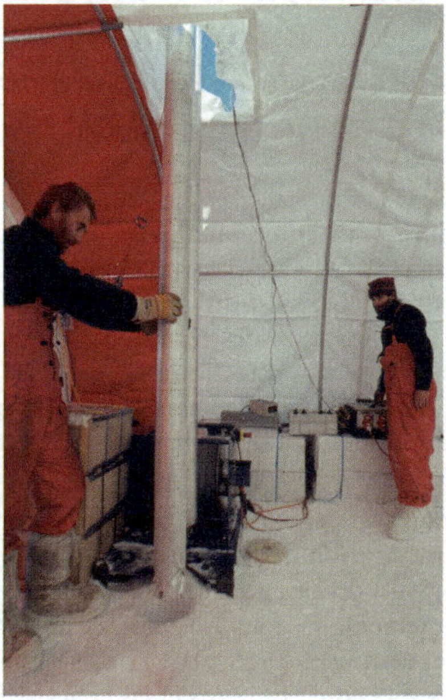

L'ESSENTIEL

Qu'est-ce que l'environnement ?

- La notion d'environnement est récente et désigne initialement tous les éléments naturels qui entourent l'homme, comme son cadre de vie, duquel il peut puiser les ressources nécessaires à ses besoins. La conscience des dégâts faits par l'homme dans ses interactions avec la nature amène à prendre des mesures de protection à diverses échelles.
- L'histoire de l'environnement naît comme une branche de l'histoire dans les années 1970, en parallèle des évolutions politiques et sociales, mais aussi de l'historiographie. Elle permet d'étudier les interactions homme/nature dans le temps long.

2 Exploiter, préserver, protéger

A Exploiter et protéger une ressource naturelle : la forêt française depuis Colbert

1. Le temps de la « forêt ressource » (Moyen Âge-vers 1850)

- **L'État montre un intérêt majeur pour la protection de la forêt depuis la fin du XVIIe siècle.** L'édit adopté par le roi Louis XIV en 1669, sous l'impulsion de son ministre Colbert, est un jalon important dans l'histoire de la forêt française. Le texte instaure des règles et des contrôles plus stricts, mais marque surtout un effort de protection : un quart des forêts du royaume est mis en réserve, l'âge de coupe des arbres est repoussé. Cette ordonnance s'applique aux forêts royales et, pour la première fois, à celles de l'Église, des seigneurs et des communes.

- **La Restauration crée l'école royale forestière de Nancy en 1824 et organise une administration dédiée qui repose sur le code forestier adopté en 1827.** Le territoire est divisé en vingt conservations, subdivisées en inspections, puis en cantonnements. La forêt est aussi l'objet d'un effort statistique : les bois sont recensés et délimités. On organise une véritable « police de la forêt », avec des gardes forestiers qui poursuivent les délits (délits de chasse ou pâturages).

- **Toute la « politique forestière » organisée en France depuis l'édit de 1669 est une réponse à l'angoisse de la disparition du couvert forestier** qui apparaît dans le document ci-dessous.

Doc. Évolution des forêts françaises depuis le Moyen Âge
En millions d'hectares

Date	Population de la France (en millions d'habitants)	Surface agricole utile	Forêts	Landes, friches, parcours	Terrains urbanisés et infrastructures	Improductifs, eaux et rochers
An 1000	8-10	14-15	26	12-14		2
1300	20-22	27	13	12-14		2
1450	10-12	16-17	22	12-14		2
1700	22,5	30	8-9	12-14	0,5	2
1827	30	31,5	7-8	12	0,5	2
1840	32	31,5	8,4	12	1	2

Date	Population de la France (en millions d'habitants)	Surface agricole utile	Forêts	Landes, friches, parcours	Terrains urbanisés et infrastructures	Improductifs, eaux et rochers
1862	35	34	9	8	1	2
1914	40	34	10,2	6,5	1,3	2
1990	56	31	15	2,8	4	2

Source : Revue française d'administration publique, n° 134, 2010.

• **Entre le XVIIe siècle et la révolution industrielle, la forêt est un espace de ressources convoitées par une multiplicité d'usages et d'acteurs et de conflits.** La « consommation du bois » s'explique par une diversité de facteurs, souvent convergents. La forêt est d'abord un gisement d'énergie et une réserve de matériau de construction. La proto-industrie (forges, verreries, brasseries et fours à chaux), qui voit le jour entre le XVIe et le XVIIIe siècle, est un véritable gouffre.

• **Avec les progrès de la démographie et l'urbanisation, les besoins en terres cultivables sont toujours croissants.** La vie dans les campagnes repose alors sur un système agro-sylvo-pastoral : les forêts sont toujours intégrées dans les modes de production et de consommation des villages de paysans. La forêt subit surtout la pression des hommes et des animaux avec le défrichement et le pâturage principalement. Elle est dégradée dans toutes ses dimensions, en tant qu'espace horizontal (le couvert forestier) et vertical (utilisation des grands arbres, du sous-bois, jeunes pousses ou bois morts). La forêt est donc un objet naturel, spatial, mais surtout économique et social.

• **De nombreux acteurs exploitent la forêt, ce qui provoque logiquement une multitude de conflits d'usages**. L'État, tout d'abord, s'impose comme un protecteur. C'est d'ailleurs la signification du mot latin *foresta* : les bois interdits au « commun des mortels ». Les grandes forêts royales deviennent forêts domaniales avec la Révolution française. Avec la fin des grands domaines aristocratiques ou ecclésiastiques, le nombre de propriétaires privés se multiplie, le domaine forestier se morcelle. Les propriétaires sont soucieux de protéger leurs biens contre des petits paysans ou divers braconniers, qui la considèrent comme un « bien commun ».

• **Ils ont cependant du mal à faire respecter les différentes interdictions qui pèsent sur l'accès aux bois et à l'usage du bois.** Les archives de la justice sont remplies de cas de procès opposant le menu peuple et les grands propriétaires entre le XVIIe et le XIXe siècle. Ces conflits d'usage prennent même parfois la forme de véritables insurrections (« guerres des demoiselles » en Franche Comté en 1765 ou en Ariège entre 1829 et 1831).

2. Une vision productiviste de la forêt (1850-1985) ?

- **L'État demeure un acteur incontournable de la gestion de la forêt : il concilie le souci de protection et une vision productiviste de la forêt.** Il encourage le reboisement par une série de lois entre le XIXe et le XXe siècle : le Second Empire en 1860 (reboisement des Landes et de l'Ariège), la IIIe République avec la loi « de restauration de la forêt » de 1882, la IVe République qui crée le fonds forestier national (FFN) en 1946. L'ONF (Office national des forêts) est créé en 1964 (Ve République), sous l'impulsion du ministre de l'Agriculture Edgar Pisani. Sur le long terme, on encourage ainsi la plantation de résineux, réputés pour leur croissance rapide. Malgré l'initiative de l'État, ce sont les acteurs privés (les propriétaires) qui restent déterminants dans la politique nationale de reboisement.

Sachez que...
L'Office national des forêts a pour mission de protéger ce qui est désormais désigné comme le « patrimoine forestier » : les forêts appartenant à l'État, aux collectivités territoriales (forêts communales) ou à des établissements publics (hôpitaux). Il concilie protection et production, en restant un « établissement public industriel et commercial ». Il encourage ainsi une sylviculture industrielle, qui doit produire de manière intensive, au même titre que l'agriculture, et permettre à la France d'affronter la concurrence internationale.

- **La forêt s'impose comme un espace transformé, utilisé et progressivement protégé.** Le couvert forestier est transformé par l'action de l'homme. Le reboisement a pour objectif notable la lutte contre l'érosion et les inondations, qui sont une menace croissance face à l'ampleur de siècles de défrichements. L'intervention de l'homme est marquée par l'introduction de nouvelles essences comme le pin noir d'Autriche, le pin d'Alep ou les cèdres importés d'Algérie avec la colonisation.

- **La « reprise » de la forêt s'explique donc par une politique volontariste, mais également par un changement plus général de ses usages à partir du XIXe siècle.** La révolution industrielle, l'utilisation massive du charbon, mais surtout l'exode rural, qui vide les campagnes et les régions montagneuses, « soulagent » le couvert forestier.

- **La forêt est à cette période l'objet d'un changement dans les représentations** : vue jusqu'ici comme une simple ressource, elle s'impose comme un havre de paix à préserver. Les écrivains romantiques et même les peintres de l'école de Barbizon jouent un rôle prépondérant dans la conversion des élites au concept de « patrimoine forestier ». Naît alors une perception urbaine et bourgeoise de la forêt associée à la paix et à la tranquillité, dans une société marquée par les ravages de l'industrialisation et de l'urbanisation.

3. Vers une gestion durable de la forêt (1985 à nos jours) ?

- **La forêt française est aujourd'hui un espace en pleine reprise et aux usages variés.** Grâce à cette politique volontariste, la superficie de la forêt française progresse régulièrement depuis le XIXe siècle : elle passe de 9 millions d'hectares en 1862 à 14,6 en 1981 et atteint près de 30 % de la surface de l'hexagone aujourd'hui – 25 millions d'hectares au total dont 8 millions dans les territoires d'outre-mer, pour l'essentiel en Guyane. Les Landes, le Nord-Est de la France, les forêts vosgiennes, les régions de montagne comme les Alpes, les Pyrénées et le Massif central, ainsi que le département du Var, restent les régions les plus boisées.

> **Sachez que...**
> La forêt en Guyane couvre 8 millions de km^2 et compte dix fois plus d'essences d'arbres que les forêts de métropole. Elle est essentiellement exploitée pour le bois le long d'une bande côtière de 200 km de large, mais subit aujourd'hui une très forte pression et une grande détérioration à cause de l'orpaillage sauvage.

- **Elle continue à s'affirmer comme un espace multifonctionnel.** En 2018, la filière « forêts-bois » emploie 450 000 personnes et près de 60 000 entreprises. Elle se répartit en trois grands secteurs : l'énergie, la construction mais aussi tous les dérivés du bois. Elle est cependant jugée encore peu productive et peu compétitive par rapport aux concurrents canadiens ou scandinaves. Les usages touristiques et récréatifs se sont considérablement renforcés depuis les années 1960, parallèlement à la très forte urbanisation et au développement des métropoles.

- **Ses usages écologiques deviennent aujourd'hui un enjeu majeur**. Avec la priorité donnée aux énergies renouvelables, la forêt pourrait retrouver sa fonction de fourniture en énergie avec le développement du bois de chauffage. Dans un contexte de réchauffement climatique, elle pourrait jouer le rôle de « puits de carbone », les arbres captant le dioxyde de carbone présent dans l'air. La forêt française représente également une réserve de biodiversité : elle abrite plus de 120 espèces d'oiseaux et près de 30 000 espèces de champignons et d'insectes, qui sont par ailleurs particulièrement menacés sur le reste du territoire à cause de l'utilisation massive des pesticides.

- **La forêt française bénéficie d'un effort de protection et de « sanctuarisation », avec la création des parcs nationaux à partir des années 1960** (surtout localisés dans les zones de haute montagne et les territoires d'outre-mer), puis avec celle des parcs naturels régionaux, formule plus souple, qui concilie protection de l'environnement et activités touristiques.

- **La loi relative à la gestion, la valorisation et la protection de la forêt adoptée le 4 décembre 1985** établit ainsi les critères du « développement durable forestier ». Les spécialistes de l'écologie prônent aujourd'hui une gestion plus ambitieuse qui mise sur la « résilience » (capacité de la forêt à résister aux catastrophes naturelles) et la biodiversité (préservation des zones humides et des bois morts, diversification des essences d'arbres).

B Le rôle des individus et des sociétés dans l'évolution des milieux

1. La révolution néolithique

- **La révolution néolithique (10 000-5 000 av. J.-C.) est une révolution technique marquée par le nouvel âge de la pierre polie,** utilisée notamment pour les haches, outils qui facilitent le défrichement. Cette révolution technique conjuguée avec une maîtrise des céréales conduisent à la naissance et à la diffusion de l'agriculture.

- **Très longtemps, les archéologues ont pensé que la révolution néolithique était née au Proche-Orient pour ensuite se propager en Europe**. Les récentes découvertes penchent plutôt pour une multitude de foyers, sur un temps long, qui s'étale de 10 000 à 1 000 av. J.-C. : le Proche-Orient (blé et orge), la Chine du Sud (riz), le Mexique et les Andes (maïs et haricot), la Nouvelle-Guinée et l'Océanie (banane) et l'Afrique subsaharienne (mil et sorgho).

Sachez que...

L'archéologue Gordon Childe popularise la notion de « révolution néolithique » et de « révolution urbaine » au milieu du XXe siècle. Celles-ci seraient nées au Proche-Orient avant de se diffuser en Europe. Il fonde son analyse sur la décoration des vases retrouvés dans les sols. Le cardial (formes de coquillages) témoigne d'une diffusion de la révolution néolithique depuis la Méditerranée, le rubané (lignes) le long du fleuve Danube.

- **La révolution néolithique a des conséquences massives et directes sur l'environnement : c'est le début de l'anthropisation.** Elle se manifeste tout d'abord par une dégradation du couvert forestier. La coupe des bois entraîne plus généralement un processus d'érosion, de transfert des sédiments et d'appauvrissement des sols au fil des siècles. La biodiversité est touchée : les grands mammifères des zones tempérées de l'hémisphère nord (grands cerfs, bison d'Europe, auroch) disparaissent.

- **Les effets de la révolution néolithique sont amplifiés et accélérés sur un temps plus long. Dans l'Antiquité**, elle est renforcée par la maîtrise du cuivre puis du fer, qui permet un perfectionnement des outils agricoles (araire, faucille).

- **Au Moyen Âge, l'Europe de l'Ouest est touchée par une nouvelle augmentation de la pression humaine sur l'environnement, marquée notamment par les grands défrichements.** De nouveaux outils agricoles (charrue) permettent la mise en culture de nouvelles terres. L'assolement triennal permet cependant de « ménager » le milieu avec un repos des terres planifié sur trois ans. Les paysages européens changent : l'homme occupe et aménage les terres en fonction de leurs avantages : les plaines sont mises en culture, les pentes dévolues à la vigne et les plateaux laissés à la forêt. Deux types de paysages s'imposent : l'openfield (forme de vastes champs ouverts) et les bocages (champs clos). La modification du paysage touche aussi l'Asie, avec l'aménagement de terrasses rizicoles.

- **Entre 1750 et 1850, les campagnes européennes sont touchées par une révolution agricole.** La spécialisation des régions agricoles de l'Europe progresse parallèlement à ceux de l'agronomie (sélection et hybridation des plants de blé) et de la chimie, les engrais modifiant la composition des sols (nitrates et phosphates). L'artificialisation des terres s'accélère à l'âge industriel avec de grandes campagnes de drainage ou au contraire d'irrigation.
- **Avec la colonisation (xve-xxe siècles), les Européens modifient l'environnement à l'échelle mondiale.** Lors du « grand échange colombien », la circulation des plantes, des fruits et des légumes sur les cinq continents, s'accélère. De vastes exploitations de culture coloniale (sucre, café, cacao, coton) couvrent les Antilles, le continent américain, puis l'Afrique et une partie de l'Asie.

2. La révolution « industrielle »

- **Le concept de « révolution industrielle » a été théorisé pour désigner la révolution technique qui touche la Grande-Bretagne à la fin du XVIIIe siècle.** La date retenue est le dépôt du brevet de la machine à vapeur par James Watt en 1784. Elle permet une explosion exponentielle de la production, accompagne la révolution des transports et stimule un vaste processus d'industrialisation, d'urbanisation et de croissance économique inédite dans l'histoire.
- **La première révolution industrielle (charbon et chemin de fer) est suivie d'un deuxième épisode dans la seconde moitié du XIXe siècle (acier, chimie et électricité).** Née en Angleterre à la fin du XVIIIe siècle, elle se serait diffusée à l'échelle de l'Europe avant de toucher le continent nord-américain puis le Japon. Cependant, la pluralité des rythmes et des modèles invite souvent à lui préférer le terme d' « industrialisation » qui, au-delà d'une révolution brutale, en fait un processus lent et graduel, aux facteurs souvent complexes et changeants selon les pays concernés. Les historiens spécialistes de l'environnement commencent à lui préférer les termes de « révolution thermo-industrielle » ou d' « anthropocène » pour pointer ses conséquences irréversibles sur l'environnement (voir **Zoom**, p. 219).

Sachez que...

Le vocabulaire utilisé n'est jamais neutre. Les expressions « révolution industrielle » ou « Trente Glorieuses » célèbrent la croissance économique et sont fondées sur une approche quantitative, en éludant la question de l'environnement. Les notions de « capitalocène » et d'« anglocène » sont utilisées par certains spécialistes marqués politiquement à gauche pour pointer la responsabilité d'un système économique (le capitalisme) ou incriminer les pays anglo-saxons responsables de l'essentiel des consommations d'énergie fossile.

3. La révolution « thermo-industrielle »

• **La notion de révolution « thermo-industrielle » précise un aspect majeur de cette révolution industrielle : l'utilisation toujours croissante des énergies fossiles.** Elles sont consommées de manière exponentielle par un nombre de nations et d'individus toujours croissant tout au long des XIXe et XXe siècles.

• **Le premier tournant est celui de la substitution du charbon de terre au charbon de bois au début du XIXe siècle.** Pour exemple, la production britannique de charbon passe de 4,3 millions de tonnes par an au milieu du XVIIIe siècle à 287 millions de tonnes en 1913.

• **La découverte du moteur à explosion au tournant du XXe siècle fait du pétrole la nouvelle énergie préférée des nations industrialisées**. Il accompagne l'essor d'une « civilisation automobile » qui permet l'étalement des villes (périurbanisation). Un mode de vie très énergivore s'impose dans les pays industrialisés, puis dans les pays émergents. La part des énergies fossiles reste écrasante dans le monde et continue encore à croître de nos jours.

L'ESSENTIEL

Exploiter, préserver, protéger

- La forêt française est un bon exemple d'analyse des relations entre une société et son environnement. D'abord considérée comme une ressource, elle subit une forte dégradation jusqu'au XIXe siècle. La société française et les pouvoirs publics prennent ensuite conscience de la nécessité de la ménager et la protéger.
- Une révolution est un changement majeur qui peut s'amorcer de manière brutale et dont les conséquences sont définitives. La révolution néolithique et la révolution industrielle sont deux révolutions techniques qui intéressent l'historien pour leurs modalités, mais surtout leurs conséquences sur un temps plus long.

ZOOM SUR…

L'anthropocène

1 Quelle définition ?

→ **La notion d'anthropocène, qui tente de définir et d'analyser les rapports irréversibles de l'humanité et de l'environnement**, s'impose aujourd'hui dans le langage des spécialistes. Elle est au croisement de plusieurs disciplines : la biologie, la climatologie, l'histoire, la géographie, et surtout la géologie.

→ **La paternité du terme est attribuée au prix Nobel de chimie Paul Crutzen en 1995.** La notion pointe la forte empreinte, et plus généralement la responsabilité des activités humaines (anthropiques) à l'échelle de la Terre, notamment en termes géologique. L'homme (*anthropos*, en grec) aurait ainsi donné naissance à une nouvelle ère (*kainos*), car il est devenu une force tellurique.

→ **Plusieurs indicateurs sont retenus.** Le climat et la concentration en CO_2 d'abord : la concentration en gaz à effet de serre (GES) dans l'atmosphère a plus que doublé de l'ère préindustrielle à l'ère industrielle (après 1780), passant de 280 à 415 particules par millions de nos jours, taux jamais vus sur la planète depuis plus de 3 millions d'années ! Le net recul de la biodiversité sur la planète ensuite : la disparition massive d'espèces fait craindre une sixième extinction de masse après les grands cataclysmes observés dans les couches géologiques – l'extinction la plus connue restant celle des dinosaures. Le troisième indicateur retenu est la perturbation du cycle de l'eau : les aménagements massifs (barrages, retenues) ont des conséquences massives en termes d'équilibre des eaux, d'érosion et de dynamiques des cours d'eau et des littoraux.

2 Quelle datation ?

→ **Si sa définition est relativement consensuelle, l'anthropocène pose un problème de datation et de chronologie**. Paul Crutzen la fait remonter à 1784, date retenue comme le début de la révolution industrielle. D'autres spécialistes n'hésitent pas à la faire remonter à la révolution néolithique, il y a près de 10 000 ans, quand les hommes ont commencé à transformer radicalement leur cadre de vie avec les progrès de l'agriculture.

→ Au delà de la réflexion sur un temps long ou plus court, c'est bien l'idée d'une accélération qui retient l'attention des scientifiques : celle de la croissance, puis de l'explosion démographique, du recul des forêts accompagné de l'augmentation des surfaces cultivées, et surtout de la montée vertigineuse des émissions des gaz à effet de serre. La commission stratigraphique internationale, qui cherche un indicateur géologique objectif, retient la date de 1945 et les premières traces d'iridium laissées sur le sol avec l'explosion des premières bombes atomiques.

Doc. L'émission du dioxyde de carbone dans l'atmosphère, un aspect majeur de l'anthropocène

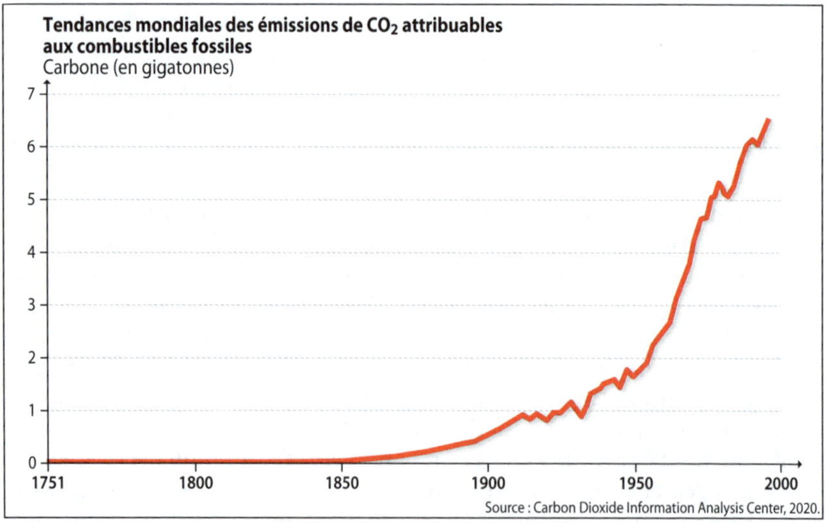

Source : Carbon Dioxide Information Analysis Center, 2020.

3 Le changement climatique : approches historique et géopolitique

A Histoire du changement climatique : une lente prise de conscience

1. Faire l'histoire du climat

- **La température moyenne au niveau de la surface terrestre varie depuis au moins deux millions d'années.** Ces variations sont à l'origine de l'alternance régulière de périodes glaciaires et interglaciaires. L'astronome M. Milankovitch identifie des cycles astronomiques qui expliquent ces variations sur des périodes longues. Au cours des 700 000 dernières années, on compte quatre périodes dites « glaciaires », interrompues par des périodes interglaciaires plus courtes. Sa théorie, née dans la première moitié du XXe siècle est admise dans les années 1970.

- **De nombreuses sciences s'intéressent à l'évolution du climat.** Outre les climatologues et les paléoclimatologues, les historiens du climat retracent les variations du climat à l'appui de sources variées. Elles sont d'origine naturelle (analyse des glaciers, épaisseur des anneaux des arbres…) ou humaines (dates des vendanges, prix des céréales, témoignages…).

Sachez que…
La climatologie est l'étude du climat sur Terre, alors que la paléoclimatologie est l'étude des climats du passé.

- **Il devient plus facile de faire l'histoire du climat à partir du Moyen Âge.** En effet, les historiens disposent de nouvelles sources écrites, plus nombreuses parce que mieux préservées, qui permettent de saisir de façon plus fine les variations climatiques, et ainsi d'en écrire l'histoire.

Sachez que…
Les historiens disposent d'arbres très anciens, datant du Moyen Âge, dont l'étude des cernes permet de repérer les variations des températures et de l'humidité. C'est la dendrochronologie.

2. Le climat de l'an mil au XVIIIe siècle

- **L'optimum climatique médiéval correspond à une première phase de réchauffement climatique.** Qualifiée par les scientifiques d'« anomalie climatique médiévale », elle s'étend de 900 à 1 300 environ et se caractérise par un climat anormalement chaud : étés un peu plus chauds et hivers plus doux. Ce phénomène est particulièrement marqué dans les régions de l'hémisphère nord, mais n'empêche

Sachez que…
La colonisation du Groenland par les Vikings a été possible à partir de 985 dans ce contexte de réchauffement climatique. D'autre part, des cultures ont pu s'étendre dans certaines régions. C'est le cas de la vigne qui se développe alors dans le sud de l'Angleterre.

pas de fortes variabilités, avec parfois des hivers très rigoureux qui provoquent des famines. Cette période, plutôt favorable à l'homme, lui a permis de s'installer dans des régions aujourd'hui considérées comme trop difficiles sur le plan climatique.

• **Au cours du XIVe siècle, le climat se rafraîchit : c'est le début du Petit Âge glaciaire**. Cette période climatique plus froide touche l'Europe et l'Amérique du nord et s'étend, avec de fortes variabilités, jusqu'au milieu du XIXe siècle. Marqué par des étés plus frais et des hivers plus neigeux, cet épisode correspond aussi à une avancée importante des glaciers. Ce refroidissement a des conséquences sur les sociétés. En effet, les crises de subsistance sont plus importantes quand les étés sont froids et très humides, car les récoltes sont fragiles, ce qui provoque une augmentation du prix de blé. Ces pluies peuvent aussi provoquer des inondations plus nombreuses et des épidémies qui ont un impact sur la mortalité.

Doc. La peinture hollandaise et le Petit Âge glaciaire

Pieter Brueghel l'Ancien, *Chasseurs dans la neige*, 1565, huile sur bois (162 × 117 cm), Kunsthistorisches Museum, Vienne.

Alexis Metzger, géohistorien de l'environnement et du climat, mène des recherches sur les liens entre le climat et la peinture. Pour étudier le Petit Âge glaciaire, il s'appuie notamment sur la multiplication des scènes d'hiver dans la peinture hollandaise à la fin du XVIe et au XVIIe siècle.

3. Les fluctuations du climat depuis le XIXe siècle

- **Le changement climatique que nous connaissons aujourd'hui se caractérise à la fois par sa rapidité et sa brutalité.** En effet, depuis la fin du XIXe siècle, la température moyenne à la surface de la Terre augmente de façon irrégulière. La décennie 2002-2011 est la période de dix années consécutives la plus chaude depuis 1850 et le début des mesures instrumentales. En 2016, la température moyenne sur la planète Terre était d'environ 1 à 1,5 degrés au-dessus des températures moyennes de l'ère préindustrielle.
- **Cette hausse des températures a des conséquences importantes sur le climat** : réchauffement et élévation du niveau des océans, fonte des glaces, augmentation des pluies et des sécheresses, amplification des phénomènes météorologiques extrêmes (tempêtes), qui bouleversent la vie et les activités des hommes. En 2005, le terme de « réfugié de l'environnement » est utilisé pour la première fois dans un rapport de l'ONU. On estime que le nombre de « migrants climatiques » sera de 140 à 250 millions d'individus d'ici 2050 (Voir **Zoom**, p. 228).
- **Les scientifiques sont les premiers à lancer l'alerte** : en 1958, Charles Keeling, scientifique américain, observe que l'augmentation de la concentration de gaz carbonique dans l'atmosphère est liée à l'activité humaine. Dès la fin des années 1970, les scientifiques évoquent les rejets de CO_2 comme cause probable du réchauffement climatique. Avec l'industrialisation qui débute au début du XIXe siècle, les activités humaines s'avèrent être en particulier responsables d'une aggravation de l'effet de serre. Cette aggravation est liée à l'augmentation de la concentration de gaz à effet de serre (GES) naturellement présents dans l'atmosphère, parmi lesquels le dioxyde de carbone (CO_2). Le CO_2 est le premier responsable de cet effet de serre additionnel, et donc du réchauffement climatique. Les activités humaines, avec l'utilisation de carbone fossile (pétrole, gaz naturel et charbon), provoquent pour une grande part cette augmentation.

Doc. Le réchauffement climatique selon le GIEC

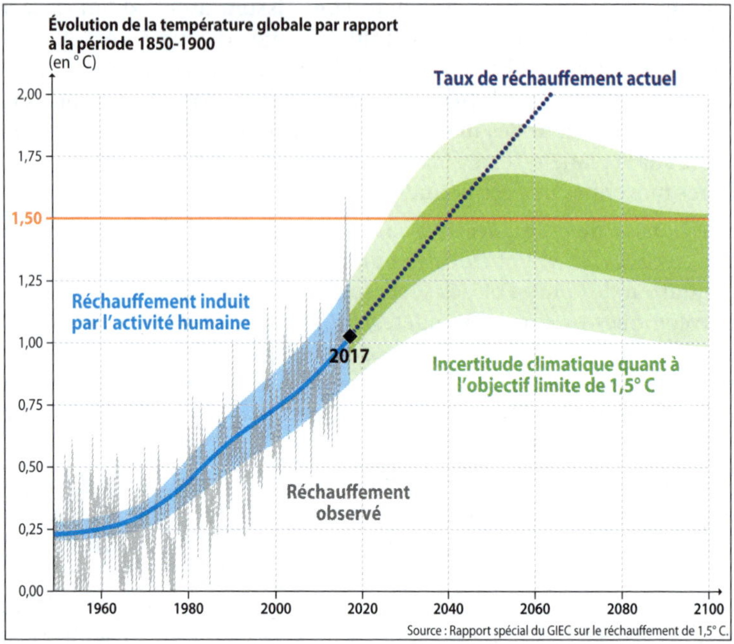

Source : Rapport spécial du GIEC sur le réchauffement de 1,5° C.

B Quelles politiques pour lutter contre le changement climatique ?

1. De la prise de conscience mondiale de l'accélération de la hausse des températures…

• **Il faut attendre 1972 et la première conférence des Nations unies sur l'environnement pour que sa protection soit énoncée comme priorité internationale.** Le Programme des Nations unies pour l'environnement (PNUE) est créé à l'occasion du premier sommet de la Terre à Stockholm. En 1979, la première conférence mondiale sur le climat fait l'état des lieux des connaissances sur le climat, et sur l'impact de sa variabilité et de son évolution sur les sociétés humaines.

• **En 1988, le PNUE et l'Organisation météorologique mondiale (OMM) donnent naissance au Groupe d'experts intergouvernemental sur l'évolution du climat (GIEC).** Cet organisme est fondé sur l'idée d'une coopération entre des scientifiques et des représentants gouvernementaux de chaque État membre. Sa mission est d'évaluer les risques liés au changement climatique. Le GIEC ne conduit pas de recherches, mais réalise un état des lieux de la recherche et des connaissances sur les différents aspects du changement climatique. Le premier rapport est publié en 1990. Quatre autres suivront (1995, 2001, 2007, 2014). Ce sont les documents de référence des conférences internationales sur le climat.

2. … à la mise en place d'une coopération internationale (années 1980-années 2010)

• **La lutte contre le réchauffement climatique n'est envisageable qu'à l'échelle de la planète.** Cela nécessite la mise en place d'une coopération efficace entre tous les États. La Convention-cadre des Nations unies sur le changement climatique (CCNUCC), premier traité international sur le climat, ratifié en 1992 par la quasi-totalité des pays, met en place une gouvernance politique mondiale. Elle comprend des principes innovants comme la responsabilité commune mais différenciée des États selon leur niveau de développement. Elle est complétée par des protocoles. Ces derniers sont discutés lors des Conférences des parties (COP), réunions annuelles des États ayant ratifié la Convention. Les COP font le point sur l'avancement du processus et déterminent les mesures à prendre.

• **Le protocole de Kyoto est le premier traité international.** Il est signé en 1997, au cours de la COP3 et tente de répondre au défi climatique en imposant aux pays industrialisés de limiter leurs émissions de gaz à effet de serre de 5,2 % entre 2008 et 2012, par rapport à 1990. Le protocole, aujourd'hui ratifié par 195 pays, est entré en vigueur en 2005. Ses objectifs ont été atteints avec une réduction supérieure à 20 %, masquant des différences selon les États. Toutefois, certains pays ont fait défaut. En 1997, le Sénat américain vote à l'unanimité son refus de l'accord de Kyoto. Les sénateurs contestent l'absence d'obligation pour les pays en développement, pourtant amenés à devenir de gros émetteurs. En 2011, le Canada se retire à son tour en raison d'un coût jugé excessif pour son économie.

Sachez que…
Pour être mis en œuvre, le protocole de Kyoto devait être ratifié par 55 pays industrialisés, produisant 55 % des émissions globales de CO_2 en 1990.

Doc. Le protocole de Kyoto : état des ratifications (1998-2014)

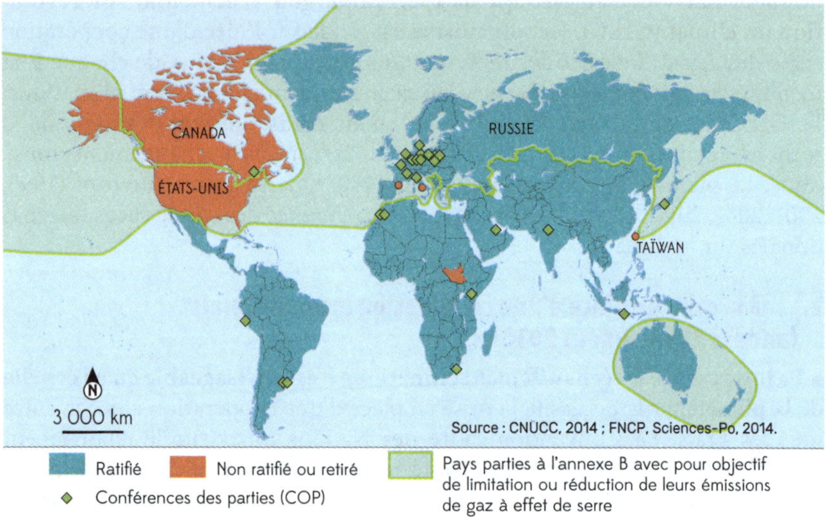

3. L'accord de Paris et les enjeux géopolitiques actuels

● **En 2015, se réunit à Paris la COP21, dont le but est de parvenir à un nouvel accord universel.** Il engagerait, à partir de 2020, l'ensemble des États et particulièrement les plus grands émetteurs de CO_2 que sont la Chine et les États-Unis. L'accord de Paris, entré en vigueur le 4 novembre 2016, est universel et différencié. Son objectif est de limiter la hausse des températures à 2 degrés par rapport à l'ère préindustrielle et de s'efforcer de tomber à 1,5 degré.

● **Mais chaque État doit prendre des engagements à la hauteur de ses responsabilités.** L'accord cherche à établir une répartition juste des efforts entre pays industrialisés, pays émergents et pays pauvres. Les premiers, considérés comme responsables historiques du réchauffement, se sont engagés à débloquer chaque année 100 milliards de dollars à destination des pays en développement d'ici à 2020 pour les aider dans leur transition. Ce montant, considéré comme plancher, est destiné à augmenter dans les années à venir. Le 1er juin 2017, le président Donald Trump met l'accord en danger en annonçant le retrait des États-Unis. L'argument avancé est essentiellement économique.

Sachez que…

En 1992, les pays de l'OCDE, représentant 20 % de la population mondiale, produisent 50 % des émissions de gaz à effet de serre et plus de 75 % des émissions stockées dans l'atmosphère depuis la révolution industrielle.

● **Les enjeux géopolitiques diffèrent selon le niveau de développement des États.** Pour les pays industrialisés, les enjeux sont culturels et économiques. Il s'agit de changer de mode de production et de consommation, mais aussi de s'assurer la sécurité énergétique. Dans les pays émergents, les émissions de CO_2 sont en pleine croissance depuis la fin du XIXe siècle. La Chine est le deuxième pollueur mondial.

● **Les pays émergents, divers dans leurs niveaux de développement, souvent très touchés par les conséquences du réchauffement climatique, sont au centre des négociations sur le climat.** Ils ont à la fois tout intérêt à contrôler la hausse des températures mais, touchés encore fortement par la pauvreté, ont du mal à s'investir et ont intérêt à faire peser les efforts sur les pays développés. D'autant plus qu'ils voient dans certaines politiques une volonté des pays du Nord de restreindre leur développement.

● **Les pays les moins avancés, bien qu'ayant une faible part au réchauffement climatique, sont les plus vulnérables.** Situés dans des zones qui subissent de forts impacts (montée des eaux pour les États insulaires), ils sont aussi trop fragiles économiquement pour assumer les efforts demandés. L'enjeu est donc de savoir comment les pays du Nord, responsables historiques du réchauffement et qui maîtrisent les technologies et les capitaux, peuvent accompagner les pays du Sud dans leur politique de lutte contre le réchauffement climatique.

L'ESSENTIEL

Le changement climatique : approches historique et géopolitique

- Le climat a toujours évolué et de nombreuses sciences s'y intéressent aujourd'hui. Pour les historiens, le travail devient plus facile à partir du Moyen Âge grâce au développement des sources d'origine naturelle et humaine.
- Après l'optimum climatique médiéval et le Petit Âge glaciaire, les scientifiques observent depuis le XIXe siècle une accélération de l'augmentation des températures à la surface de la Terre. Il est prouvé que ce réchauffement est d'origine anthropique.
- L'alerte donnée par les scientifiques a permis une prise de conscience mondiale, qui aboutit progressivement à la mise en place d'une coopération internationale pour tenter de limiter le réchauffement planétaire. Cette coopération se concrétise par des accords et traités qui différencient les efforts selon le niveau de responsabilité des États.

ZOOM SUR…

Les déplacés climatiques ou migrants environnementaux

1 Un phénomène en plein essor…

→ **Les catastrophes et les dégradations de l'environnement provoquées par le changement climatique poussent un nombre toujours plus important d'hommes et de femmes à quitter leur lieu habituel de vie.** On les appelle « migrants climatiques », « migrants forcés de l'environnement », « déplacés climatiques », « éco-migrants »… La difficulté à les nommer souligne le nouvel enjeu qu'ils représentent.

→ **Les catastrophes climatiques provoquent chaque année le déplacement de 21 à 24 millions d'êtres humains**, d'après l'Organisation internationale pour les migrations (OIM). Ce nombre a doublé depuis les années 1970.

2 … qui touche particulièrement les pays du Sud, plus vulnérables…

→ **Les populations du Sud sont les principales victimes de ces changements climatiques.** Inondations, cyclones, ouragans, sécheresses, montées des eaux touchent en effet davantage les pays du Sud. Les régions des grands deltas d'Asie du Sud sont par exemple particulièrement touchées : le Bangladesh est fragilisé par la montée des eaux.

→ **Ces pays sont ainsi les premières et principales victimes d'un phénomène dont ils ne sont pourtant que peu responsables**, leur faible développement économique provoquant peu d'émissions de gaz responsables du réchauffement climatique.

Doc. Un phénomène qui touche avant tout les pays du Sud

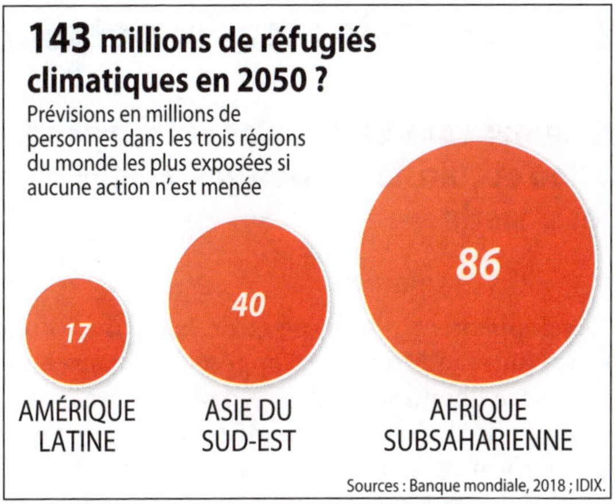

3 … et qui fait naître de nouveaux enjeux géopolitiques et juridiques

→ **L'augmentation du nombre de ces déplacés climatiques devient un nouvel enjeu international.** De nombreuses questions se posent. Quels sont les pays qui peuvent accueillir ces nouveaux migrants ? Comment aider les États et les populations qui sont victimes de ces catastrophes ?

→ **L'un des principaux enjeux actuels est de savoir s'il faut ou non redéfinir le statut de réfugié afin d'y intégrer un statut de « réfugié climatique ».** En 1951, 145 pays signent à Genève la Convention relative au statut des réfugiés. Elle définit le terme de « réfugié » et énonce les droits des personnes déracinées, mais aussi les obligations juridiques des États qui doivent assurer leur protection. Un réfugié est défini dans la convention de Genève comme toute personne « craignant avec raison d'être persécutée du fait de sa race, de sa religion, de sa nationalité, de son appartenance à un certain groupe social ou de ses opinions politiques, se trouvant hors du pays dont elle a la nationalité et qui ne peut, ou […] ne veut se réclamer de la protection de ce pays ». Le débat n'est à l'heure actuelle pas tranché, car il pose encore de nombreuses questions.

4 Les États-Unis et la question environnementale : tensions et contrastes

A L'environnement aux États-Unis : entre protection, exploitation et transformation des milieux depuis le XIXe siècle

1. Les États-Unis : un pays pionnier

• **L'idée d'un développement respectueux de la nature voit le jour dès le XIXe siècle dans le Nouveau Monde**. À l'opposé de la pensée européenne qui, depuis Descartes, place l'homme au-dessus d'une nature crainte qu'il se doit de dominer et d'exploiter – à plus forte raison dans une logique capitaliste naissante –, les Américains reconnaissent une valeur sacrée à la nature sauvage, la *wilderness*. Les premiers explorateurs du continent nord-américain tels que Lewis et Clark sont saisis par la beauté d'une nature grandiose, d'une faune et d'une flore bien souvent inconnues. Elle n'est pas sans rappeler l'Eden : la dimension religieuse est donc forte. Par ailleurs, comme le pays est dépourvu de monuments, la nature sauvage en fera office. La conquête du territoire non encore achevée, de nombreuses voix s'élèvent pour réguler la mise en valeur très rapide et destructrice du territoire afin de préserver la nature.

• **Deux approches s'opposent. Aux États-Unis, le « préservationnisme », porté par John Muir, désigne depuis la fin du XIXe siècle une approche très restrictive de la protection** : la nature acquiert une valeur éthique, elle est digne d'être protégée pour elle-même contre les effets néfastes de l'action des sociétés. Dans cette logique, il fonde en 1892 le Sierra Club, la plus ancienne association de défense de la nature aujourd'hui encore très active, afin de protéger la Sierra Nevada (Californie).

• **En réaction à ce mouvement, Gifford Pinchot préfère le « conservationnisme »** : il récuse l'exclusion de l'homme dans la protection de la nature. La conservation promeut une utilisation raisonnée par les sociétés, en conscience des équilibres naturels, dans le respect des rythmes de renouvellement des milieux. C'est donc une nature protégée avec l'homme, cette fois. À la tête du Service des Forêts créé en 1898, il promeut une exploitation forestière régulée qui restreint le défrichement sauvage, alors très fréquent.

Sachez que...
C'est en France, et plus particulièrement à Nancy, que Gifford Pinchot a débuté sa carrière de forestier en 1890, car le métier, et donc la formation professionnelle, n'existaient pas aux États-Unis. À son retour, il fonde la foresterie outre-atlantique.

Doc. Quelles politiques vis-à-vis de la nature ?

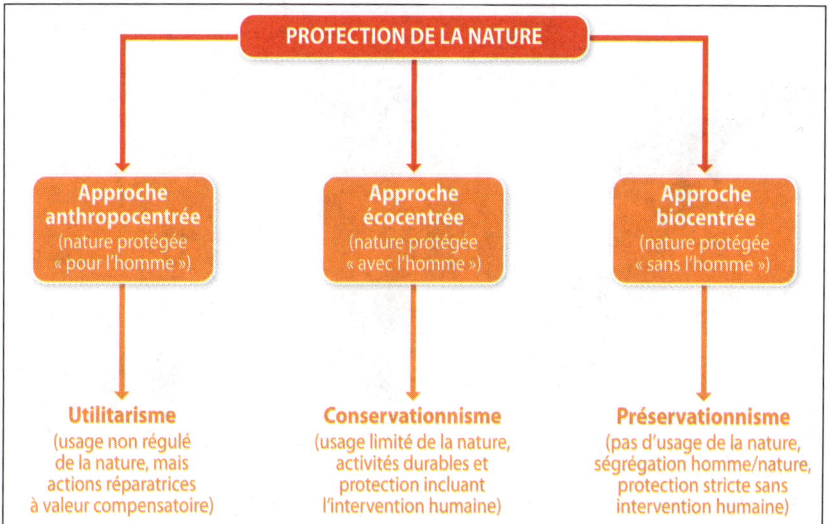

Source : www.geoconfluences.fr, 2020.

2. Des politiques fédérales très ambitieuses

• **La création des premiers parcs, Yellowstone (Montana) et Yosemite (Californie) illustre la collaboration entre scientifiques et pouvoir fédéral pour protéger la nature.** Les deux sites ont été rapidement explorés par de nombreuses expéditions et les projets d'exploitation fleurissent, surtout dans le contexte d'accélération de la conquête de l'Ouest et de la ruée vers l'or. Le premier parc, Yellowstone, a été créé en 1872, sous l'influence du géologue Ferdinand Hayden, par le président Ulysse S. Grant, afin de le préserver comme un bien public à protéger de l'« exploitation mercantile ». Mais, dès 1856, un premier hôtel est construit dans la vallée de Yosemite. En 1864, le président Lincoln en fait un immense parc naturel : sa superficie dépasse celle de la Corse. L'objectif est de préserver le site. D'abord confié à l'État de Californie, il est ensuite, grâce à l'influence de John Muir auprès du Congrès, administré par l'État fédéral à partir de 1890, devenant alors le deuxième parc naturel national.

Sachez que...

Aujourd'hui, on compte 61 parcs nationaux répartis sur 29 États, surtout à l'Ouest. En 2016, les États-Unis ont créé dans le Pacifique, au large d'Hawaï, la plus grande aire marine protégée, grande comme deux fois le Texas.

Doc. **Les États-Unis : des précurseurs dans la protection des espaces naturels**

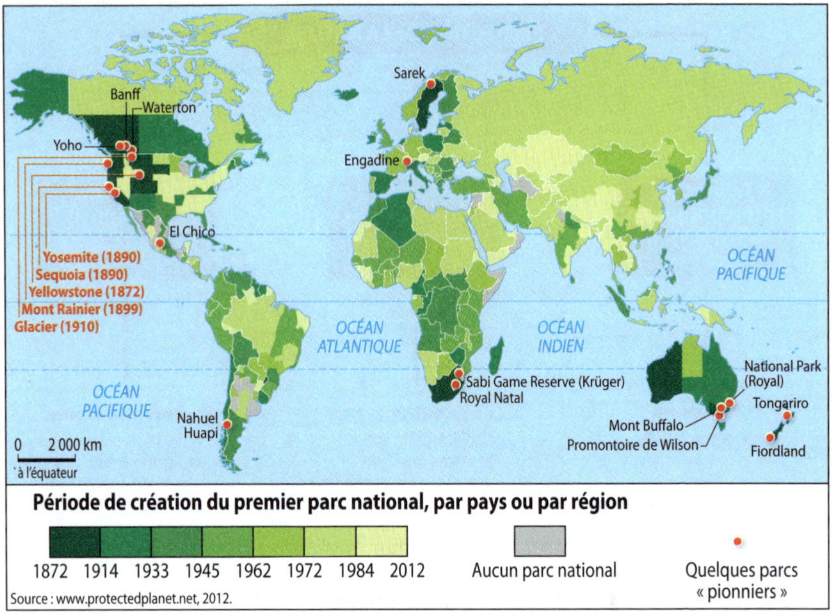

Deux logiques s'affrontent : la pression démographique avec l'arrivée de centaines de milliers de colons et la préservation de la nature sauvage. La mise en place des parcs nationaux se fait dans une logique plutôt conservationniste, car ils connaissent une rapide augmentation de leur fréquentation, surtout que les chemins de fer naissant les desservent et rompent leur isolement. La protection ne signifie donc pas l'interdiction de les fréquenter, le gouvernement compte même y développer le tourisme pour rapprocher les Américains de la nature sauvage. Mais la pression est forte. Ainsi, la chasse aux bisons par les colons pour se nourrir entraîne leur quasi disparition (moins d'un millier d'individus encore vivants en 1890), malgré les demandes des Indiens. L'American Bison Society à laquelle adhère le Président Theodore Roosevelt sauve l'espèce en réintroduisant un couple du zoo du Bronx (New York) à Yellowstone. Pareillement, malgré les efforts de John Muir, une des vallées du Yosemite est inondée en 1913 pour y construire le barrage de Hetch Hetchy, destiné à fournir San Francisco en eau douce.

• **Un siècle avant la France, les États-Unis avaient mis en place une politique volontariste efficace jusqu'à aujourd'hui.** En 1916, a été créée par le Congrès sous la présidence de Woodrow Wilson une agence fédérale, le Service des parcs nationaux chargé de préserver la nature pour « les générations futures ». Pourtant, à la suite du mandat de Theodore Roosevelt et jusqu'aux années 1960, la politique environnementale fut bien plus timide. Pourtant, dans les années 1930, le *Dust Bowl* qui s'ajouta aux terribles conséquences de la crise jeta environ 3 millions de fermiers dans la misère et sur les routes. L'agriculture intensive sur des terres peu fertiles entraîna une érosion rapide : la terre transformée en poussière est emportée par les vents dans d'immenses tempêtes. Ce fut une véritable catastrophe écologique, dégénérant en catastrophe économique et humaine.

Remarque
Les débats d'aujourd'hui sur la difficile conciliation entre des intérêts économiques et la défense de l'environnement dans une perspective plus durable se posaient déjà à l'époque.

ZOOM SUR...

Theodore Roosevelt

1 Un président « écolo »

→ **Theodore Roosevelt fut président des États-Unis de 1901 à 1909.** Républicain progressiste, il parvient à la fonction suprême en tant que vice-président après l'assassinat du président McKinley. Sa politique de *Square deal* (la « juste donne ») est basée sur trois principes de régulation du capitalisme sauvage : conservation des ressources naturelles, contrôle des grandes entreprises et défense du consommateur. Il fut ainsi jusqu'à nos jours le président américain le plus soucieux de préserver la nature. Très populaire, son portrait est gravé dans le Mont Rushmore aux côtés de Th. Jefferson, G. Washington et A. Lincoln.

→ **Theodore Roosevelt était très sensible à la question de la nature sauvage.** Enfant très chétif, il est dès son plus jeune âge féru de grands espaces. Il est connu pour sa passion de la chasse, notamment de l'ours, ce qui lui vaut le surnom de « Teddy Bear ». Au cours d'un séjour en 1903 au Yosemite, John Muir le convainc de classer l'ensemble des espaces du territoire, notamment la vallée encore gérée par la Californie, en parc fédéral. Avec son ami Gifford Pinchot, il bâtit l'essentiel de sa politique environnementale. En 1909, ils préparent une conférence internationale sur la conservation des ressources naturelles à laquelle toutes les grandes puissances avaient prévu de participer, mais son successeur William Taft annule la présence des États-Unis et la rend ainsi caduque.

2 Un bilan considérable

→ **Il a posé les bases d'une politique fédérale de protection de l'environnement.** Il double le nombre de parc nationaux, le faisant passer de 5 à 10. Il crée 51 réserves ornithologiques et octroie à plus de 150 territoires le statut protecteur de « forêt nationale ». La promulgation de l'*Antiquities Act* en 1906 lui permet, dans une lecture élargie de la loi, de protéger comme monuments nationaux des espaces naturels tels que le fameux Grand Canyon.

→ De manière générale, sous son mandat, sont créées une multitude d'agences fédérales qui dépendaient auparavant du ministère de l'Intérieur, avec donc moins de pouvoirs. On peut citer le National Forest Service, qui exploite tout en les préservant les forêts, et le Bureau of Reclamation, qui crée des réserves fédérales dans les États secs du Sud pour superviser la gestion de l'eau.

Doc. Theodore Roosevelt et John Muir dans le parc du Yosemite, en 1903

3. Le retour de la question environnementale à partir des années 1960

- **Les scientifiques américains sont les premiers à sonner l'alerte.** D'une manière générale, le début des années 1960 marque l'émergence d'une prise de conscience élargie des limites environnementales et de la croissance par l'opinion publique.
- **En 1971, est publié le rapport Meadows,** *The Limits of Growth*, dirigé par Dennis Meadows, commandé par le Club de Rome (un groupe de scientifiques, économistes, industriels…) fondé en 1968 et dont la première réunion a eu lieu à Rome. Ce rapport rédigé par une équipe du MIT (Massachussets Institute of Technology) donne les résultats de simulations informatiques sur l'évolution de la population humaine en fonction de l'exploitation des ressources naturelles, avec des projections jusqu'en 2100. Il en ressort que la poursuite de la croissance économique entraînera au cours du XXIe siècle une chute brutale des populations à cause de la pollution, de l'appauvrissement des sols cultivables et de la raréfaction des ressources énergétiques. Ce rapport, assez catastrophiste, va servir de cadre à la première conférence mondiale sur l'environnement à Stockholm en 1972. Il trouve aux États-Unis même un large écho, et des industries comme Exxon investissent alors beaucoup d'argent dans la recherche sur le climat.
- **Les années 1970 surtout voient la mise en place d'un arsenal législatif majeur dans la protection de l'environnement, s'accompagnant systématiquement de la création d'agences fédérales destinées à contrôler l'application des lois.** Le National Environmental Policy Act en 1969, sous la présidence de L. Johnson, est le premier texte législatif écologiste aux États-Unis ; il oblige les administrations fédérales à préserver les écosystèmes lors de constructions d'immeubles nationaux. En 1970, est créée l'Agence de protection de l'environnement. Le Project Independence du président Nixon est initié en 1973 pour limiter la dépendance à l'égard du pétrole importé par le développement de sources d'énergies alternatives.
- **L'opinion publique se mobilise, avec l'organisation du premier Jour de la Terre le 22 avril 1970.** Elle a lieu aux États-Unis d'abord, initiée par un sénateur du Parti démocrate Gaylord Nelson, inquiet des atteintes environnementales. Il souhaite mobiliser sur le modèle des grandes manifestations contre la guerre au Vietnam. Manifestation populaire et décentralisée, y participent des millions d'Américains dans tout le pays dans des marches, des séminaires, des opérations de nettoyage…

Sachez que…
Le Jour de la Terre, d'abord américain, devient mondial en 1990 et favorise la tenue du premier Sommet de la Terre à Rio (Brésil) en 1992.

● **La culture populaire s'empare du thème, ce qui montre l'intérêt croissant de la population américaine pour ces questions.** En 1970, l'auteur américain Talus Taylor et son épouse française Annette Tison créent la série des *Barbapapa*, personnages imaginaires défenseurs de l'écologie et en lutte contre les ravages de la pollution. Dans le registre du film catastrophe cher aux Américains, sort en 1973 *Soleil Vert*, de Richard Fleisher, dans lequel une humanité surpeuplée menacée par l'épuisement des ressources naturelles se nourrit d'aliments synthétiques appelés « Soleil Vert ».

● **En 1988, un biologiste de la NASA, James Hansen, popularise le concept de réchauffement climatique devant le Sénat américain.** Il met en cause l'industrie de charbon et les nations industrielles qui ont accumulé les émissions de gaz à effet de serre dans l'atmosphère. L'ONU crée alors le GIEC, le Groupe d'experts intergouvernemental sur l'évolution du climat, référence en la matière. Mais les industries polluantes vont désormais, alors qu'elles sont pointées du doigt, financer le climato-scepticisme pour limiter les régulations.

● **Aujourd'hui, la situation a régressé.** L'action du pouvoir fédéral est très en-deçà de l'urgence. L'opinion publique climato-sceptique, soutenue par le président Donald Trump, réfute majoritairement le réchauffement climatique. Celui-ci quitte les accords de Paris (2015) contre les gaz à effet de serre et nomme systématiquement des lobbyistes de l'industrie à la tête des agences fédérales environnementales.

● **Les États fédérés et municipalités ont parfois pris le relai de la politique fédérale défaillante voire hostile.** Le système de répartition des pouvoirs aux États-Unis entre État fédéral et États fédérés a de fortes conséquences sur l'écologie. D'un État à l'autre, la législation diffère. La Californie est à la pointe. L'enjeu est de taille : les villes californiennes sont les plus polluées du pays, les incendies meurtriers font désormais rage chaque année. Ainsi, alors que l'administration Trump a abrogé le plan pour une énergie propre et les normes pour la pollution automobile, la Californie les a maintenus, suivie par 13 autres États donc celui de Washington D.C. En 2017, plusieurs États (24 au total, dont la Californie, le Montana, l'Illinois et la Pennsylvanie) ont constitué la United States Climate Alliance, qui s'engage à respecter sur ses territoires l'objectif qui avait été pris par les accords de Paris et s'oppose ainsi à l'administration Trump. Enfin, les États-Unis abritent plus de 1 600 acteurs infra-étatiques (ville, État, association…) sur la plateforme Action Climat des Nations unies, qui regroupe les engagements des acteurs autres que les États souverains.

Sachez que…

Les États-Unis sont un État fédéral. Chacun des 50 États fédérés de l'Union peut légiférer indépendamment de l'État fédéral sans que celui-ci ne puisse l'entraver. En matière d'environnement et de pollution, les décisions sont souvent prises à cet échelon, qui apparaît comme le plus pertinent.

ZOOM SUR...

Le climato-scepticisme aux États-Unis

1 Un mouvement massif aux États-Unis

→ **Le climato-scepticisme désigne une théorie niant la réalité des changements climatiques, et surtout la responsabilité de l'homme.** Il est particulièrement massif aux États-Unis avec, selon différents sondages, plus de la moitié de la population y adhérant. On doit relever une distinction forte entre d'un côté les sympathisants démocrates majoritairement inquiets du réchauffement climatique (plus de 80 %) et les sympathisants républicains qui, à une écrasante majorité, n'y croient pas.

2 Un mouvement aux fondements nationalistes

→ **Ce déni trouve sa source dans la méfiance des Américains vis-à-vis du contrôle exercé par le pouvoir fédéral, et a fortiori par un pouvoir supranational, l'ONU**, qui contraindrait le pays à adopter des législations environnementales plus vertueuses. Les fondamentalistes évangélistes, et plus largement la droite radicale, sont parmi les plus climato-sceptiques, car ils croient que seul Dieu contrôle le climat.

→ **Par ailleurs, devoir renoncer à l'American Way of Life, adopter un mode de vie plus frugal est vu comme le signe du déclin.** Le président Trump a ainsi affirmé que le réchauffement climatique était une invention chinoise destinée à saper la compétitivité des entreprises américaines (tweet de novembre 2012).

3 Un mouvement efficace

→ **Financé par des particuliers fortunés** (les frères Koch, milliardaires proches de Donald Trump) **et des entreprises, le mouvement exerce un lobbying intense** auprès des élus et inonde les réseaux sociaux de théories climato-sceptiques. Le mouvement a réussi à empêcher l'adoption d'un nombre important de lois à l'échelle nationale et la participation des États-Unis à l'effort international. L'aura et la puissance des États-Unis répandent le climato-scepticisme dans le monde (ex. : Brésil du président Bolsonaro).

Doc. Part des adultes préoccupés par le réchauffement climatique

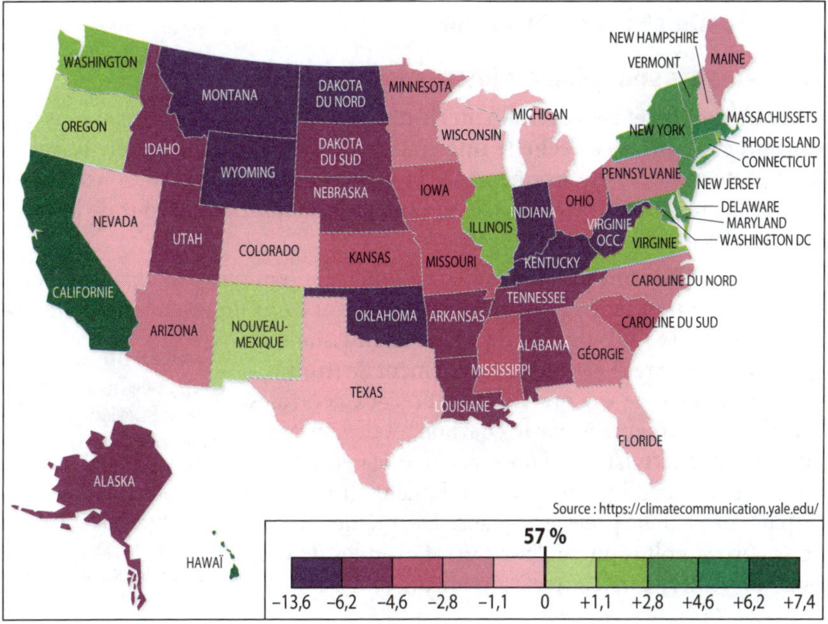

Source : https://climatecommunication.yale.edu/

B Les États-Unis et l'environnement à l'échelle internationale

1. Le refus des engagements internationaux

• **Les initiatives et recherches américaines en matière d'environnement ont souvent été reprises à l'échelle internationale.** Le pays a souvent été le leader de la protection de l'environnement. Rappelons que leur prise de conscience a permis la création du GIEC (1988) et l'internationalisation du Jour de la Terre à partir des années 1990.

• **Les États-Unis ont un rôle majeur à jouer.** En tant que principal pollueur, leur contribution est en effet indispensable pour avoir un impact. Ils sont responsables à eux seuls de plus de 15 % des émissions de gaz à effet de serre, à cause principalement de leur production électrique encore dépendante des centrales thermiques alimentées par le charbon, et de leur agriculture productiviste. Si l'on considère les émissions cumulées qui expliquent le réchauffement climatique, le pays détient la première place. De même, si l'on considère la pollution par habitant (17 tonnes de CO_2 pour un Américain, contre 7,5 pour un Chinois).

Sachez que...
Les États-Unis constituent le premier producteur de déchets ménagers (plus de 11 % à l'échelle mondiale) : la consommation de plastique, par exemple, est très élevée, sans les capacités pour le recycler.

Doc. Le maintien des émissions de CO_2 américaines à un niveau élevé

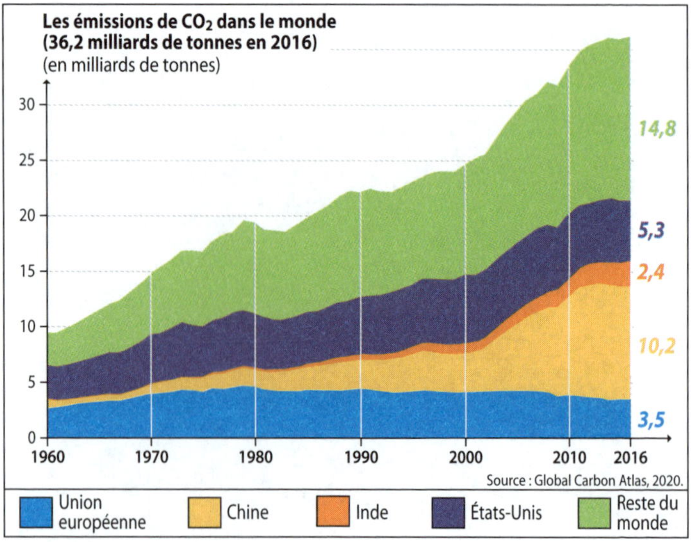

Source : Global Carbon Atlas, 2020.

- **On comprend alors les difficultés des États-Unis.** Dans une vision désormais utilitariste, la nature y est perçue comme un réservoir inépuisable de ressources. Il leur faudrait repenser totalement leur modèle de développement économique basé sur une énergie bon marché, une agriculture productiviste, une consommation des ménages très dynamique. Malgré sa responsabilité historique dans le réchauffement climatique, le pays se refuse pour l'instant à réguler ses activités économiques et humaines.

- **Depuis la prise de conscience de la gravité du réchauffement climatique, l'État fédéral est assez réticent à l'idée de s'associer aux grandes décisions internationales.** Soucieux de préserver coûte que coûte leur souveraineté nationale, méfiants envers le multilatéralisme, ils se gardent de s'engager dans des objectifs contraignants nécessitant d'adapter la législation nationale. Ainsi, la participation des États-Unis aux sommets de l'ONU est souvent symbolique. En 1972, ils participent à la première Conférence des Nations unies sur l'environnement à Stockholm (plus tard qualifiée de premier « Sommet de la Terre »), mais aucun engagement n'est pris, si ce n'est de se revoir tous les dix ans. En 1982, la deuxième conférence à Nairobi n'est pas davantage prise au sérieux : Ronald Reagan envoie sa fille, sans aucune fonction politique officielle, comme déléguée.

- **Les politiques onusiennes sont systématiquement entravées par les États-Unis.** Lors de la création du GIEC en 1988, ils imposent que le groupe soit constitué d'un scientifique représentant de chaque État qui votera selon des considérations nationales et non scientifiques. Par ailleurs, la part américaine dans le budget qui lui est alloué ne cesse de baisser. Les États-Unis restent le seul pays du G7 à ne pas avoir ratifié le protocole de Kyoto de 1997 sur la réduction des GES : le Congrès a voté contre à l'unanimité. La présidence climato-sceptique de Donald Trump n'est donc que la poursuite d'une logique isolationniste, alors que la communauté internationale est comme sidérée par ce déni climatique. L'accession à la présidence depuis 2021 de Joe Biden, réputé écologiste, doit changer la donne et permettre aux États-Unis de se réinvestir sur ces dossiers, Biden ayant annoncé son intention de revenir dans les Accords de Paris.

2. Les ambivalences des grandes entreprises américaines

• **La mondialisation des flux commerciaux, initiée par les grandes entreprises américaines – désormais dénommées FTN pour marquer leur caractère transnational, mondial – est très polluante.** L'espace économique d'une telle entreprise n'est désormais plus limité à une région du monde mais s'étend à l'échelle de la planète. Cette multiplication des échanges à l'échelle mondiale a considérablement aggravé le réchauffement climatique, car les transports génèrent une grande part des émissions de gaz à effet de serre : on estime qu'à l'échelle mondiale, le fret correspond à 10 % des émissions totales.

• **Il a été démontré par les entreprises elles-mêmes que c'est le processus de production éclaté à travers le globe qui est responsable de la majeure partie (70 %) de l'empreinte carbone** d'un célèbre téléphone produit par une firme américaine. Dans les usines, les déchets ne sont pas prioritairement recyclés. Ce sont d'ailleurs bien les législations environnementales, laxistes comparativement aux standards américains et/ou européens, qui attirent en partie – et pas seulement les salaires bon marché – les FTN dans les pays émergents.

• **Les grandes entreprises américaines se sont organisées en groupe de pression pour limiter les législations environnementales contraignantes.** Le GCC (Global Climate Coalition), ouvertement climato-scpetique, regroupe des entreprises du secteur de l'énergie, des mines, de l'automobile, de la chimie… Il a fait pression sur le pouvoir fédéral par le lobbying pour empêcher la ratification du protocole de Kyoto. Ces acteurs économiques arguent de la perte de compétitivité que ces dispositions feraient peser dans un contexte de concurrence mondiale exacerbée. Des entreprises américaines les plus en vue ont soutenu financièrement des élus du Sénat et des officines climato-sceptiques.

• **Cependant, on observe une prise de conscience de ces entreprises comme de la société.** Au-delà de leurs préoccupations, sincères ou non, c'est pour elles une question d'image : les consommateurs pourraient être amenés à boycotter des entreprises peu vertueuses sur la question environnementale. Par pragmatisme, les entreprises préfèrent s'adapter maintenant plutôt que d'y être contraintes de manière brutale plus tard. De très nombreuses entreprises américaines, certaines dans des secteurs réputés très polluants comme la chimie, l'énergie…, ont confirmé qu'elles se conformeraient aux accords de Paris obligeant à la réduction des GES, malgré le retrait officiel de l'État fédéral.

L'ESSENTIEL

Les États-Unis et la question environnementale : tensions et contrastes

- Les États-Unis sont des précurseurs dans la défense de l'environnement. Sous la houlette du président Th. Roosevelt, sont créés les premiers parcs nationaux. Dès cette période, se posent avec acuité des questions qui nous animent aujourd'hui encore sur la portée de cette préservation, pour la nature en elle-même ou pour pouvoir l'exploiter durablement.
- Dans les années 1960, les scientifiques américains alertent l'opinion publique et la classe politique sur les méfaits de l'industrialisation. Les premières lois écologistes sont alors votées. Le bilan est cependant inquiétant : les préoccupations environnementales ont reculé sous l'influence du climato-scepticisme.
- À l'échelle internationale, l'action des États-Unis est marquée par le refus de toute ingérence extérieure et la défense farouche de la souveraineté nationale sur des enjeux pourtant globaux (défiance vis-à-vis des actions de l'ONU pour la protection de la planète).

Mots-clés

■ **Anthropocène** : de *anthropos*, « homme » et *kainos*, « nouveau ». Époque de l'histoire de la Terre marquée par les activités humaines. On parle aussi d'anthropisation et de pression anthropique pour désigner l'impact de l'homme sur le milieu par son occupation et ses aménagements, qui conduisent souvent à son artificialisation.

■ **Biodiversité** : diversité des espèces vivantes (végétales, animales) dans un milieu donné.

■ **Conférences des parties (COP)** : réunion annuelle des États signataires de la convention du climat depuis 1992.

■ **Défrichement/déforestation** : conversion d'une forêt en culture par arrachage des souches. La déforestation désigne la disparition totale de la forêt.

■ **Effet de serre** : phénomène physique entraînant une élévation de la température atmosphérique, provoquée par l'absorption et la réémission vers les sols des rayonnements infrarouges produits par la Terre.

■ **Environnement** : littéralement, « ce qui entoure », c'est-à-dire l'ensemble des éléments naturels (faune, flore, sols, etc.) auxquels l'homme est relié.

■ **Forêt** : du latin *foresta*, qui désigne une grande étendue boisée (par opposition à un bois), définie par un statut juridique particulier. Les usages du commun y sont interdits. La forêt domaniale fait partie du domaine privé de l'État (anciennes forêts royales).

■ **Néolithique** : période historique marquée par des mutations techniques (dont l'utilisation de la pierre polie) et sociales. Période d'essor de l'agriculture et de la sédentarisation.

■ **Optimum climatique médiéval** : période caractérisée par un réchauffement du climat.

■ **Petit Âge glaciaire** : période climatique caractérisée par une série d'hivers longs et froids.

■ **Révolution industrielle** : processus historique, notamment technique et économique, qui fait basculer les sociétés du stade agricole au stade industriel.

■ **Sylviculture** : traitement scientifique, technique et commercial de la forêt depuis sa régénération jusqu'à son exploitation.

Biographies

Rachel Carson (1907-1964)

Biologiste américaine, spécialiste de la mer, elle est une figure de proue de l'écologie aux États-Unis dès la fin des années 1950. Son ouvrage majeur *Silent Spring* (*Printemps silencieux*, 1962) lance l'alerte contre les effets environnementaux et sanitaires des pesticides agricoles.

Paul Crutzen (né en 1933)

Né à Amsterdam, météorologue, spécialiste de la chimie atmosphérique (prix Nobel de chimie en 1995), il travaille dans diverses universités (Suède, Allemagne, États-Unis…). Il invente le concept d'« anthropocène ». Il soutient les travaux du GIEC et réfléchit à des solutions pour agir directement sur l'atmosphère contre le réchauffement climatique.

John Muir (1838-1914)

Écrivain américain originaire Écosse, fermier, voyageur, il publie ses observations sur la nature et les régions qu'il traverse, en particulier l'Ouest américain. Il milite pour la préservation intégrale de la nature, contribue à la création du parc de Yosemite et fonde une organisation écologiste, le Sierra Club (1892).

Emmanuel Le Roy Ladurie (né en 1929)

Historien français, il se spécialise d'abord dans l'histoire rurale et s'intéresse tôt à l'influence du climat sur les sociétés et leurs évolutions. Professeur au Collège de France, membre de la revue des Annales, il mêle histoire sociale, économique et politique.

Repères chronologiques

– 8500	Premières traces de la révolution néolithique.
1669	Ordonnance de Colbert sur la protection de la forêt française.
1784	Dépôt du brevet sur la machine à vapeur par James Watt, début théorique de la première révolution industrielle.
1827	Code forestier en France.
1872	Yellowstone, premier parc naturel aux États-Unis.
1870-1910	Seconde révolution industrielle fondée sur la chimie, le pétrole et l'électricité.
1945	Premières explosions nucléaires, traces d'iridium sur les sols de la terre.
1945-1973	Période des Trente Glorieuses, forte croissance économique notamment basée sur le pétrole.
1960	Création des réserves naturelles, des parcs nationaux et régionaux en France.
1964	Création de l'Office national des forêts (ONF).
1967	Publications de *Wilderness and the American Mind* de Roderick Nash et de *L'Histoire du climat depuis l'an mil* d'Emmanuel Le Roy Ladurie, livres pionniers de l'histoire de l'environnement.
1969	National Environment Policy Act voté aux Etats-Unis.
1970	Premier Jour de la Terre, initié aux États-Unis.
1972	Premier Sommet de la Terre et création du PNUE ; rapport du Club de Rome.
1979	Première conférence mondiale sur le climat.
1988	Création du GIEC (Groupe d'experts intergouvernemental sur l'évolution du climat).
1992	3e Sommet de la terre (Rio), naissance de la Convention cadre des Nations unies sur le changement climatique (CCNUCC).
1997	COP3, signature du protocole de Kyoto.
2001	Loi d'orientation forestière.
2015	COP21 (Paris).

Documents majeurs

Doc. 1 L'histoire de l'environnement

La première histoire environnementale revendiquée surgit au début des années 1970 aux États-Unis [...]. Dans un contexte académique dominé par l'histoire intellectuelle et politique, cette histoire environnementale naissante entend jouer le rôle qu'a pu avoir l'histoire économique et sociale dans d'autres pays, c'est-à-dire rompre avec les grands hommes et introduire une histoire plus matérielle. Mais, plus encore, il s'agit d'écrire une histoire « par en bas »[1], s'inspirant des études féministes et afro-américaines. Les éléments naturels sont considérés comme des oubliés de l'histoire officielle ; assujettis par les hommes, ce sont des dominés dont il faut faire entendre la voix. L'histoire environnementale est portée, de plus, par des revendications écologiques : dans la décennie 1970, les intellectuels états-uniens et les campus se mobilisent très fortement pour dénoncer les atteintes environnementales, faisant la jonction entre la tradition de la conservation de la nature, les formes de contre-expertise scientifique initiées par Rachel Carson dans sa dénonciation des pesticides, et les protestations contre la guerre du Vietnam et la lutte pour les droits civiques.

Jean-Baptiste Fressoz, Frédéric Graber, Fabien Locher, Grégory Quenet, *Introduction à l'histoire environnementale*, La Découverte, 2014.

1. L'histoire « par en bas » (*history from below*) est un courant historiographique désireux de rompre avec l'histoire des groupes dominants et d'envisager les phénomènes historiques du point de vue des gens ordinaires.

Doc. 2 Le Code forestier (loi de 2014)

La politique forestière relève de la compétence de l'État. Ses orientations, ses financements et ses investissements s'inscrivent dans le long terme.

L'État veille :

1° à l'adaptation des essences forestières au milieu ;

2° à l'optimisation du stockage de carbone dans les bois et forêts, le bois et les produits fabriqués à partir de bois ;

3° au maintien de l'équilibre et de la diversité biologiques et à l'adaptation des forêts au changement climatique ;

4° à la régénération des peuplements forestiers dans des conditions satisfaisantes d'équilibre sylvo-cynégétique, au sens du dernier alinéa de l'article L. 425-4 du Code de l'environnement ;

5° à la satisfaction des besoins des industries du bois, notamment par l'équilibre des classes d'âge des peuplements forestiers au niveau national ;

...

…

6° au renforcement de la compétitivité et de la durabilité des filières d'utilisation du bois, par la valorisation optimale des ressources forestières nationales et par l'accompagnement en formation des nouveaux métiers du bois ;

7° au développement des territoires.

La politique forestière a pour objet d'assurer la gestion durable des bois et forêts. Elle prend en compte leurs fonctions économique, écologique et sociale. Elle concourt au développement de la qualification des emplois en vue de leur pérennisation. Elle vise à favoriser le regroupement technique et économique des propriétaires et l'organisation interprofessionnelle de la filière forestière pour en renforcer la compétitivité. Elle tend à satisfaire les demandes sociales relatives à la forêt.

Article L 121-1 du Code forestier, 2014

Doc. 3 Les effets environnementaux de la révolution industrielle

Ignace François Bonhommé, *Houillères et carrières d'argile à Montchanin*, 1809-1881, Hôtel de ville, Montchanin.

Doc. 4 Le recul du glacier du Mont-Blanc en un siècle

Doc. 5 L'accord de Paris sur le climat

Nous sommes en effet parvenus, et c'est ma conviction profonde, à un projet d'accord ambitieux et équilibré. […] Ce texte, qui est nécessairement un texte équilibré, contient les principales avancées dont beaucoup d'entre nous pensaient qu'elles seraient peut-être impossibles à obtenir. Le projet d'accord proposé est différencié, juste, durable, dynamique, équilibré, et juridiquement contraignant. […] Il reconnaît la notion de « justice climatique », et il tient compte, sur chaque sujet, des responsabilités différenciées des pays, de leurs capacités respectives à la lumière des circonstances nationales. Il confirme notre objectif central, vital même, de contenir l'augmentation de la température moyenne bien en-deçà de 2 degrés et de s'efforcer de limiter cette augmentation à 1,5 degré, ce qui permettrait de réduire significativement les risques et les impacts liés au changement climatique. Il fixe un objectif à long terme ambitieux mais nécessaire. Il fait de la réduction des émissions de gaz à effet de serre l'affaire de tous, grâce à la soumission ou à l'actualisation, tous les cinq ans, de contributions nationales, qui dans ce cas ne pourront être que plus ambitieuses. Il réserve une place accrue à l'adaptation aux effets du dérèglement climatique. […] Il prévoit les moyens nécessaires pour permettre l'accès de tous au développement durable, en mobilisant les moyens adéquats de mise en œuvre – et par ailleurs le projet de décision de notre conférence prévoit que les 100 milliards de dollars par an prévus pour 2020 devront être un plancher pour l'après-2020 et qu'un nouvel objectif chiffré devra être défini au plus tard d'ici 2025. […] Il prévoit tous les cinq ans un bilan collectif de nos progrès, qui nous permette de réagir collectivement si nos efforts paraissent insuffisants au regard des objectifs fixés. S'il est adopté, ce texte sera donc un tournant historique. Et plus généralement cette COP21 est un véritable tournant.

Extrait du discours de clôture de la COP21 prononcé par Laurent Fabius, le 12 décembre 2015.

Doc. 6 Les conflits d'usage au Yellowstone

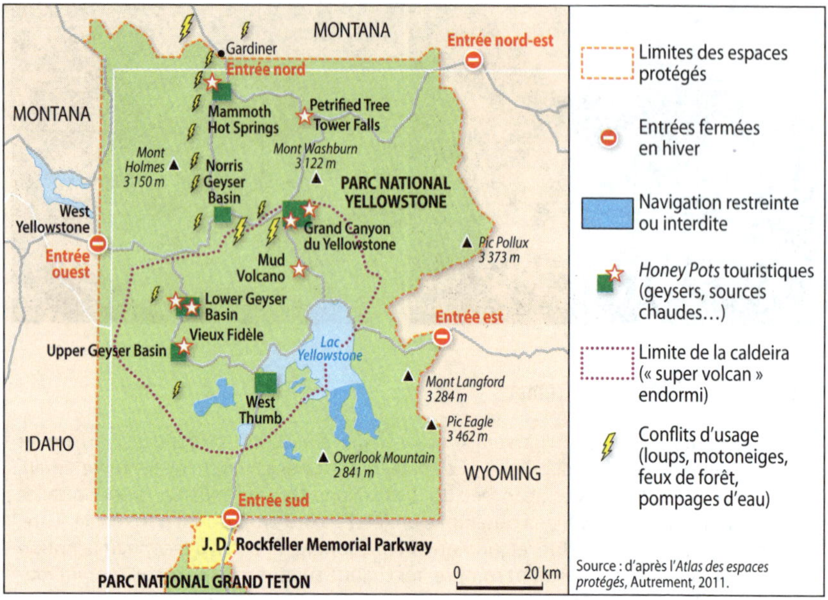

Source : d'après l'*Atlas des espaces protégés*, Autrement, 2011.

Réussir sa prestation orale

1. Comment se déroule l'oral ?

• L'oral se déroule en fin de 3e trimestre, il peut être présenté à un ou deux élèves et concerner une des spécialités ou les deux.

• L'oral va débuter après que :
– le jury aura choisi une des deux questions que vous lui avez soumises, préparées durant l'année dans l'une ou les deux spécialités de votre cursus ;
– vous vous serez préparé(e) pendant 20 minutes à répéter et/ou produire un support que vous donnerez au jury pour appuyer votre propos.

• L'épreuve du grand oral comporte ensuite trois temps :
– une première partie de 5 minutes où vous présentez au jury, debout, une question préparée dans l'année ;
– une deuxième partie de 10 minutes d'échanges avec le jury à partir de votre présentation ;
– une dernière partie de 5 minutes sur votre projet d'orientation.

• Attention, votre présentation n'est qu'une partie réduite de votre travail, car l'essentiel consiste en un dialogue au cour duquel vous devez montrer aisance et répartie.

L'astuce du prof

L'aisance et la répartie à l'oral sont consubstantielles à une bonne maîtrise de la question présentée. C'est donc le fruit d'un travail au long cours.

2. Quelles compétences pour réussir son oral ?

Caractéristiques d'un oral

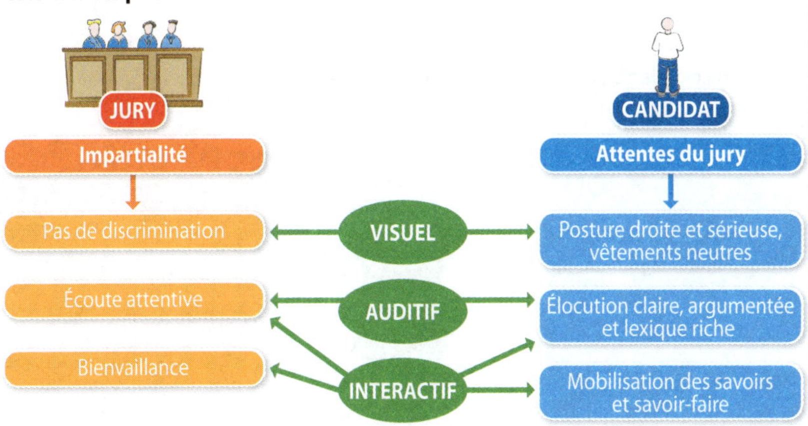

3. Comment convaincre le jury ?

1. Présentation de la question retenue par le jury 5 minutes	– Revoyez la fiche méthode sur la préparation à l'oral et à l'art oratoire (p. 251) durant l'année. – Ayez un chronomètre qui vous permette de contrôler précisément votre temps de parole : 5 minutes passent très vite. – Mobilisez les notions vues pendant l'année.
2. Entretien interactif avec le jury 10 minutes	– Lors du temps de préparation, réfléchissez rapidement aux questions éventuelles du jury en lien avec l'actualité, les autres cours de l'année… – Montrez que vous maîtrisez tout le programme de l'année, pas seulement les éléments correspondant à votre question. – Enrichissez la discussion par des connaissances supplémentaires glanées au cours de l'année. – N'hésitez pas à proposer de nouvelles réflexions sur la question choisie pour montrer votre esprit critique.
3. Discussion sur l'orientation 5 minutes	– Exposez le lien entre la question choisie et votre projet d'orientation. – Présentez à cet effet les démarches et recherches effectuées pour préparer votre orientation (recensement des écoles et universités, stages, rencontres…).

Exercice d'application

Réussir sa prestation orale

Question choisie : La Californie et l'environnement.

PROPOSITION DE CORRIGÉ

[Structurer sa présentation]

Votre présentation peut se faire en 3 parties.

I. Une région à forts enjeux : une nature sauvage, des gisements de pétrole, de grandes métropoles

II. Une histoire commune : création des premiers parcs nationaux, conflits d'usages

III. Des tensions avec le pouvoir fédéral

Vous pouvez, comme document d'appui, préparer une carte mentale reprenant votre plan et les différentes notions abordées.

L'astuce du prof

Il ne faut pas faire une simple liste des dispositions écologiques, mais une liste réfléchie par le prisme de l'histoire, de la géographie, de la géopolitique et de la science politique.

Carte mentale

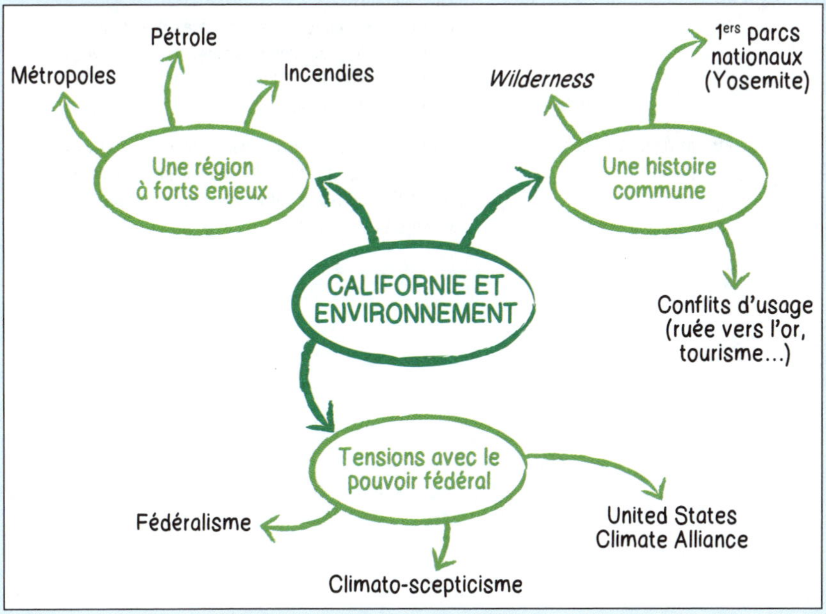

[Convaincre le jury]

1. Présentation de la question retenue par le jury 5 minutes	– Commencez par une courte introduction – Proposition : « La Californie est un des États les plus peuplés et les plus riches des États-Unis. La question environnementale y est particulièrement prégnante, elle fait figure de leader dans la défense de l'environnement. » – Consacrez 1 minute 20 secondes environ à chaque partie. – Songez à une phrase de conclusion.
2. Entretien interactif avec le jury 10 minutes	– Le jury vous interrogera si les notions et connaissances suivantes manquent • environnement ; • écologie ; • développement durable ; • noms de parcs nationaux californiens (Yosemite) ; • dates de leur création ; • nom de John Muir. – Le jury pourrait élargir votre présentation en interrogeant les thèmes suivants : • la notion de la frontière dans la conquête de l'Ouest ; • la puissance des États-Unis et la question environnementale ; • l'efficacité des mesures californiennes, les mesures dont on pourrait s'inspirer en Europe…
3. Discussion sur l'orientation 5 minutes	Nombre de métiers peuvent expliquer le choix de cette question. Ils sont liés à la géographie et l'environnement : urbaniste, gestionnaire des risques dans des assurances, consultant en développement durable…

CHAPITRE 6

L'enjeu de la connaissance

DE QUOI S'AGIT-IL ?

« La connaissance est la clé du pouvoir, de la sagesse » disait le philosophe chinois antique Confucius. L'humaniste britannique Francis Bacon renchérissait : « Le vrai pouvoir, c'est la connaissance ». Accéder à la connaissance a longtemps été un marqueur de l'appartenance à l'élite de la société, et même les élites guerrières des différentes civilisations avaient besoin de s'associer à ces élites intellectuelles pour les conseiller, les aider à construire des structures politiques, juridiques, sociales et religieuses.

Aujourd'hui, la démocratisation de l'enseignement permet d'envisager un accès à la connaissance à l'échelle de l'ensemble de l'humanité, quand dans le même temps le spectre scientifique n'a cessé de s'élargir par l'accumulation de nouveaux savoirs. L'évolution économique appelle par ailleurs une maîtrise technique et théorique toujours plus grande, pour les entreprises comme pour les travailleurs. Les États continuent à jouer un rôle essentiel dans la production, la diffusion et l'échange des connaissances, aux échelles aussi bien nationale qu'internationale.

COURS

1 Introduction : la société de la connaissance

A La « société de la connaissance », portée et débats

1. La notion de « société de la connaissance »

- **Cette notion est une traduction de l'anglais « *knowledge society* », expression apparue dans un ouvrage de Peter Drucker (*The Age of Discontinuity*) en 1969.** Né en Autriche-Hongrie, fuyant le nazisme, celui-ci, juriste de formation, pratique le journalisme et l'analyse économique, devient professeur de sciences politiques et conseiller de grandes entreprises aux États-Unis. Drucker affirme la place prééminente de la connaissance dans l'organisation de la société, constatant l'accumulation rapide et la diffusion de celle-ci, des organisations aux individus.

- **Cette notion s'inscrit dans un débat scientifique plus large commencé après la Seconde Guerre mondiale.** Elle est liée à celle de « société de l'information », constatant que la science a permis de doter l'humanité de moyens de communication et de circulation de l'information plus nombreux, plus rapides, plus efficaces.

- **Tendant à se confondre dans le langage courant et le discours politique, ces termes nécessitent d'être précisés**. *Knowledge* peut se traduire par « connaissance » ou par « savoir » ; certains auteurs proposent de traduire par « intelligence » pour réunir les deux. La connaissance est une donnée objective, universelle (des théories scientifiques, des faits historiques) quand le savoir peut résulter de l'expérience personnelle (des savoir-faire, par exemple). L'information renvoie à une idée plus générale (des faits, des événements) quand la connaissance a une dimension plus scientifique.

> **Remarque**
> La question sémantique n'est pas anodine. Elle doit vous rappeler qu'on attend de vous une précision dans le maniement des notions, des concepts, surtout quand ils offrent de telles nuances.

- **Il y a enfin une différence d'angle de vue dans le rapport entre les techniques et l'humain.** La « société de l'information » s'attache surtout à la dimension technique de la circulation de l'information, les nouvelles technologies de l'information et de la communication (NTIC), Internet en particulier, générant des opportunités, des comportements nouveaux. La « société de la connaissance » replace l'humain au cœur des processus : l'accès à la connaissance et la maîtrise de savoirs offre des possibilités d'enrichissement culturel et d'évolution sociale à chaque individu, les techniques n'étant qu'un support utilisé par les individus dans des buts, des intentions précis.

2. L'économie de la connaissance

- **De ce principe de l'émergence d'une société de la connaissance est née la notion d'« économie de la connaissance ».** Le travailleur apparaît comme de plus en plus formé (il accède à des connaissances) et de plus en plus qualifié (il détient des savoirs), loin du prolétaire décrit par Marx n'ayant que ses bras comme capital à offrir – Drucker estime Marx dépassé et publie même un ouvrage en 1993 où il parle de « société post-capitaliste ».

- **Le travailleur devient un acteur de la production.** Il importe à l'entreprise de recruter des collaborateurs ayant des compétences pour être plus productive, mais aussi de les aider, par la formation continue, à continuer à développer celles-ci pour s'adapter aux évolutions de l'économie. Si le taylorisme a été une source de réflexion pour Drucker, désormais, par la connaissance, le travailleur acquiert plus de responsabilités dans ses tâches.

Sachez que…
Les grandes puissances ont placé les notions de société et d'économie de la connaissance au cœur de leur programme de développement : l'Union européenne dans sa « stratégie de Lisbonne » en l'an 2000 ; les États-Unis de Clinton dès les années 1990 ; la Chine aujourd'hui.

Sachez que…
De l'ingénieur britannique Taylor, le taylorisme désigne une méthode d'organisation rationnelle du travail pour le rendre plus productif.

- **L'économie de la connaissance renvoie aussi à l'idée d'une activité économique fondée sur la production de biens non plus matériels, mais immatériels.** Elle rejoint là l'idée de société de la communication dite parfois « post-industrielle » où la connaissance, l'information, sont au cœur des activités économiques fondées sur les services.

3. Travailleur ou citoyen ?

- **La dimension fortement technique et économique de la notion de travailleur réduit l'individu au producteur, créateur de richesses économiques, laissant peu de place à son identité de citoyen.** Entreprises et gouvernements, dans leur recherche de la croissance économique, le maintien de leur compétitivité et la création d'emplois sont plus orientés vers cette vision technique.

Remarque
Les ouvrages de Peter Drucker ne se trouvent pas dans les rayons de sociologie mais de gestion d'entreprise. Il est surnommé le « pape du management ».

- **Les concepts de sociétés de l'information comme de la connaissance se fondent sur l'idée d'une scientificité objective et neutre.** Elles soutiennent une tendance à une gestion qui se voudrait rationnelle et efficace, dégagée de toutes considérations idéologiques et appelant peu, voire pas de débats, écartant les mécanismes démocratiques au profit d'une vision technocratique.

• **Les associations, organisations de la société civile et ONG défendent une vision plus humaniste et politique.** L'information est déterminée par la société et non l'inverse, la connaissance est utilisée en fonction de choix, de projets de société. Le citoyen a son mot à dire sur l'usage des sciences et des techniques, surtout quand elles ont un effet sur son quotidien, sur ses libertés.

B Communauté savante et communauté scientifique

1. Qu'est-ce qu'une communauté savante ou scientifique ?

• **Le terme prend ses racines dans la formation de groupes détenteurs du savoir.** Dès l'Antiquité et le Moyen Âge, en Chine comme en Europe, dans le monde arabe comme dans l'Amérique précolombienne, on distingue des cercles très restreints de personnes lettrées, aux connaissances larges (mathématiciens ou philosophes grecs, arabo-musulmans, clercs de l'Église catholique, etc.).

• **La notion se consolide avec l'humanisme.** Les savants humanistes de l'Europe des XVe-XVIe siècles ont le sentiment de partager une identité commune, fondée sur les mêmes centres d'intérêt et démarches intellectuelles qui les font se reconnaître et s'apprécier par-delà les frontières.

> **Sachez que...**
> On désigne l'ensemble de ces savants sous la dénomination de « République des Lettres ». Ils voulaient s'appuyer sur la raison dans l'affirmation et le développement des connaissances.

• **L'expression « communauté savante » désigne initialement un groupe de gens savants à une échelle réduite.** Il peut s'agir d'abord d'un cercle local (académie de province) regroupant les lettrés d'une ville, d'une région. Progressivement, le terme peut s'appliquer à un groupe de savants du même domaine de savoir (communauté des médecins, des chimistes, des sociologues…).

• **L'expression « communauté scientifique » est aujourd'hui plus volontiers utilisée.** Elle peut désigner tout autant une communauté savante dans le sens précédent (les géographes, les biologistes…) que l'ensemble des scientifiques, toutes disciplines confondues. Les rapports sur le réchauffement climatique résultent par exemple du travail de nombreux chercheurs dans différents domaines.

2. Un fonctionnement fondé sur des principes communs

• **Appartenir à la communauté scientifique, c'est s'inscrire dans un fonctionnement particulier, collectif.** Un scientifique n'est reconnu comme tel que par ses pairs, et son travail n'est jugé valide que dans le respect de certaines règles. On peut alors parler de consensus scientifique quand un fait est admis par l'ensemble de la communauté – ce qui n'interdit pas, au contraire même, débats et remises en cause : ainsi Einstein obligea-t-il les physiciens à nuancer leur vision de l'univers issue de Newton.

- **En effet, la démarche scientifique se fonde sur une méthode.** Elle consiste en une démarche d'administration de la preuve par un travail de vérification, de recherche permettant de confirmer – ou d'infirmer – une théorie, une hypothèse préalablement posée. Cette démarche est valable aussi bien dans les sciences dites « exactes » (mathématiques, physique, biologie…) que dans les sciences sociales.

- **Le principe d'échange et de communication est fondamental.** Le savoir ne se construit que par l'accumulation, la confrontation, la mise en relation des connaissances. Celles-ci peuvent avoir lieu aussi bien à l'intérieur d'une discipline qu'entre disciplines. Les contacts entre savants existent depuis l'Antiquité, les moyens de communication modernes permettent d'accélérer l'échange et le processus de production et de vérification des connaissances.

Sachez que…
La République des Lettres humaniste fonctionnait par les échanges épistolaires et les voyages, les rencontres entre savants.

C Acteurs et modalités de la circulation de la connaissance

1. Qu'est-ce qui circule ?

- **La circulation de la connaissance renvoie aux idées et aux hommes.** On parle bien entendu de la diffusion de connaissances, de théories (Darwin, Einstein…), de découvertes (la radioactivité…) ainsi que de techniques, d'objets (la lunette astronomique de Galilée, l'ordinateur…). La circulation de la connaissance est aussi celle des savants (les humanistes et la République des Lettres à la Renaissance, par exemple). Enfin, la circulation peut être interdisciplinaire, les disciplines pouvant s'épauler et s'influencer les unes les autres (l'importance des mathématiques dans la physique, le concept de « darwinisme social »…).

- **La connaissance circule dans des espaces et dans le temps.** La diffusion fut d'abord lente, de civilisations à civilisations (la lente utilisation du zéro, émergeant en Inde au IIIe siècle av. J.-C. et transmis en Europe au XIIIe siècle, en passant par les Arabes). Aujourd'hui, cette circulation est d'ordre planétaire et quasi instantanée.

2. Comment la connaissance circule-t-elle ?

> **Sachez que...**
> Les grandes bibliothèques (comme la BnF à Paris ou celle du Congrès aux États-Unis) ou les archives ont toutes lancé de grands programmes de numérisation de leurs fonds.

- **La connaissance peut circuler par plusieurs vecteurs, à commencer par la publication.** L'ouvrage scientifique est le premier moyen de transmission du savoir, et ce depuis l'Antiquité, l'invention de l'imprimerie ayant démultiplié la possibilité de publier. Les médias ont complété cette activité, par l'intermédiaire de médias spécialisés comme par celui de médias généralistes, qui font œuvre de vulgarisation. Internet s'offre aujourd'hui comme une nouvelle révolution de la circulation de la connaissance par ses capacités de stockage et d'accessibilité.
- **Les scientifiques voyagent et échangent entre eux.** Ils peuvent se rencontrer ponctuellement pour des conférences, colloques et autres congrès. Ils peuvent aussi partir à l'étranger travailler dans des laboratoires ou enseigner.
- **Enfin, l'éducation est un des fondements de la circulation de la connaissance.** Elle permet surtout un élargissement du public ayant accès à la connaissance. La démocratisation de l'enseignement, l'accès à tous les enfants a rendu possible la « société de la connaissance ».

L'ESSENTIEL

La société de la connaissance

- La notion de « société de la connaissance » émerge dans les sciences sociales au XXe siècle, notamment grâce aux travaux de Peter Drucker. Elle prend en compte l'importance croissante de la connaissance dans les processus économiques et sociaux.
- Les scientifiques échangent des informations, des savoirs, des connaissances pour poursuivre leur travail. Ils se reconnaissent surtout sur des méthodes qui permettent de valider celui-ci.

2 Produire et diffuser des connaissances

A L'alphabétisation des femmes dans le monde depuis le XVIe siècle

1. Les fondements de l'alphabétisation des femmes en Occident

- **Il y a quelques témoignages d'un accès des femmes au savoir à partir de l'apparition de l'écriture** : scribes en Mésopotamie et en Égypte, philosophes grecques, femmes de lettres en Chine, commerçantes italiennes et abbesses au Moyen Âge.

- **La généralisation d'une éducation des femmes commence en Europe au XVIe siècle, favorisée par l'humanisme.** Si les humanistes s'intéressent à l'éducation, peu se penchent cependant sur le cas spécifique des filles, et les femmes humanistes restent rares (Christine de Pisan au XVe siècle, la poétesse Louise Labé au XVIe siècle).

- **C'est surtout la concurrence religieuse au sein du christianisme entre protestants et catholiques qui a déclenché le mouvement.** Les protestants prônant l'accès direct des fidèles à la Bible organisent leur éducation, filles comprises – une première école de filles ouvre à Wittenberg, berceau de la réforme de Luther, dès 1530, à Genève ensuite. L'Église catholique réagit et, dans sa Contre-Réforme, inscrit aussi l'éducation des garçons comme des filles au programme de sa reconquête des esprits.

- **Toutefois, cette éducation des filles reste limitée et méthodiquement circonscrite à une alphabétisation basique.** Elle consiste surtout en une capacité à lire et comprendre le catéchisme, à recevoir une instruction morale pour à leur tour bien élever leurs enfants, surtout leurs fils, ainsi qu'une instruction technique (travaux de couture) pour tenir le foyer et exercer des métiers qui les éloignent de la rue et de ses mauvaises influences. Même l'émergence de femmes lettrées dans les élites (courant des Précieuses en France, écrivaines comme Mme de Scudéry ou Mme de Sévigné) est rapidement sapée, comme le rappellent les pièces de Molière (*Les Précieuses ridicules, Les Femmes savantes*).

COURS

Doc. **La maison royale de Saint-Cyr pour les filles de la noblesse désargentée**
Racine fait répéter sa pièce *Esther* par les élèves devant Louis XIV, en 1689.

Gravure de Pierre-Charles Coqueret, vers 1824.

• **Même l'époque des Lumières reste hostile à une élévation des femmes vers l'instruction.** Si on compte quelques figures importantes de la science ou de la Révolution (Émilie du Châtelet, Olympe de Gouges…), les textes (comme chez Rousseau) maintiennent une infériorité de l'état de fille face à celui de garçon, et donc dans leur éducation. Dans cette éducation, lire et apprendre restent plus importants qu'écrire et penser. La littérature reste rétive à la présence féminine qui se manifeste dans des formes spécifiques, plus de l'ordre du privé et de l'intime (correspondance, journaux, mémoires). Au milieu du XIXe siècle, Aurore Dupin prend ainsi le pseudonyme masculin de George Sand pour publier.

2. L'élargissement social et géographique de l'éducation

• **L'époque contemporaine, qui débute avec le XIXe siècle, permet un changement qualitatif et quantitatif qui débute en Occident, conduisant à l'égalité d'éducation.** La généralisation de l'enseignement pour tous dans les pays européens bénéficie aussi aux filles. Mais l'éducation reste séparée, avec toujours une dimension technique qui va de pair avec la difficulté à accéder à la citoyenneté. Il faut donc attendre le XXe siècle

Sachez que…
Pour les mouvements féministes, qui deviennent très actifs au XIXe siècle, la revendication du droit à l'éducation va de pair avec l'obtention du droit de vote.

et l'obtention du droit de vote des femmes pour que l'égalité d'éducation se concrétise et se manifeste aussi dans la mixité (ou coéducation filles/garçons).

• **L'accès à l'université s'ouvre péniblement aux femmes.** Le Queen's College, créé par l'université de Londres en 1848, forme surtout des institutrices. Les femmes doivent demander une dérogation en Finlande ou en Espagne à la fin du XIXᵉ siècle, jusqu'au début du XXᵉ siècle, quand en 1901 les universités allemandes commencent à les accepter. Même Marie Curie est d'abord la femme de Pierre Curie et personne ne songe à lui donner la parole lors de la remise de leur prix Nobel en 1903. Souvent instruites pour agir dans la sphère de l'enfance, des femmes jouent un rôle pionnier en matière de pédagogie, comme l'Italienne Maria Montessori (1870-1952) ou la Française Françoise Dolto (1908-1988).

• **Si on passe progressivement au XXᵉ siècle de la phase d'alphabétisation à celle de l'instruction en Occident, en parallèle, le reste du monde entre à son tour dans la première phase.** La colonisation européenne s'accompagne, avec beaucoup de lenteur et de limites, d'une mise en place de formes élémentaires d'éducation, surtout destinées aux besoins de la société coloniale. Les pays qui échappent à la domination européenne imitent le modèle occidental et mettent en place des systèmes éducatifs, comme au Japon. Ainsi, Mustafa Kemal construit la république en Turquie dans les années 1920 en partie de cette façon, ouvrant l'éducation à égalité entre garçons et filles, université comprise.

Remarque
La question de l'éducation en Turquie, des femmes notamment, a été vue dans le programme de Première.

• **L'éducation des femmes devient ensuite un enjeu de la décolonisation.** Pour préserver l'identité culturelle et sortir du système colonial, la nécessité d'éduquer les femmes devient un enjeu important, surtout pour les mouvements nationalistes progressistes. La Tunisie de Bourguiba, indépendante en 1956, adopte le modèle républicain français, y compris dans la construction d'un système éducatif ouvert aux filles.

• **L'ONU, instituée après 1945, joue un rôle essentiel.** Diffusant les principes des droits de l'homme, elle s'attache à développer l'alphabétisation et l'éducation des femmes dans le monde à travers diverses actions et agences, notamment l'UNESCO.

• **Le bilan de ces siècles d'alphabétisation et d'éducation montre cependant des inégalités encore importantes.** Celles-ci sont patentes entre pays développés et en développement. Pour ces derniers, l'alphabétisation des femmes possède plusieurs enjeux : par l'éducation à la maternité et le contrôle de la fécondité, l'ouverture au marché du travail, il s'agit de ne plus cantonner les femmes au foyer pour permettre à la fois la maîtrise de la croissance démographique et le développement économique et social, et ainsi faire reculer la pauvreté. Dans les faits, beaucoup de filles n'ont pas encore accès à l'éducation.

• **Les inégalités filles/garçons dans l'éducation vont de pair avec les inégalités femmes/hommes dans toutes les sociétés, y compris développées.** Malgré le principe de l'égalité des chances, les situations et les opportunités professionnelles sont toujours moins bonnes pour les femmes. Les écarts sont importants en particulier quand il s'agit de monter dans la hiérarchie des responsabilités, dans les secteurs de l'économie comme de la politique.

Doc. Quelques exemples de taux d'alphabétisation des femmes de plus de 15 ans dans le monde

Afghanistan	30 %	**Inde**	66 %
Afrique du sud	86 %	**Iran**	81 %
Algérie	75 %	**Nigeria**	53 %
Bénin	31 %	**Pérou**	92 %
Chine	95 %	**Portugal**	95 %
Cuba	100 %	**Turquie**	93 %
Guinée	22 %	**Uruguay**	99 %
Hongrie	99 %	**Monde**	**83 %**

Source : UNESCO, 2014-2018.

ZOOM SUR...

Marie Curie

1 L'éducation d'une femme

→ **Marie Curie grandit dans un milieu enseignant.** Elle naît Maria Sklodowska en 1867, à Varsovie, dans la partie de la Pologne annexée par la Russie en 1815. Sa mère est institutrice ; son père est professeur de physique et de mathématiques et dirige des écoles.

→ **Elle réussit de brillantes études secondaires et veut poursuivre ses études supérieures.** La russification de la Pologne oblige les étudiants à suivre des études dans les universités russes ou, clandestinement, dans l'« Université volante » – ce que fait Marie.

→ **Désireuse d'enseigner – ce qui est alors interdit aux femmes –**, elle suit sa sœur partie faire des études de médecine à Paris. Elle y passe en 1893 sa licence de physique (elle est reçue première), puis de mathématiques (elle est reçue deuxième).

2 Une femme qui éduque

→ **Reçue première à l'agrégation de mathématiques** (enseignement pour les jeunes filles) en 1896, elle se consacre cependant, avec son époux Pierre Curie, aux travaux de laboratoire qui commencent sur la radioactivité et auxquels elle consacre sa thèse de doctorat (1903).

→ **Elle commence ses activités d'enseignement,** d'abord pour les conférences de physique de l'École normale de Sèvres qui forme les enseignantes. Elle reprend, à la mort accidentelle de son époux en 1906, la chaire de physique que celui-ci avait obtenue à la faculté après avoir reçu le prix Nobel, devenant la première femme à enseigner à la Sorbonne.

→ **Elle forme durant la Première Guerre mondiale**, avec sa fille Irène, les techniciennes des unités mobiles de radiologie qu'elle a contribué à mettre en place sur le front.

COURS

B Recherche et échanges des hommes et femmes de science sur la radioactivité de 1896 aux années 1950

1. Le fonctionnement d'une communauté savante

• **L'exemple des découvertes autour de la radioactivité est tout à fait représentatif du fonctionnement d'une communauté savante.** Les moyens techniques dont elle dispose en ce début de XXe siècle (matériel scientifique, moyens de communication) permettent un rythme rapide d'accumulation de connaissances par des découvertes et des échanges.

• **La dimension internationale de ces échanges est une autre caractéristique remarquable.** Si la découverte de la radioactivité se fait en France en 1896, elle s'appuie sur des travaux antérieurs puis postérieurs faits en Allemagne, implique vite l'empire britannique (un des plus éminents chercheurs britanniques dans ce domaine, Rutherford, venait de Nouvelle-Zélande et travailla au Canada), se diffuse vers l'Italie, le Japon, les États-Unis…, sans oublier que Marie Curie est originaire de Pologne, alors sous domination russe.

Doc. L'origine des chercheurs et des laboratoires travaillant sur la radioactivité

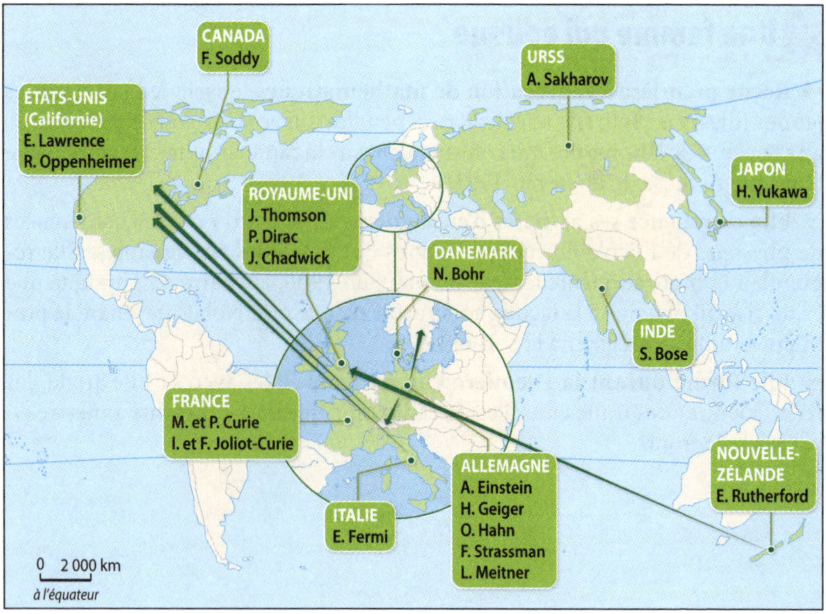

● **La production et la diffusion de connaissances se font par divers moyens.** Le premier d'entre eux est la publication d'articles dans des revues scientifiques reconnues. Dans ces articles, les chercheurs font part à la fois de leurs expériences, des conclusions qu'ils en ont tirées, mais aussi de leurs théories pour expliquer les phénomènes observés, mais qu'ils n'ont pas encore complètement expliqués. Ces articles sont lus par les autres chercheurs, les incitant à imaginer de nouvelles expériences pour vérifier les conclusions et les hypothèses de leurs collègues. Ils publient enfin à leur tour leurs travaux. La communauté savante est donc, à partir de 1896 et la découverte initiale du rayonnement par Henri Becquerel, perpétuellement mobilisée et à l'affût du moindre progrès sur la question de la radioactivité et de la structure de l'atome pour en percer les mystères.

● **De nombreuses revues voient fleurir ces articles dans leurs pages** : au Royaume-Uni le *Philosophical magazine* ; en Allemagne les *Annalen der Physik und Chemie* ; aux États-Unis, la *Physical Review* ou *Nature* ; en France le *Journal de physique théorique et appliquée.* La presse grand public essaie de vulgariser ces découvertes et construit autour de ces chercheurs des figures de héros modernes.

Sachez que...

Les chercheurs publient parfois dans des revues étrangères. La nécessité de maîtriser la langue de publication favorise rapidement les revues anglo-saxonnes.

● **Les institutions scientifiques jouent un rôle essentiel.** Les Académies des Sciences et autres sociétés savantes tiennent des réunions régulières où les chercheurs peuvent venir présenter et discuter leurs travaux. Elles possèdent leurs propres revues : les *Proceedings* de la Royal Society de Londres ou ceux de la Société physico-mathématique de Tokyo ; en France, les *Comptes rendus de l'Académie des Sciences* voient paraître les articles fondateurs de Becquerel et de Pierre et Marie Curie.

● **Les universités accueillent ces chercheurs comme enseignants.** Ils y ont soutenu et publié leurs thèses, des bourses leur permettent parfois de rejoindre des équipes de recherche à l'étranger. Enfin, leurs laboratoires y sont souvent rattachés. Un des plus célèbres laboratoires, parmi les mieux équipés au début des recherches sur la radioactivité, était celui de Cambridge, où opéraient Thomson et Rutherford.

● **Le rôle de l'État dans le soutien à la recherche est primordial.** Si le Royaume-Uni et les États-Unis prennent de l'avance, la France réagit dans les années 1930 avec la création d'une caisse nationale de la recherche scientifique (futur CNRS), ou avec la création en 1945 du Commissariat à l'énergie atomique (CEA), confié à Frédéric Joliot-Curie, pour rattraper le retard dû à la guerre.

● **D'autres moyens permettent la circulation de la connaissance, en particulier par l'établissement de liens directs entre les chercheurs.** Ceux-ci correspondent et échangent leurs réflexions, leurs hypothèses, leurs critiques aussi, sur les travaux des uns et des autres. Des congrès scientifiques les réunissent périodiquement, où ils peuvent confronter leurs avancées et multiplier les hypothèses. Le plus célèbre de ces congrès se tient à Bruxelles : le congrès Solvay, du nom du chimiste et industriel belge qui en prit l'initiative et en fut le mécène.

• **L'attribution du prix Nobel vient couronner ce travail collaboratif.** Les propositions sont faites par les scientifiques eux-mêmes et l'Académie des Sciences de Suède, qui les centralise, choisit ensuite le/la ou les savants à qui elle décerne le prix. Dès 1903, Henri Becquerel et les époux Curie reçoivent le prix Nobel de physique pour leurs recherches mettant en évidence la radioactivité.

2. La question de la radioactivité, un enjeu économique et politique

• **Si la communauté savante semble neutre et désintéressée, ne cherchant que le savoir, elle est vite rattrapée par les questions économiques et politiques.** La radioactivité intéresse les industriels et connaît des applications qui se veulent médicales. La découverte de la radioactivité était au départ associée aux recherches de l'Allemand Röntgen sur les rayons X. Ceux-ci connaissent une utilisation immédiate pour l'analyse des blessures, fractures, etc. et Marie Curie renforce sa popularité durant la Première Guerre mondiale en mettant en place des unités mobiles de radiologie. Elle fonde aussi l'Institut du radium, qui s'oriente vers des applications dans le traitement des cancers par radiothérapie. Des crèmes au radium pour une éternelle jeunesse font fureur dans l'entre-deux-guerres, avant qu'on en admette les dangers.

• **L'enjeu géopolitique devient vite évident et les chercheurs en ont conscience.** Les quantités d'énergie libérées par les manipulations de l'atome, en particulier dans les expériences de fission puis de radioactivité artificielle, peuvent être utilisées à des fins militaires. Frédéric Joliot-Curie le signifie clairement lors de la remise du prix Nobel en 1935. Dans les années 1930, les tensions politiques compliquent la coopération entre les laboratoires et les chercheurs et un certain esprit de compétition s'empare de la communauté, à la fois par désir de progresser, mais aussi sous la pression politique. En 1938, la physicienne Lise Meitner fuit Berlin et les persécutions antisémites pour se réfugier en Suède.

Doc. Extrait du discours de Frédéric Joliot-Curie lors de la remise de son prix Nobel, en 1935

> Si, tournés vers le passé, nous jetons un regard sur les progrès accomplis par la science à une allure toujours croissante, nous sommes en droit de penser que les chercheurs, construisant ou brisant les éléments à volonté, sauront réaliser des transmutations à caractère explosif, véritables réactions chimiques à chaînes, une transmutation en entraînant plusieurs autres. Si de telles transmutations arrivent à se propager dans la matière, on peut concevoir l'énorme libération d'énergie utilisable qui aura lieu. Mais, hélas, si la contagion a lieu pour tous les éléments de notre planète, nous devons prévoir avec appréhension les conséquences du déclenchement d'un pareil cataclysme.

- **La course à l'énergie atomique militaire durant la Seconde Guerre mondiale mobilise les chercheurs dans chaque camp**, impliqués dans des projets dirigés par l'armée et financés par l'État. En août 1939, une lettre du physicien hongrois Léo Szilard, soutenue par Albert Einstein et adressée au président Roosevelt, avait déjà averti celui-ci des recherches en la matière menées par l'Allemagne nazie. Les États-Unis rattrapent leur retard par des investissements colossaux (2 milliards de dollars et 130 000 personnes mobilisés au total) et mettent sur pied le projet Manhattan, qui fait appel à une équipe internationale (l'Américain Robert Oppenheimer, l'Italien Enrico Fermi, le Danois Niels Bohr…).

- **L'occupation de la France ralentit les recherches des époux Joliot-Curie** qui parviennent cependant à cacher une partie de leur matériel. Par ailleurs, ils bénéficient jusqu'au printemps 1942 de la protection de Wolfgang Gentner, officier chargé du contrôle des laboratoires, mais surtout physicien lui-même, qui avait collaboré avec eux au début des années 1930 et participé à la découverte de la radioactivité artificielle. Ce dernier ferme les yeux sur les activités de résistance de Frédéric Joliot-Curie et parvient à protéger d'autres savants comme Paul Langevin, arrêté puis placé en résidence surveillée.

Sachez que…

L'invasion allemande de la Norvège en avril 1940 visait, outre le contrôle du littoral de l'Europe du Nord, à mettre la main sur les stocks d'eau lourde, utile à la fission nucléaire – stocks qu'une opération franco-britannique permit de soustraire au contrôle des nazis.

- **La question du contrôle des connaissances sur l'énergie atomique est un enjeu majeur de la guerre froide.** L'URSS, d'abord inquiète de la suprématie américaine sur la bombe atomique, parvient à la mettre au point en partie grâce à l'espionnage. Les États-Unis apprécient peu que Frédéric Joliot-Curie, aux sympathies communistes affirmées, soit à la tête du CEA français.

L'ESSENTIEL

Produire et diffuser des connaissances

- L'alphabétisation des sociétés est essentielle pour accroître la capacité à produire et diffuser des connaissances. Le cas de l'alphabétisation des femmes reflète à la fois les progrès et les retards dans la marche vers l'égalité femmes/hommes.
- L'exemple de la recherche en matière de radioactivité est symbolique du fonctionnement d'une communauté savante, mais aussi de l'accélération et de l'internationalisation permise par les moyens techniques de communication qui se multiplient à partir du XIXe siècle.

3 La connaissance, enjeu politique et géopolitique

A Le renseignement au service des États : les services secrets soviétiques et américains durant la guerre froide

1. Organiser les services secrets : les structures et les hommes

• **Les services secrets existent depuis la plus haute Antiquité et ont continué à se structurer et à évoluer avec la formation des États en fonction des besoins de leur politique étrangère et de défense.** De ce point de vue, l'Europe et ses États issus des monarchies médiévales, souvent en conflit, ont une longueur d'avance, en particulier dans la longue rivalité franco-britannique. L'espionnage (recherche d'informations concernant le rival) ou le contre-espionnage (visant à empêcher le rival de collecter des informations) ont leurs héros dès l'époque moderne.

Sachez que…

Beaumarchais, surtout connu comme écrivain et dramaturge fut aussi un agent de la monarchie française contre l'Angleterre. Les agents doivent généralement opérer sous des « couvertures », activités officielles et souvent réelles.

• **Durant la guerre froide, les deux nouvelles superpuissances que sont les États-Unis et l'URSS disposent de plusieurs services de renseignement**, classiquement structurés avec un volet civil, voire policier, dans le cadre des ministères, et un volet militaire, au sein de l'armée – ces services étant aussi souvent en concurrence.

• **L'URSS a plus d'avance.** Elle hérite des structures tsaristes et, pour défendre le nouveau régime et la patrie du communisme, a très tôt mis sur pied des services d'espionnage et de contre-espionnage. La police politique (Tcheka, qui deviendra GPU puis NKVD, et enfin KGB sous Khrouchtchev) sous contrôle du ministère de l'Intérieur dispose de ses services sur le territoire soviétique, qui agissent aussi dans les pays frères d'Europe de l'Est. Elle dispose depuis les années 1920 d'un service actif à l'étranger, l'INO (futur PGU, qui délègue les tâches aux services des démocraties populaires).

Sachez que…

Les liens entre l'État soviétique et ses services secrets sont forts. Youri Andropov, chef du KGB entre 1967 et 1982, devint secrétaire général du Parti communiste, donc l'homme fort de l'URSS, de 1982 à 1984. Beria, chef du NKVD, avait déjà tenté de succéder à Staline, mais fut éliminé par Khrouchtchev et ses alliés.

• **Les États-Unis, jeune État, tâchent de rattraper leur retard.** Si l'armée dispose de son service de renseignement, utile en temps de guerre, il manque un service civil. Il se crée sous la direction du département d'État pour répondre aux besoins de la présidence qui veut des informations pour mieux comprendre le nouvel adversaire soviétique et déterminer sa politique étrangère.

Durant la guerre, les États-Unis avaient mis sur pied l'OSS (Office of Strategic Services) avec l'aide des Britanniques. Il disparaît à la fin de la guerre, mais des structures provisoires se mettent en place, dont l'armée cherche à garder le contrôle.

Sachez que...
Le département d'État est l'équivalent du ministère des Affaires étrangères en France.

- **Finalement, deux structures civiles se mettent en place.** Au moment où la rupture avec l'URSS se concrétise, la CIA (Central Intelligence Agency) est créée le 18 septembre 1947, conjointement avec le NSC (National Security Council, Conseil de sécurité nationale), organe gouvernemental conseillant le président. Par ailleurs, l'armée, qui reste active dans le domaine, réorganise secrètement en 1952 un de ses services de capture des communications pour devenir la NSA (National Security Agency) mais elle est placée sous le contrôle de la CIA. La CIA, à qui le domaine des actions extérieures est réservé, est parfois en concurrence pour le contre-espionnage sur le sol américain avec le FBI (police fédérale) de Hoover, qui voit d'un mauvais œil lui échapper le domaine du renseignement.

Sachez que...
Le secret entourant la création de la NSA, éventé à la fin des années 1950, amena les journalistes à rebaptiser cette agence dont personne ne voulait parler en « *No Such Agency* » (« une telle agence n'existe pas »).

- **Tous ces services ont besoin d'hommes et de femmes : leurs agents secrets.** On peut distinguer plusieurs types d'agents. Les services de l'armée sont évidemment composés de militaires, des officiers et sous-officiers dirigeant l'ensemble. Dans tous les cas, une grande partie des agents est composée d'administratifs, qui traitent des dossiers, reçoivent et trient les informations, suivent depuis leurs bureaux les actions menées, dans des centres dédiés occupant parfois des espaces considérables (à Langley pour la CIA, à Fort Meade pour la NSA, à Moscou...).

- **Enfin, les services ont besoin d'agents sur le terrain**, volet le plus connu de leurs actions, popularisé par le cinéma ou la littérature. Ceux-ci peuvent être directement des ressortissants envoyés en poste officiel (en ambassade : attachés économiques, culturels, militaires ; agents commerciaux pour le compte d'entreprises, d'organisations) qui, en plus de leurs fonctions, sont chargés de collecter des informations.

Sachez que...
George Kennan, chargé d'affaire à l'ambassade américaine à Moscou après guerre, fut un des piliers des doctrines en matière de guerre froide (le *containment* ou « endiguement » du communisme) et de renseignement.

- **Mais le recrutement d'agents locaux plus à même d'agir au sein de la société du rival reste indispensable** et est confié aux acteurs précédents qui sont leurs « agents de liaison ». Le recrutement est plus facile pour les services soviétiques aux États-Unis – même si la faiblesse du parti communiste assèche une source bien exploitée dans les années 1930-1940.

COURS

Il est plus difficile pour la CIA en URSS – même si, à partir des années 1960, le desserrement de l'étau policier et les désillusions quant au modèle communiste amènent certains Soviétiques à collaborer. Les cas d'agents doubles ou « taupes », recrutés par un service dans celui du pays adverse sont évidemment les plus fameux par leur côté spectaculaire, mais ils forment la partie émergée de l'iceberg du monde du renseignement.

Sachez que…
Après 1945, Américains comme Soviétiques ont récupéré et recyclé dans leurs services de renseignement de nombreux nazis, reconnus pour leurs compétences dans ce domaine.

2. Collecter et transmettre les informations : objectifs et techniques

• **Quels renseignements les agents cherchent-ils ?** Il s'agit de connaître les intentions de l'adversaire, ses forces et son potentiel, et de surveiller ses éventuelles actions. Les intentions réelles ne sont en effet pas nécessairement celles déclarées publiquement et il s'agit aussi d'évaluer l'évolution des stratégies pour s'adapter. En collectant des informations sur le potentiel de l'adversaire, on jauge ses capacités d'intervention, notamment militaires, qu'on peut comparer aux siennes pour éventuellement se maintenir à son niveau ou le dépasser. On peut récupérer au passage des connaissances, notamment en matière de technologies, ce secteur faisant l'objet d'un espionnage accru et réciproque.

• **Ces renseignements permettent aussi de mener des actions.** Elles sont de deux ordres : actions subversives ou de déstabilisation de l'adversaire, voire de sabotage ou d'intoxication (faire circuler de fausses informations) et actions de contre-espionnage pour court-circuiter celles menées des agents adverses et protéger ses propres informations. La CIA finance, avec l'aide d'entreprises américaines, des organisations qui peuvent affaiblir les communistes en Occident (les fédéralistes européens, le syndicat FO qui fait scission avec la CGT) et met sur pied des réseaux enterrés, destinés, en cas d'invasion soviétique, à structurer à l'avance une résistance plus efficace en tirant les leçons de la Seconde Guerre mondiale.

Sachez que…
On sait que les informations sur la recherche atomique passées par le réseau de Julius Rosenberg permirent aux Soviétiques, non pas de mettre au point leur bombe – ils y travaillaient de leur côté –, mais de gagner quelques mois voire années pour l'achever (en 1949), en sautant certaines étapes de mise au point.

• **Ces informations sont essentiellement destinées aux dirigeants.** Si cette transmission permet souvent d'adapter leurs stratégies, paradoxalement, les cas sont nombreux où ceux-ci préfèrent les ignorer quand elles ne correspondent pas à leur vision. C'est en particulier le cas en URSS, avec Staline (Beria retenait souvent des informations qu'il savait devoir lui déplaire), mais aussi sous Brejnev. Au début des années 1980, le Parti communiste se persuade que le président Reagan prépare une attaque nucléaire et ne veut recevoir de services de renseignement que les informations qui confirment cette paranoïa. Les Américains, mis au courant par Oleg Gordiensky, taupe soviétique travaillant pour les Britanniques, ne tiennent pas compte de cette paranoïa et prennent, comme lors de la crise de Cuba, le risque d'un conflit nucléaire lorsqu'ils lancent des manœuvres nucléaires de l'OTAN à l'automne 1983, après l'incident d'un avion civil coréen abattu par erreur par l'URSS.

- **Le renseignement distingue l'action humaine directe** (HUMINT, *Human Intelligence*)**, sur le terrain et l'action indirecte, à distance, nécessitant des technologies** (TECHINT, *Technologic Intelligence*)**.** Celles-ci incluent le COMINT (*Communication Intelligence*), dont fait partie le SIGINT (*Signal Intelligence*), qui recouvre toutes les opérations de cryptologie c'est-à-dire d'interception et de décodage des émissions ennemies par les ondes électromagnétiques.

Sachez que...
Les opérations SIGINT se sont perfectionnées durant la Seconde Guerre mondiale, contre les Allemands (pour casser le code Enigma) et les Japonais, permettant des progrès qui ont ouvert la voie à l'informatique.

Doc. Le navire espion américain *USS Liberty* et ses antennes
Ce navire fut pris pour cible en Méditerranée « par erreur » par les forces israéliennes lors de la guerre des Six Jours (juin 1967).

- **Cela nécessite un certain matériel** (navires-espions croisant dans les océans, avions à longue portée, antennes spéciales sur les ambassades, dérivations sur les câbles sous-marins...), **mais aussi du personnel qualifié** (techniciens radio, informaticiens cryptanalystes, linguistes...). Les Américains gardèrent leur rôle pionnier avec la NSA, en liaison avec les Britanniques et leurs dominions (Australie, Nouvelle-Zélande, Canada, Hong-Kong) leur offrant une présence intercontinentale pour mieux surveiller le bloc adverse. Le PGU soviétique se dota en 1968 d'un service analogue.

- **Les technologies accompagnent aussi le travail sur le terrain.** Si les gadgets « à la James Bond » sont certes exagérés pour les films, les micros cachés et appareils photographiques miniatures pour réaliser des microfilms sont une réalité du travail des agents. Durant la guerre du Vietnam, des capteurs sont disséminés sur la piste Ho Chi Minh, pour suivre les déplacements des communistes.

Sachez que...

Une enquête journalistique en 2020 a révélé l'opération « Rubicon » : la CIA et les services ouest-allemands avaient secrètement acquis en 1970 Crypto AG, une entreprise suisse spécialisée dans la fabrication de machines de cryptage, qu'ils ont pu truquer et contrôler pour espionner une centaine d'États qui s'en équipaient.

ZOOM SUR…

Les avions U-2 dans la guerre froide

1 Premières missions au-dessus de l'URSS

→ **L'espionnage aérien dans le cadre du TECHINT compense les lacunes de l'HUMINT.** Le recrutement d'agents en URSS étant complexe pour les États-Unis, ceux-ci se tournent vers l'utilisation d'avions espions pour mieux repérer le potentiel militaire soviétique (bases, rampes de missiles, usines, etc.).

→ **L'avion U-2 mis au point par la compagnie Lockheed** peut voler à 25 000 m d'altitude hors de portée des chasseurs et missiles avec une autonomie de 5 500 km. Ce type d'avions effectue une vingtaine de missions photographiques entre 1956 et 1960, décollant du Pakistan allié des États-Unis.

→ **Ils sont l'objet d'un incident diplomatique.** Le président Eisenhower avait promis un arrêt de ces missions à Khrouchtchev en 1959, en gage du dégel des relations américano-soviétiques. Un vol complémentaire a tout de même lieu le 1er mai 1960, mais il est abattu et son pilote est capturé – il sera jugé, emprisonné puis échangé à Berlin contre un espion soviétique. Cet incident est exploité par Khrouchtchev, annulant un sommet prévu à Paris et dénonçant l'espionnage américain à la tribune de l'ONU.

→ **Le perfectionnement technologique permit de continuer l'espionnage**, mais par satellite (dès août 1960 !), avec une amélioration de la résolution de l'image, notamment avec le passage au numérique.

2 Les U-2 à Cuba lors de la crise d'octobre 1962

→ **Ces avions sont réutilisés pour surveiller Cuba**, qui vient de basculer dans le camp soviétique. Contre son soutien diplomatique et son aide financière, l'URSS a obtenu d'installer une base de lancement de missiles nucléaires dirigés vers les États-Unis voisins.

→ **Un millier de photographies est pris au-dessus de l'île.** Elles sont montrées aux alliés des États-Unis pour obtenir leur soutien à une action américaine contre Cuba, qui se bornera à un blocus pour empêcher l'arrivée du matériel soviétique. Elles servent de pièces dans les justifications des États-Unis, notamment à l'ONU, pour obtenir le retrait des missiles par Khrouchtchev – en échange du retrait de missiles américains en Turquie.

Doc. Une des photographies prises par un avion U-2 au-dessus de Cuba, en octobre 1962

En octobre 1962, des avions de reconnaissance américains U2 repèrent des rampes de lancement de missiles soviétiques en construction sur le sol cubain.

B L'enjeu de la connaissance pour construire la puissance : l'exemple de l'Inde

1. La connaissance, un enjeu économique stratégique

• **Depuis la Préhistoire, l'évolution et l'amélioration des conditions de vie sont liées aux innovations et à leur circulation.** La révolution néolithique a permis une diffusion des techniques agricoles, qui se sont adaptées selon les milieux et les sociétés. La circulation des connaissances nouvelles s'est accélérée avec les innovations dans les domaines des transports et des communications. S'il a fallu plusieurs siècles pour que les explorateurs européens manient la boussole inventée par les Chinois, toute innovation au XXIe siècle a une portée immédiate et planétaire. Toutefois, le monde occidental garde une certaine avance historique dans l'innovation technologique et dans le développement économique et social (IDH les plus élevés).

• **Les nouvelles puissances émergentes comme la Chine, le Brésil ou l'Inde ont bien compris l'importance de l'insertion dans l'économie de la connaissance.** Il y a pour elles un enjeu de développement, mais aussi de maîtrise de ce développement par l'acquisition et surtout la production d'innovations technologiques pour ne pas dépendre des pays développés. En investissant dans le secteur R&D (recherche et développement), elles seront en mesure d'exercer à leur tour une influence, donc d'accroître leur puissance.

• **L'Inde s'est lancée dès les années 1980 dans ces politiques stratégiques.** Après avoir mis l'accent après l'indépendance (1947) sur l'autosuffisance des biens alimentaires et matériels (révolution verte agricole, développement industriel), elle tâche de rattraper son retard technologique sur l'Occident, mais aussi de se maintenir au rang des puissances en développement comme la Chine.

• **L'État indien s'est impliqué dans ce processus.** Il a ciblé des priorités dans certains domaines comme les télécommunications, la santé et l'informatique – ainsi que, plus classiquement, la défense, en particulier dans un contexte de tensions avec le Pakistan. Outre les investissements financiers et le soutien aux entreprises, il a mis en place des structures chargées de coordonner les actions et les politiques. Ainsi, la National Knowledge Commission, composée d'universitaires, économistes et chercheurs, comme Sam Pitroda, a travaillé entre 2005 et 2014 à conseiller le gouvernement en matière d'éducation, recherche, propriété intellectuelle, etc.

Remarque

La question des relations entre l'Inde et la Pakistan a été vue en Première. N'hésitez pas à puiser dans ce qui a été fait l'an dernier pour étoffer vos connaissances, mieux mettre en contexte les thèmes que vous étudiez, y compris dans la perspective du grand oral.

2. Développer un réseau universitaire

- **L'État a ainsi favorisé le développement des universités et des instituts technologiques** (IIT, Indian Institute of Technology) **pour former puis étoffer ses élites dans tous les domaines du savoir.** Avec la libéralisation de l'économie à partir des années 1990, des écoles privées se sont multipliées en parallèle. Aujourd'hui, l'Inde compte près de 1 000 universités, regroupant 37 millions d'étudiants, avec un relatif équilibre hommes/femmes. Sur une population totale de 1,3 milliard d'habitants, cela représente environ 3 % – pour comparaison, le chiffre pour la France est de l'ordre de 4 % –, mais uniquement un quart de la tranche d'âge 18-23 ans – plus du double pour la France.

- **Ces universités ont été réparties sur le territoire en tenant compte du dynamisme économique régional.** Elles sont souvent liées à des pôles économiques majeurs. Si on en trouve évidemment dans les villes principales, comme la capitale ou Mumbai, au sud du pays, Bangalore surnommée la « Silicon Valley indienne », possède un Institut des Sciences réputé qui travaille avec les entreprises de l'informatique, l'aéronautique, la pharmacie… Pune, centre de l'industrie automobile se diversifiant dans les nouvelles technologies, possède une université surnommée « l'Oxford de l'Orient ». À Hyderabad, pôle des télécommunications et des biotechnologies, se situent plusieurs établissements, dont une école privée fondée en partenariat avec l'École centrale de Paris.

- **Les liens avec des établissements extérieurs sont fondamentaux.** Il permet à l'Inde – qui a un passé prestigieux dans l'histoire intellectuelle et scientifique de l'humanité, par exemple dans les mathématiques – d'accroître son niveau dans le domaine de la connaissance et de former des élites (ingénieurs, économistes, etc.) ayant les mêmes compétences que celles des pays développés, lui permettant ainsi de renforcer sa puissance économique et ses capacités d'innovation.

- **Des étudiants indiens partent se former à l'étranger, surtout dans le domaine des sciences.** Ils sont environ 300 000 chaque année à étudier dans des universités étrangères, soit à peine 1 % de toute la population estudiantine indienne. À 80 %, ils choisissent des pays anglophones, États-Unis largement en tête (plus de 40 %) devant l'Australie, plus proche, et l'ancienne métropole coloniale, le Royaume-Uni. La France n'est que le 10e pays d'accueil.

Sachez que…
Après l'indépendance, l'anglais est resté langue officielle de l'Inde, afin de faciliter la communication entre des populations très diverses sur le plan linguistique.

- **Toutefois, l'Inde subit aussi une fuite des cerveaux.** Beaucoup de diplômés indiens, en particulier ceux formés à l'étranger, cherchent à travailler en dehors de l'Inde pour valoriser leur formation par de meilleurs salaires, d'autant que certains pays développés cherchent à recruter dans certains secteurs comme l'informatique, à la fois parce qu'ils ne forment pas assez, mais aussi pour contenir la hausse des salaires qu'induirait un simple recrutement local.

• **Cependant, cette fuite des cerveaux connaît des formes de compensation qui peuvent bénéficier à l'Inde.** Une partie de ces diplômés peuvent travailler dans des entreprises ou laboratoires en lien avec les entreprises ou laboratoires indiens. Un retour au pays peut aussi s'effectuer au bout de quelques années.

• **L'Inde accueille aujourd'hui à son tour quelques étudiants étrangers (près de 50 000) dans ses universités, signe de son attractivité nouvelle.** Ce rayonnement reste cependant essentiellement régional, les principaux étudiants étrangers provenant des pays voisins où le réseau universitaire est très faible (Népal, Afghanistan, Bhoutan...).

Doc. L'Inde et la mobilité des étudiants

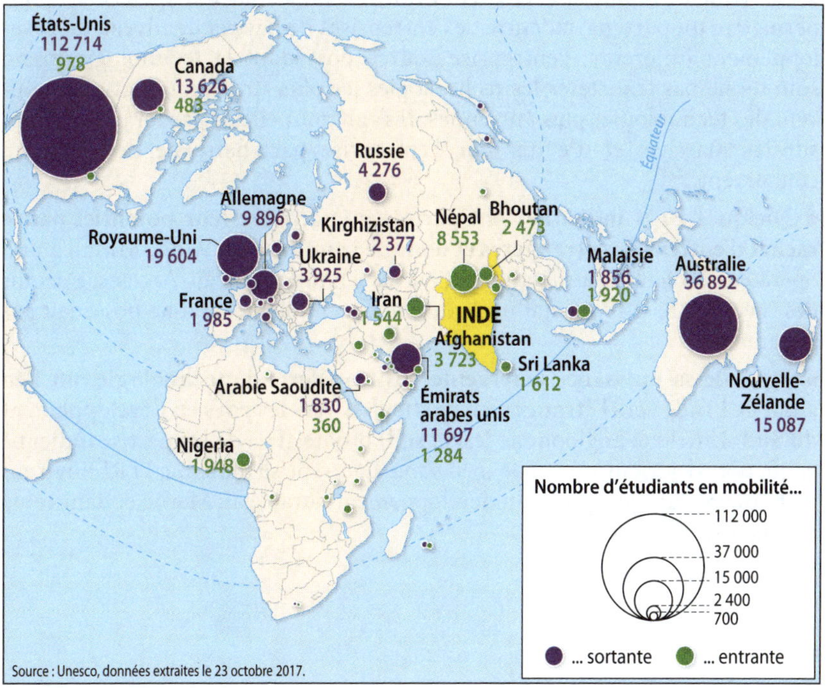

Source : Unesco, données extraites le 23 octobre 2017.

COURS

3. Les transferts de technologies

• **L'acquisition de technologies peut se faire par l'innovation, mais aussi par le biais de partenariats économiques.** On parle de transfert de technologie quand une entreprise étrangère, qui vient opérer sur le marché national soit en vendant ses produits soit en établissant des filiales, accepte au passage de partager avec les opérateurs locaux ses technologies, donc ses licences et brevets. Les entreprises locales acquièrent ainsi des connaissances et techniques nouvelles qu'elles peuvent utiliser dans leur production et adapter, améliorer.

• **Les transferts entre l'Inde et le reste du monde se font surtout dans les domaines des nouvelles technologies.** Ainsi, le premier groupe industriel indien, Tata, qui opérait initialement dans le secteur mécanique (trains, automobile) et l'acier s'est considérablement diversifié, notamment en passant des accords avec des entreprises comme Airbus ou Boeing dans l'aéronautique. Il opère aussi dans le domaine des services, y compris du numérique (télécommunications, SSII).

• **Ces transferts ont souvent leurs limites.** S'ils sont indispensables pour permettre un partenariat entre des entreprises de pays et de niveau de développement différents, l'entreprise source possédant la technologie prend soin de ne pas transférer les technologies les plus stratégiques et offre souvent des technologies plus anciennes. Il s'agit pour elle de garder un avantage sur les marchés et d'éviter que l'entreprise partenaire ne devienne un concurrent.

• **Quelques FTN indiennes ont parfois pu accroître leur potentiel par le rachat d'entreprises étrangères et donc de leurs savoirs.** Ainsi, Mittal, grand opérateur indien de la métallurgie, en rachetant le français Arcelor, a acquis des savoir-faire sur la métallurgie de haute technologie qu'il ne possédait pas auparavant.

• **Signe de sa puissance émergente, les transferts de technologie ont lieu aussi de l'Inde vers l'étranger, en particulier vers les pays en développement du Sud.** L'Afrique anglophone (est et sud) profite ainsi de l'expertise indienne en matière d'agriculture ou de médecine. L'entreprise indienne ITRI Environment opère dans le secteur du développement durable au Maroc et dans toute l'Afrique de l'Ouest.

Doc. L'Inde, partenaire historique de l'industrie de défense française

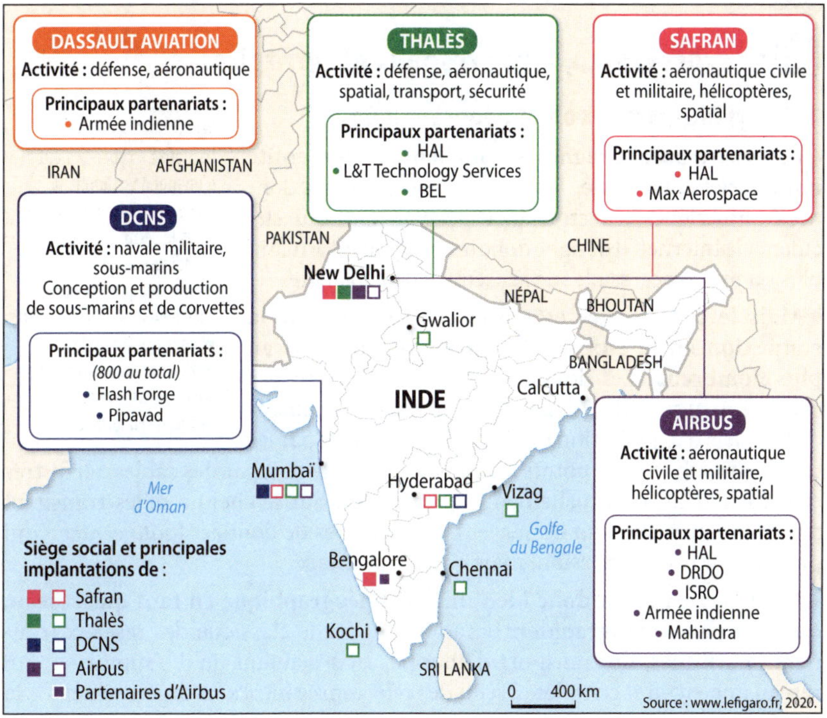

Source : www.lefigaro.fr, 2020.

L'ESSENTIEL

La connaissance, enjeu politique et géopolitique

- La connaissance est un enjeu géopolitique majeur qui amène les États à développer des organes spécifiques afin de maintenir ou augmenter leur niveau de puissance.
- Ainsi, la guerre froide s'est déroulée aussi sur le terrain de l'espionnage entre les services secrets américains (CIA, NSA...) et soviétiques (KGB).
- L'acquisition et la maîtrise des connaissances est indispensable au développement économique et social, en particulier dans une économie mondialisée qui met en compétition les États.

4 Le cyberespace, conflictualités et coopérations

A Le cyberespace, entre réseaux et territoires

1. Le cyberespace, un objet géographique ?

• **Le cyberespace désigne essentiellement une entité immatérielle, virtuelle.** Il s'agit de l'ensemble des données numériques, en croissance permanente, qui circulent via Internet. Il désigne donc un contenu informatif, plus ou moins accessible sur l'ensemble de la planète.

• **Mais le cyberespace est aussi la résultante de la connexion entre eux d'objets matériels de plus en plus nombreux.** Les données partent et arrivent par des terminaux (ordinateurs, smartphones...), équipés de logiciels d'exploitation qui les rendent lisibles par les utilisateurs. Entre ces points terminaux, elles passent par des câbles, terrestres et sous-marins, éventuellement des satellites. Sur le chemin, elles transitent par des nœuds que sont les serveurs, des centres de données (*data centers*) qui permettent la transmission, mais aussi le stockage.

Sachez que...
Le préfixe « cyber- » vient d'un mot grec signifiant « piloter ». Il a été popularisé après la Seconde Guerre mondiale sous le terme de « cybernétique » par un chercheur américain, Norbert Wiener, qui faisait des recherches sur une nouvelle science des machines aux débuts de l'informatique.

• **Le cyberespace est donc bien un objet géographique en tant que réseau, que l'on peut cartographier.** Il s'ajoute à l'étude classique des réseaux (routiers, maritimes, de transport d'énergie, etc.) d'autant qu'il s'appuie sur un réseau ancien qu'il complète : celui des télécommunications organisé depuis la fin du XIXe siècle. On peut donc faire une géographie des axes et des nœuds par lesquels passent les données.

• **Les différences de flux entre les régions du monde sont des indicateurs des niveaux de développement et d'insertion dans la mondialisation.** Ils confirment la maîtrise et l'utilisation du réseau essentiellement par les pays du Nord et l'émergence de pays du Sud comme la Chine ou l'Inde. L'Afrique apparaît toujours en retrait. Ces différences se lisent aussi à l'échelle continentale, sud et nord de l'Afrique étant mieux intégrés que le reste du continent.

Doc. Les câbles sous-marins et *data centers*

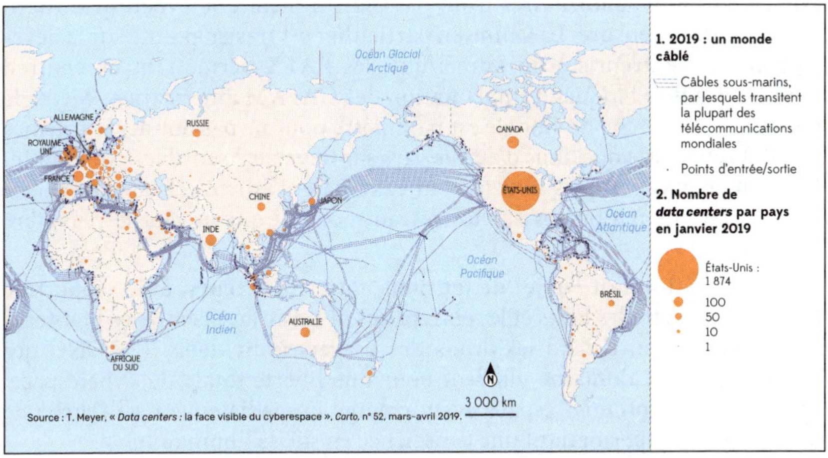

Source : T. Meyer, « *Data centers* : la face visible du cyberespace », *Carto*, n° 52, mars-avril 2019.

2. Le cyberespace, un enjeu géopolitique et géoéconomique

• **Le cyberespace, tout immatériel qu'il puisse paraître, implique de nombreux acteurs « physiques » qu'on retrouve classiquement en géographie.** Les utilisateurs individuels, privés, dont on peut recenser les usages, les connexions, se comptent par milliards désormais – 80 % de l'humanité étant connectée en 2018. Le rôle des réseaux sociaux dans les révoltes, voire les révolutions, qui touchent ponctuellement certains points de la planète, a été mis en lumière lors des Printemps arabes de 2011 et ne cesse de croître.

• **Les entreprises jouent un rôle essentiel.** Elles utilisent de plus en plus le cyberespace dans leur processus productif, par la numérisation accrue des tâches. Les FTN qui agissent à échelle planétaire ont besoin de ce réseau mondial. Les flux financiers, dématérialisés, passent essentiellement par ce réseau, ils ne sont que des informations, des données parmi d'autres. Enfin, on compte parmi les FTN de grandes entreprises spécialisées dans la construction et la maintenance du réseau, des serveurs, mais aussi des terminaux (Apple) ou des logiciels (Microsoft)…

• **Enfin, les États interviennent aussi sur le cyberespace.** Si le préfixe cyber- renvoie au verbe « piloter », il peut prendre aussi le sens de « gouverner » (« cybernétique » est issu du grec signifiant « gouvernail »). Originellement, il s'agit, d'un point de vue technique, de piloter les machines, mais la question reste bien posée aussi sur le plan social et politique : qui décide du « bon usage » des machines, des données, de leur circulation ?

- **Les États peuvent donc légiférer et exercer un contrôle sur le cyberespace**. Les États autoritaires n'ont pas omis d'inclure le cyberespace dans l'exercice de la censure. La Chine en particulier est très en pointe sur le développement d'entreprises du numérique, les BATX permettant de contrer, pour ne pas dire bloquer, l'implantation des GAFAM américaines. Même le moteur de recherche de Google est paramétré pour ne pas donner les mêmes résultats en Chine que dans d'autres pays sur des sujets sensibles pour Pékin. Les États démocratiques font face au casse-tête d'édicter et faire respecter des législations nationales sur un réseau mondial qui se veut le plus libre possible.

- **Cette question fait l'objet de tensions entre les acteurs.** Si le rapport de forces existe entre les États et les entreprises, il existe aussi entre les États et la société civile, qui défend les droits des usagers individuels. Les ONG qui militent dans ce domaine plaident pour une liberté totale du cyberespace, vécu comme le premier espace ayant émergé immédiatement à l'échelle de toute la planète, permettant une conscience en soi de l'humanité.

- **Entre liberté et contrôle du réseau, le dialogue est nécessaire entre tous ces acteurs, afin de trouver les modalités pour marier respect des droits et lutte contre les dangers du cyberespace.** En 2018, à l'initiative de Microsoft, 34 grandes entreprises signent le Cybersecurity Tech Accord pour se coordonner dans la protection de leurs clients dans le cyberespace. Des chercheurs et experts ont mis sur pied en 2017 la GCSC (Global Commission on the Stability of the Cyberspace), une commission pour la cyberstabilité qui conseille gouvernements et entreprises, dont certains (comme le ministère des Affaires étrangères français) la soutiennent et la financent directement.

- **Un accord entre les États dans le cadre de l'ONU semble encore lointain**, même si le sujet fait l'objet d'un dialogue permanent au sein de ses commissions. Des États comme la Russie ou la Chine prônent la souveraineté nationale en ce domaine et rejettent l'idée d'une coopération internationale.

B La France et la cyberdéfense

1. Un enjeu de défense nationale

- **La cyberguerre a commencé dès le début du XXIe siècle.** De nombreux exemples d'attaques de réseaux et de captures de données numériques montrent l'enjeu du contrôle et de la protection des données numériques. Or, elles proviennent parfois d'États eux-mêmes, qui ajoutent cette nouvelle arme à leur arsenal en matière d'offensive ou d'espionnage.

• **La France a pris conscience de la nécessité de mettre en place des structures de cyberdéfense.** Il s'agit pour elle de protéger ses données sensibles (ordres de missions, production et usage de matériels, etc.) : en 2017 et 2018, le ministère des Armées annonçait une moyenne de deux incidents de sécurité par jour contre ses services. Mais l'enjeu n'est pas que géopolitique, il est aussi économique : protéger les réseaux, c'est protéger les savoir-faire des entreprises françaises, garantir que la chaîne de production, industrielle comme tertiaire, ne soit pas interrompue, bloquée. L'usage d'objets connectés est de plus en plus répandu, c'est donc de façon générale garantir aux individus la sécurité de ces usages dans tous les moments de leur vie, personnelle, professionnelle, sociale… Une attaque du système informatique d'un hôpital peut avoir des conséquences sanitaires dramatiques, sans parler des menaces qui pèsent sur la maintenance des centrales nucléaires.

Remarque
L'objet conclusif permet de remobiliser des notions vues précédemment dans le thème. Le lien avec la question de l'espionnage est ici évident : c'est une prolongation du TECHINT vu avec les services secrets dans la guerre froide.

• **Deux structures essentielles ont été mises en place par l'État.** Dans le domaine civil, l'ANSSI, créée en 2009 et placée sous la direction du Premier ministre, intervient dans la protection de l'État, des entreprises et des citoyens. Depuis 2017, le COMCYBER rassemble les organismes du ministère des Armées, créés depuis 2013, et intervient dans le domaine militaire, à la fois sur le plan de la sécurité intérieure, mais aussi de l'usage de ces moyens numériques dans les opérations extérieures. D'autres organismes existent, notamment au sein des forces de l'ordre (police, gendarmerie) pour lutter contre la cybercriminalité.

Doc. Les organismes de cyberdéfense de la France en 2020

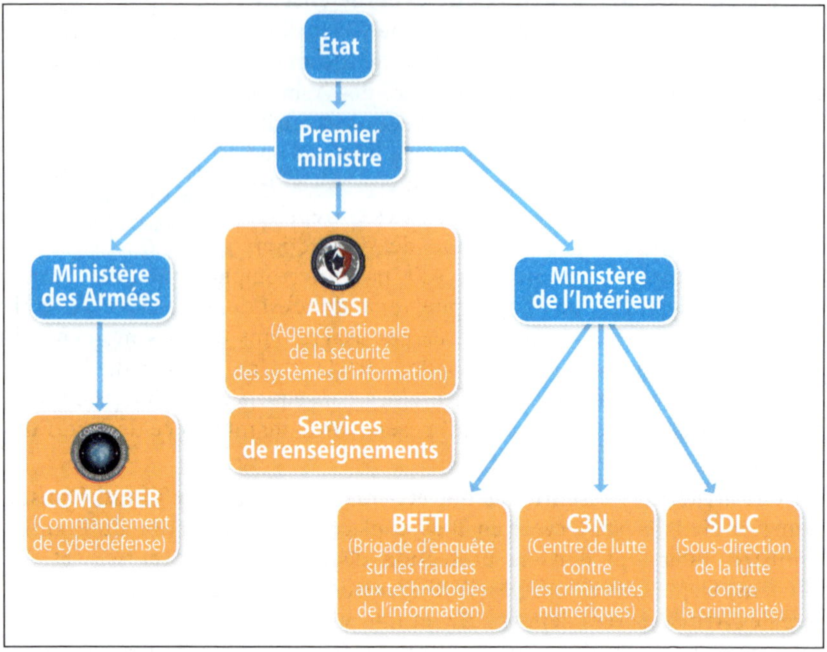

2. Un exemple de coopération européenne et ses limites

● **La question de la cyberdéfense fait partie des politiques européennes.** De nombreux pays de l'Union européenne ont été touchés par des cyberattaques. Les institutions de l'UE (Parlement, Conseil de l'UE, Commission) ont compris l'utilité de mutualiser les compétences et les actions des États membres pour mieux coordonner et rendre plus efficace une politique de cyberdéfense qui sans cela resterait fragmentée, inégale et rendrait vulnérable l'ensemble européen.

Sachez que...
Cette idée de solidarité européenne, obligeant à des règles communes, se traduit dans divers domaines comme la question de la circulation des personnes (espace Schengen, vu en Première), de la gestion de l'euro, etc.

● **Des actions de coopération commencent à être menées.** Il s'agirait de coordonner les actions de sécurité informatique, mais aussi de mener des cyberexercices conjoints à l'image des exercices militaires classiques que des États peuvent mener ensemble au sein d'une alliance militaire. L'UE a ainsi créé en 2004 l'ENISA, agence dédiée à la cybersécurité de ses États-membres.

• **Toutefois, cette politique européenne connaît des limites.** La politique de cyberdéfense est fortement liée aux questions de souveraineté et de défense nationales. Si depuis longtemps une habitude de coordination existe entre les services de police, par exemple dans la lutte contre le terrorisme, il n'y a pas de politique de défense européenne très avancée.

• **Or, la politique de défense européenne montre de nouveaux signes de faiblesse.** Elle reposait en grande partie sur des initiatives franco-britanniques. Le Brexit, effectif depuis 2020, la remet grandement en cause. Par ailleurs, la tendance d'une grande partie des États membres sur ces questions, y compris en matière de cyberdéfense, consiste à se reposer sur l'OTAN, encore sous domination états-unienne.

L'ESSENTIEL

Le cyberespace, conflictualités et coopérations

- À l'aube du XXIe siècle et à l'ère d'Internet, le cyberespace apparaît comme le dernier avatar de la question de la production et de la circulation des connaissances, à une époque d'alphabétisation générale. Il pose des questions aux échelles aussi bien nationale qu'internationale.
- Le cyberespace devient un nouveau moyen technique ouvert aux usages géopolitiques. Les cyberattaques dont peuvent être victimes les États les obligent à mettre en place des outils de cyberdéfense s'ajoutant à leur arsenal classique.

ZOOM SUR...

Les cyberattaques

1 Des attaques venant d'un État

→ **La cyberguerre entre les États est bien une réalité.** Ainsi la Russie semble s'être très tôt dotée de services capables de lancer des cyberattaques accompagnant les moyens diplomatiques ou militaires, par exemple contre l'Estonie en 2007, ou pour préparer une opération contre la Géorgie en 2008. Israël et l'Iran se livre une cyberguerre permanente qui concrétise les menaces réciproques entre ces deux États.

→ **Les États peuvent aussi cibler des individus.** Les groupes terroristes utilisent également les moyens numériques par lesquels on peut les traquer et les contrer. La lutte contre l'État islamique en Irak et en Syrie a aussi intégré ce volet : l'US Cybercom, le commandement militaire américain chargé des opérations dans le cyberespace, avait mis sur pied l'unité Ares, chargée de développer des logiciels malveillants pour endommager, voire détruire, les ordinateurs et les téléphones mobiles utilisés par les djihadistes.

2 Des attaques venant d'individus

→ **Les États peuvent subir à leur tour des attaques d'individus isolés ou en groupes.** Les raisons en sont multiples : souvent pour dénoncer la politique de cet État, son régime, ses actions extérieures, ou pour des raisons criminelles – la banque centrale du Bangladesh a ainsi perdu plus de 80 millions de dollars en 2016 après un piratage informatique. Elles justifient et renforcent la nécessité de la cyberdéfense menée par les États.

→ **Les attaques peuvent avoir lieu entre acteurs privés.** Il s'agit souvent de l'usage de *ransomwares* (« rançongiciels »), logiciels bloquant les ordinateurs pour obtenir une rançon. Le blocage de réseaux peut avoir des conséquences économiques et sociales importantes (désorganisation des transports, d'entreprises, d'administrations, y compris des hôpitaux,). En 2017, le virus WannaCry aurait bloqué 230 000 ordinateurs dans 150 pays, des entreprises comme Renault ou FedEx au ministère russe de l'Intérieur et à l'administration britannique de la Santé.

Mots-clés

- **Alphabétisation** : acte de transmettre et de maîtriser les compétences de base (lecture, écriture) indispensables à l'accès à la connaissance.

- **Communauté scientifique** : ensemble des scientifiques d'un domaine ou de tous les domaines de la science, travaillant en réseau et selon des méthodes communes.

- **Cyberattaque** : attaque menée sur le cyberespace en utilisant des moyens numériques.

- **Cyberespace** : espace de communication de données et d'informations créé par la mise en réseau d'outils numériques (ordinateurs, etc.).

- **Fuite des cerveaux** : l'anglais utilise l'expression « *brain drain* » pour désigner la circulation des personnes hautement qualifiée – « fuite » indiquant un bilan arrivées/départs négatif.

- **HUMINT** : moyens humains utilisés sur le terrain pour mener des opérations d'espionnage.

- **Services secrets** : services de renseignement, utilisant des méthodes, y compris illégales, nécessitant la discrétion, voire le secret.

- **Société de la connaissance** : forme d'évolution de la société dans laquelle la connaissance prend une place centrale dans l'organisation des relations sociales, de l'activité économique.

- **TECHINT** : ensemble des moyens technologiques pouvant être utilisés à distance dans l'espionnage.

- **Transfert de technologie** : dans une relation entre deux partenaires (entreprises, par exemple), transmission volontaire de connaissances, de savoir-faire de l'un (détenteur) vers l'autre (demandeur).

REPÈRES

Biographies

Pierre Curie (1867-1934) Marie Curie (1859-1906)

Chercheurs et professeurs, ils contribuent à la recherche sur la radioactivité et obtiennent avec Henri Becquerel un prix Nobel de physique en 1903 – Marie Curie en obtenant un autre en chimie en 1911. Leur fille Irène poursuit leur travail avec son époux Frédéric Joliot.

Peter Drucker (1909-2005)

Journaliste et essayiste économique, il fuit l'Allemagne nazie et se réfugie en Angleterre puis aux États-Unis où il enseigne, publie et devient consultant en management pour des entreprises.

Allen Dulles (1893-1969)

Avocat et diplomate, travaillant pour l'OSS, soutenant financièrement la construction européenne, il fut un des directeurs civils de la CIA (1951-1961) – confondant parfois intérêts nationaux et intérêts personnels, notamment pour ses affaires dans l'agroalimentaire en Amérique latine.

Maria Montessori (1870-1952)

Une des premières femmes diplômées en médecine en Italie, se spécialisant dans la psychiatrie, elle travaille sur la pédagogie, sans différencier garçons et filles, et milite pour les droits des femmes.

Sam Pitroda (né en 1942)

Ingénieur indien en télécommunications, il s'installe aux États-Unis après ses études. Il revient en Inde dans les années 1980, puis dans les années 2000 pour conseiller la politique du gouvernement en matière d'innovation technologique.

Repères chronologiques

1530	Ouverture d'une école de filles à Wittenberg, berceau de la réforme luthérienne
1848	Création du Queen's College au sein de l'Université de Londres
1880	Loi Sée ouvrant l'enseignement secondaire aux jeunes filles en France
1896	Découverte de la radioactivité
1903	Prix Nobel pour Becquerel et les époux Curie
1945	Première bombe atomique, création du CEA en France
1947	Création de la CIA et du NSC (États-Unis)
1954	Transformation du NKVD en KGB (URSS)
1962	Crise de Cuba
1969	Publication de *The Age of Discontinuity* de Peter Drucker
1991	Accès au public du réseau Internet
2000	« Stratégie de Lisbonne », l'UE intègre l'économie de la connaissance
2007	Première cyberattaque d'envergure contre un État (l'Estonie)
2009	Création de l'ANSSI en France
2013-2017	Organisation de la cybersécurité au sein de l'armée française, coordonnée par le COMCYBER

Documents majeurs

Doc. 1 Société de l'information ou société du savoir ?

La société de l'information est la pierre angulaire des sociétés du savoir. Alors que, pour moi, la notion de « société de l'information » est liée à l'idée d'innovation technologique, la notion de « sociétés du savoir »[1] comporte une dimension de transformation sociale, culturelle, économique, politique et institutionnelle, ainsi qu'une perspective de développement plus diversifiée. À mon sens, la notion de « société du savoir » est préférable à celle de « société de l'information » car elle fait une place plus large à la complexité et au dynamisme des changements qui sont à l'œuvre. Comme je l'ai déjà dit, le savoir en question est utile non seulement pour la croissance économique, mais aussi parce qu'il contribue à l'autonomie et au développement de la société dans son ensemble. Le rôle des TIC s'étend donc au développement humain d'une façon plus large et par conséquent, à des domaines tels que la coopération intellectuelle, l'éducation permanente et les valeurs et droits fondamentaux de l'homme.

Interview d'Abdul Waheed Khan, sous-directeur de l'UNESCO, dans la revue *Planète Science*, juillet 2003.

1. « Société du savoir » est ici synonyme de « société de la connaissance », knowledge, terme utilisé dans la version anglaise, pouvant se traduire des deux façons.

Doc. 2 L'UNESCO et l'éducation des femmes (2019)

Les chiffres sont stupéfiants. 132 millions de filles dans le monde ne sont pas scolarisées. Deux tiers des 750 millions d'adultes qui ne possèdent pas de compétences de base en lecture et en écriture sont des femmes et seulement 1 % des filles les plus pauvres dans les pays à revenu faible achèveront leurs études secondaires.

Pour remédier à cette intolérable réalité, l'UNESCO lance « Son éducation, notre avenir », une nouvelle campagne pour accélérer l'action en faveur de l'éducation des filles et des femmes à partir d'engagements politiques et financiers, ainsi que du leadership des filles et des femmes.

Cette nouvelle initiative contribuera à l'élaboration de la stratégie de l'UNESCO 2019-2025 pour l'égalité des genres dans et par l'éducation et de ses trois piliers qui visent à parvenir à […] de meilleurs cadres juridiques, politiques et de planification pour faire progresser les droits et de meilleures possibilités d'apprentissage.

« Son éducation, notre avenir » sera lancée le 5 juillet 2019 à l'occasion de la Conférence internationale G7 France/UNESCO « Innover pour émanciper les filles et les femmes par l'éducation ».

À cette occasion, l'UNESCO présentera le rapport 2019 « Bâtir des ponts pour promouvoir l'égalité des genres » qui fournit les premiers chiffres détaillés sur l'aide allouée par les membres du G7 à l'égalité des genres dans l'éducation. Par-delà les investissements, le rapport appelle à un engagement politique et législatif accru et met en avant l'importance de s'attaquer aux normes et attitudes négatives en matière de genre, •••

• • •
dans des sociétés où l'enseignement demeure souvent une profession féminine, tandis que les hommes sont aux commandes. Dans 28 pays qui sont principalement à revenu élevé, 70 % des enseignants du premier cycle du secondaire sont des femmes, alors qu'elles ne représentent que 53 % des chefs d'établissement. Au-delà de l'école, les inégalités persistent dans les programmes d'enseignement et de formation techniques et professionnels qui demeurent des bastions masculins. Seulement un quart des personnes inscrites dans les programmes d'ingénierie et des technologies de l'information et de la communication sont des femmes.

www.fr.unesco.org, 2019.

Doc. 3 Le congrès Solvay de 1927, à Bruxelles

1 Max Planck
2 Marie Curie
3 Paul Dirac
4 Albert Einstein
5 Erwin Schrödinger
6 Louis de Broglie
7 Paul Langevin
8 Wolfgang Pauli
9 Max Born
10 Werner Heisenberg
11 Niels Bohr

Doc. 4 Le siège de la NSA, dans le Maryland

Doc. 5 Une annonce de stage de recherche postée sur un site de grandes écoles par un groupe français du numérique

Les élèves ont la possibilité de faire leur stage de recherche en Inde dans le cadre des activités de conception, d'innovation, de management et de transferts de technologies du groupe ATOS.

La recherche est conduite avec un élève d'HEC et un élève de l'IIMA (Indian Institute of Management d'Ahmedabad). Cette école indienne, située dans l'État du Gujarat, est considérée comme l'une des meilleures Business school en Asie et dans le Monde.

Les élèves des deux écoles devront constituer un binôme. Chaque groupe devra choisir un des sujets proposés par le groupe ATOS. Il s'agit de problématiques réelles de management multiculturel et de transferts de technologies entre la France et l'Inde que définit et met en œuvre actuellement le groupe ATOS. Ces sujets de recherche présentent des questions de transferts de technologies ou d'outils de gestion, d'innovation technologique ou managériale et de relations entre équipes issues de différents pays ou cultures.

Ce stage de recherche mobilise des connaissances en méthodologie de recherche, en sciences sociales. Les problèmes posés supposent la mise en œuvre de connaissances de l'ingénieur.

Afin de les aider dans leur préparation et leur stage, les binômes sélectionnés devront suivre une série d'enseignements sur l'histoire de l'Inde, sur le management et la stratégie du groupe ATOS. Par ailleurs, une formation aux bases de la recherche en sciences sociales et en management sera proposée.

Le stage d'option scientifique dure 4 mois au total. Il est organisé en deux étapes. Dans un premier temps, l'étudiant indien rejoindra le binôme français pour démarrer le stage chez ATOS en France. Durant 1 mois le groupe travaillera chez ATOS.

Dans un second temps, le groupe partira 3 mois en Inde. En Inde, les stagiaires seront accueillis par une filiale du Groupe ATOS (Bangalore, Mumbai, Pune, Chennai).

Le cas échéant, ce stage peut ouvrir des perspectives de recrutement au sein du groupe ATOS.

www.synapses.polytechnique.fr, 2019.

Doc. 6 La politique de cyberdéfense de la France

Depuis quelques années, le cyberespace est devenu un lieu de confrontation comme les autres. Un lieu où des milliers de hackers avancent masqués. Un lieu d'impunité où certaines nations se cachent pour mieux attaquer. Un lieu d'une immense violence, qui peut durablement nous bloquer. [...] Ce phénomène est mondial ; il empire. Vous pouvez constater combien se multiplient les attaques venues de toutes parts, dont certaines résultent de stratégies de puissances. Et nous n'avons probablement encore rien vu. [...]

Le cyber est une arme d'espionnage, bien sûr, mais elle est aussi une arme que des États utilisent pour déstabiliser, manipuler, entraver, saboter. Et ce qui est vrai en temps de paix, le sera sans doute encore davantage en temps de crise, et en temps de guerre. [...]

La guerre cyber a commencé et la France doit être prête à y combattre. Nous le serons. Nous le serons en garantissant notre cyberdéfense, en protégeant mieux nos réseaux, nos systèmes et nos données. Nous le serons également en intégrant l'arme cyber dans nos opérations militaires. [...]

En 2017, le commandement de cyberdéfense a été créé. Il a prouvé sa pertinence et montré sa qualité. [...] Nous renforçons nos effectifs et d'ici 2025, nous compterons au sein du COMCYBER, de la DGSE et de la DGA, 1 000 cyber combattants supplémentaires. Nous renforçons les moyens avec 1,6 milliard d'euros investis pour la lutte dans le cyberespace. [...]

Mais ma conviction, c'est que cet effort n'a de sens que s'il est collectif. Nous devons renforcer, ensemble, notre posture permanente de cyberdéfense. La cyberdéfense n'est pas une affaire de spécialiste mais bien de la responsabilité de tous. La maîtrise du risque cyber doit désormais être une priorité pour les cadres en situation de responsabilité. [...]

Nous devons aussi nous tourner vers nos partenaires et nos alliés. Il n'y a pas de cyberdéfense sans alliance, pas d'alliance sans partenaire de confiance. Toutes les attaques ont une ampleur internationale. Je pense à l'OTAN, qui permet coopérations et exercices pour notre cybersécurité. Je pense à l'Europe, aussi. Les menaces cyber pèsent sur tous les pays de notre continent et nous avons tout intérêt à unir nos efforts plutôt qu'à combattre en ordre dispersé. L'union fait la cyberdéfense et je n'imagine pas l'Europe de la défense sans son volet cyber. [...]

En cas d'attaque cyber contre nos forces, nous nous réservons le droit de riposter, dans le respect du droit, par les moyens et au moment de notre choix. Nous nous réservons aussi, quel que soit l'assaillant, le droit de neutraliser les effets et les moyens numériques employés. Mais nous serons aussi prêts à employer en opérations extérieures l'arme cyber à des fins offensives, isolément ou en appui de nos moyens conventionnels, pour en démultiplier les effets.

Discours de Florence Parly, ministre des Armées, 18 janvier 2019, Paris.

Analyser une carte

Bien comprendre

L'analyse d'une carte diffère peu de l'analyse d'un texte et demande les mêmes compétences, mais la spécificité de ce type de document demande aussi de porter son attention sur certains éléments particuliers.

1. Les points communs

- Relever des informations par l'analyse, qui peut d'abord être linéaire (lire les informations les unes après les autres).
- Résumer, reformuler les informations relevées, pouvoir dégager des thèmes, des idées centrales, des notions.
- Être capable de les regrouper et les réorganiser dans un ordre différent.
- Remobiliser des connaissances pour comprendre, interpréter, expliquer des informations.

2. Les points particuliers

- On commence toujours la lecture d'une carte… par sa légende ! La carte sert surtout à localiser les informations, encore faut-il savoir lesquelles, à quoi correspondent les figurés. Le titre de la carte ne suffit pas : comme le titre donné à un texte, il oriente la lecture vers l'idée principale mais il faut dégager plusieurs thèmes. Parfois, la légende est organisée dans un plan, ce qui aide à l'analyse. La source peut aussi aider à comprendre le titre, l'objectif de la carte : que cherche-t-elle à montrer ?
- Il faut aussi identifier l'échelle géographique concernée (mondiale, nationale, locale, etc. ?), car la géographie passe par l'analyse multiscalaire : un phénomène étudié à échelle mondiale se décline différemment aux échelles continentales, nationales, locales ; un espace précis, étudié à échelle locale, s'inscrit dans des espaces plus vastes (ex. : un pays au sein de l'UE).
- Une fois déterminés les thèmes et les informations que vous allez pouvoir relever, vous devez vous concentrer sur la carte et les localisations : où se manifeste tel ou tel phénomène ? Est-il particulier à un ou des espaces spécifiques, regroupés sur la carte (plutôt sur tel continent, plutôt dans un type de pays, par exemple développé ?) ? Est-il diffus ? Se manifeste-t-il à des degrés divers, avec plus ou moins d'intensité ? Quelles différences voire inégalités constate-t-on ? Peut-on faire plusieurs regroupements ?

- Dans toutes les étapes, la mobilisation de connaissances peut être indispensable pour comprendre une information, une notion, dès la légende mais aussi pour expliquer sa localisation (par exemple le phénomène des murs est-il lié aux différences de développement ? Ou bien : pourquoi tel pays de l'UE n'est pas dans l'espace Schengen quand certains pays hors UE en font partie ?).

3. Interpréter la carte par un texte structuré et argumenté

- Introduisez votre analyse :

– présentez la carte en précisant sa nature (car on trouve une multitude de types de carte), éventuellement l'auteur et, absolument, l'idée générale ainsi que l'intérêt du document ;
– définissez le ou les termes du sujet ;
– identifiez une problématique.

- Organisez votre développement en deux ou trois parties (selon les informations repérées à l'étape précédente).

- Prévoyez enfin une conclusion, par exemple sur les avantages ou les limites de la carte par rapport à d'autres types de langage.

Exercice d'application

Étude critique d'un document cartographique

Doc. **L'Inde et la mobilité des étudiants** (▶ p. 279)

Consigne : vous montrerez comment la carte illustre, avec certaines limites, l'importance de la connaissance dans les efforts de développement de l'Inde.

PROPOSITION DE CORRIGÉ

[Au brouillon]

La carte porte sur la mobilité des étudiants en distinguant en bleu les étudiants indiens partis à l'étranger, en rouge les étudiants étrangers présents en Inde. Les cercles sont proportionnels au nombre d'étudiants, permettant de bien dégager les pays les plus attractifs des autres, et donc de dégager une hiérarchie qu'il faudra expliquer. Par ailleurs, les mobilités montrent un net écart entre sorties et entrées, qui reflète aussi le niveau de développement de l'Inde (modérément attractive) et la dimension émergente de sa puissance. Les provenances aussi devront être examinées.

La carte est un planisphère (échelle mondiale, donc) en projection polaire, mais légèrement décalée et tronquée (il manque l'Amérique latine qui semble non concernée par le sujet) ce qui permet de créer un effet de carte centrée sur l'Inde, objet de l'étude.

La source est fiable, puisqu'elle est construite à partir de données de l'UNESCO.

[Rédaction d'une réponse à la consigne]

L'Inde fait partie des puissances émergentes, elle se range dans le top 10 des PIB mondiaux et cherche à développer tous les aspects de la puissance, y compris militaire. Mais pour soutenir ce rythme de développement, elle doit investir massivement dans l'innovation et les technologies, ce qui nécessite aussi de disposer d'une élite de plus en plus nombreuse et diversifiée. L'enseignement supérieur est donc devenu un enjeu majeur dans sa politique de puissance.

Construit à partir de données fournies par l'UNESCO en 2017, un planisphère à projection polaire – ici recentrée sur l'Inde – permet d'aborder un des aspects de cette question à travers la mobilité étudiante. Il s'agit d'étudier le nombre d'étudiants indiens partis étudier à l'étranger pour parfaire leur formation, mais aussi de se pencher sur l'éventuelle attractivité de l'Inde comme lieu d'étude. La légende est succincte, se fondant uniquement sur deux données : les entrées et les sorties. C'est donc l'analyse des localisations qui va fournir l'essentiel des informations utiles.

> **Méthode**
> L'introduction permet de présenter le sujet dans une thématique plus générale et de faire le lien entre ces éléments et le document, censé les illustrer.

Le premier constat qui peut être fait est le déséquilibre majeur entre entrées et sorties. Le nombre d'étudiants étrangers venant étudier en Inde est très largement inférieur à celui des étudiants indiens à l'étranger.

Mais il montre toutefois une certaine attractivité correspondant au niveau émergent de la puissance indienne. On compte en effet un millier d'étudiants nord-américains, autant que de Nigérians parmi les principaux contingents venus d'Afrique, surtout de l'est anglophone : l'anglais étant langue officielle en Inde, cela facilite ces flux en provenance d'anciens espaces de la colonisation britannique. Mais l'origine principale est asiatique, y compris l'espace moyen-oriental, avec 8 553 Népalais, 3 723 Afghans, 1 920 Malais… venant confirmer l'influence régionale de l'Inde au sein d'un espace en développement, souvent bien moins doté en infrastructures d'enseignement (Bouthan, Népal…).

Méthode
Comme pour l'étude d'un texte, les éléments dégagés par l'analyse cartographique nécessitent des commentaires appuyés sur des connaissances.

Le nombre d'étudiants indiens à l'étranger montre la nécessité pour l'Inde de compléter son offre de formation nationale pour obtenir des élites hautement qualifiées. Une très nette hiérarchie des pays d'accueil apparaît sur la carte. Les États-Unis dominent largement, avec plus de 100 000 étudiants indiens dans leurs différentes universités. Suivent d'autres pays anglophones (Australie en premier lieu, avec 36 892 étudiants, Nouvelle-Zélande, Royaume-Uni, Canada, avec autour de 15 000 étudiants chacun). Là aussi la question de la langue, d'une histoire coloniale commune explique les destinations, mais aussi le haut niveau de développement des pays concernés dont le réseau d'enseignement supérieur est ancien et reconnu. Cela peut ainsi expliquer la place de l'Allemagne avec presque 10 000 étudiants accueillis, leur présence aussi en Suède, Italie… Mais ce facteur n'est pas le seul : la France peine à attirer 2 000 étudiants quand l'ex-espace soviétique, Russie en tête, en accueille plus. On peut y voir les effets de liens anciens tissés durant la guerre froide, la proximité géographique, mais aussi le prestige scientifique réel de l'ex-URSS. Enfin, la forte présence des Émirats arabes unis peut étonner. Mais ce flux n'est qu'une des manifestations des relations fortes entre les deux pays qui se traduisent aussi par une forte immigration indienne et des échanges commerciaux importants.

L'astuce du prof
Citez les chiffres, les écarts, mais comparez-les aussi.

Ce que ne peut montrer la carte en revanche, c'est le poids de ces flux dans la masse estudiantine indienne. Les étudiants indiens à l'étranger ne représentent que 1 % du total des étudiants indiens, ce qui peut s'interpréter comme une difficulté à s'expatrier (la reconnaissance des diplômes indiens) ou bien comme une confiance dans la qualité croissante de l'enseignement supérieur indien. Les quelques dizaines de milliers d'étudiants étrangers en Inde se fondent dans la masse

Méthode
Le document à étudier ne peut aborder tous les aspects d'un sujet, en particulier ici, où la légende est très réduite. À vous, surtout dans ce cas, de dégager les limites, les lacunes, les oublis (volontaires ou non) du document.

des trente-sept millions d'étudiants indiens. Enfin, la carte n'indique pas la proportion d'étudiants qui ne retournent pas au pays à la fin de leurs études, préférant rester aux États-Unis, en Europe, en Australie pour mieux valoriser leurs diplômes et contribuant ainsi à une « fuite des cerveaux ». Toutefois, si ces diplômés peuvent manquer au développement de leur pays, certains travaillent parfois en lien avec des entreprises ou laboratoires indiens, un peu comme des expatriés !

La carte est donc révélatrice de la place de l'Inde dans une société mondiale de la connaissance dominée par l'Occident même si émergent même dans ce domaine de nouveaux pôles.

Cahier Spécial BAC

Description de l'épreuve de spécialité

1 L'épreuve écrite

→ **DURÉE :** 4 heures
→ **COEFFICIENT :** 16
→ **NOTATION :** sur 20

L'épreuve écrite se décompose en deux exercices, chacun noté sur 10 points : une dissertation et une étude critique d'un ou deux document(s). Chaque exercice porte sur un thème différent, en tenant compte de l'alternance des thèmes au programme :

– les thèmes 1, 2, 3 et 5 du programme sont étudiés les années paires (bac 2022, 2024, 2026, etc.) ;

– les thèmes 2, 4, 5 et 6 du programme sont étudiés les années impaires (bac 2021, 2023, 2025, etc.).

Les notions du programme sont au cœur des sujets, celles vues en classe de Première peuvent être aussi mobilisées en appoint.

Dissertation

• La dissertation est le traitement d'un sujet donné, avec une introduction, un développement en plusieurs parties et une conclusion. Le candidat doit montrer qu'il maîtrise des connaissances, qu'il sait les sélectionner puis les organiser de manière à traiter le sujet.

• Ce travail passe préalablement par une phase d'analyse et de réflexion pour élaborer une problématique qui doit guider la sélection des connaissances puis donner du sens au propos au moment de rédiger.

• Une production graphique spontanée (schéma, etc.) ou suggérée avec le sujet (fond de carte) permet de valoriser la copie mais n'a aucun caractère obligatoire, et son absence ne peut aucunement pénaliser le candidat. On conseille de passer au moins deux heures sur cet exercice, le temps de rédaction étant long.

→ voir **Méthodes** p. 56, 207.

Étude critique de document(s)

- Il s'agit d'une étude critique d'un ou deux document(s) de nature différente. Le sujet se compose d'un titre et d'un ou deux document(s), accompagnés d'une consigne qui vise à orienter le travail du candidat.

- L'exercice mobilise les mêmes capacités que la dissertation : être capable de dégager une problématique du sujet (grâce au titre, à la consigne, au(x) document(s)) et y répondre de façon construite (avec introduction et conclusion).

- L'exercice est réussi quand le propos fait bien le lien entre les informations issues de l'analyse du/des document(s) et les connaissances mobilisées pour les expliciter. Vous montrerez ainsi votre recul critique – celui-ci doit aussi vous amener à voir les limites du/des document(s), les absences, les non-dits. On conseille de prendre environ une heure et demie sur cet exercice.

→ voir **Méthodes** p. 153, p. 302.

2 L'épreuve orale de contrôle

→ **PRÉPARATION :** 20 minutes
→ **DURÉE :** 20 minutes

L'épreuve consiste en une réponse orale construite sur une question de cours pendant 10 minutes. Le candidat tire au sort un sujet qui comporte deux questions de cours et en choisit une. Les questions sont problématisées et ne peuvent reprendre l'intitulé des programmes. Les deux questions au choix ne portent pas sur la même partie du programme de terminale.

Le candidat doit montrer :

– qu'il maîtrise des connaissances et sait les organiser ;

– qu'il sait s'exprimer à l'oral.

Le candidat présente sa réponse pendant 10 minutes. Sa présentation est suivie de 10 minutes de questions du jury, en lien avec les propos qu'il vient de tenir.

→ voir **Méthodes** p. 104, p. 255.

Le grand oral

Au cours de l'année

Préparer ses questions

Vous devez choisir deux questions portant sur les enseignements de spécialité soit pris isolément, soit abordés de manière transversale. Toute l'année, vous préparez ces questions avec les professeurs de spécialité et éventuellement d'autres élèves.

S'entraîner aux techniques de l'oral

Vous devez travailler la prise de parole en public grâce à des exercices d'élocution, de débit de la parole, de rythme à l'oral, etc. Vous pouvez également travailler votre posture : gestes expressifs, regards, sourires, etc.

Le jour J

1er temps Présentation d'une question

Vous proposez vos deux questions au jury.

Le jury en choisit une seule, que vous devrez présenter.

Jury de 2 professeurs

- Un professeur d'une spécialité
- Un professeur de l'autre spécialité ou d'un enseignement commun ou un professeur documentaliste

Temps de préparation (20 min)

Vous préparez votre présentation en fonction de la question choisie par le jury. Il est possible de préparer un support sur une feuille que vous remettrez au jury : ce support ne fait pas l'objet d'une évaluation, il est facultatif !

Présentation (5 min)

Présentation orale de votre travail, en réponse à la question choisie.

Notation
20 pts / coef. 10

Les 5 critères d'évaluation :

- Qualité de l'épreuve orale
- Qualité de la prise de parole en continu
- Qualité des connaissances
- Qualité de l'interaction
- Qualité de l'argumentation

2e temps Échange avec le candidat

10 min

Il s'agit d'approfondir votre travail.
Le jury peut vous poser des questions sur toutes les parties du programme du cycle terminal.

3e temps Échange sur le projet d'orientation

5 min

Réflexion autour de vos choix de spécialités et de votre projet d'orientation.
Il s'agit de partager l'évolution de votre cheminement, à la fois dans le cadre scolaire et dans le cadre personnel (vos activités, vos centres d'intérêt).

Épreuve écrite – Sujet type

Énoncé

DISSERTATION

Les États et l'environnement

ÉTUDE CRITIQUE DE DOCUMENTS

Faire la Paix au Proche-Orient : la question israélo-arabe

À partir des documents et de vos connaissances, vous expliquerez à la fois les fondements et les acteurs du conflit dans cette région, mais aussi les efforts de paix, leurs effets et leurs limites.

Doc. 1 Discours du président égyptien Sadate devant la Knesset, Parlement israélien, le 20 novembre 1977

Paix à tous sur la terre arabe, en Israël et partout dans ce vaste monde [...]. Je suis venu à vous aujourd'hui [...] afin que nous puissions construire une vie nouvelle, afin que nous puissions établir la paix pour nous tous sur cette terre, la terre de Dieu – nous tous, musulmans, chrétiens et juifs, de la même façon [...]. Personne n'imaginait que le chef d'État du plus grand pays arabe, sur les épaules de qui reposent la plus grande partie du fardeau et la responsabilité principale dans le problème de la guerre et de la paix au Proche-Orient, pourrait se déclarer disposé à aller sur la terre de l'adversaire alors que nous étions encore dans un état de guerre et que nous souffrons toujours des effets de quatre guerres en trente ans. [...]

L'appel à une paix permanente et juste, fondée sur le respect des résolutions des Nations unies, est aujourd'hui devenu une expression non équivoque de la volonté internationale [...].

Je ne suis pas venu chez vous pour conclure un accord séparé entre l'Égypte et Israël. Le problème n'est pas entre l'Égypte et Israël, et une paix séparée entre l'Égypte et Israël, ou entre un quelconque des États de la confrontation et Israël, n'apporterait pas une paix juste à la région tout entière. De plus, si la paix était établie entre tous les États de la confrontation et Israël, sans qu'intervienne une juste solution du problème palestinien, cela ne conduirait jamais à la paix permanente et juste sur laquelle le monde entier insiste aujourd'hui. [...]

En conséquence, je ne suis pas venu chez vous pour conclure un troisième accord de dégagement dans le Sinaï, ou dans le Sinaï et les hauteurs du Golan et sur la rive occidentale du Jourdain. Cela signifierait que nous reporterions la mise à feu de la fusée à une date ultérieure. [...]

Je suis venu chez vous pour qu'ensemble nous puissions construire une paix permanente et juste et éviter que soit versée une seule goutte de sang d'un seul Arabe ou d'un seul Israélien. [...]

Je vous dis, en vérité, que la paix ne sera réelle que si elle est fondée sur la justice et non sur l'occupation des terres d'autrui. Il n'est pas admissible que vous demandiez pour vous-mêmes ce que vous refusez aux autres. Franchement, dans l'esprit qui m'a poussé à venir aujourd'hui chez vous, je vous dis : vous devez abandonner une fois pour toutes vos rêves de conquêtes. Vous devez abandonner aussi la croyance que la force est la meilleure façon de traiter avec les Arabes. Vous devez comprendre les leçons de l'affrontement entre vous et nous. L'expansion ne vous apportera aucun bénéfice.
Pour parler clairement, notre terre n'est pas objet de compromis ou de marchandage. Notre sol national est, pour nous, aussi sacré que la vallée dans laquelle Dieu a parlé à Moïse. Aucun d'entre nous n'a le droit et aucun d'entre nous n'acceptera de céder un pouce de ce sol. Aucun d'entre nous n'acceptera le principe d'un marchandage ou d'un compromis sur ce point. [...]
Qu'est-ce que la paix pour Israël ? Vivre dans la région avec ses voisins arabes en sûreté et en sécurité. À cela, je dis oui. Vivre à l'intérieur de ses frontières, à l'abri de toute agression. À cela je dis oui. Obtenir toutes sortes de garanties qui sauvegarderaient ces deux points. À cette demande, je dis oui. [...]
Il y a de la terre arabe qu'Israël a occupée et qu'il continue à occuper par la force des armes. Nous insistons sur un retrait complet de ce territoire arabe, y compris Jérusalem arabe. [...] Jérusalem doit être une ville libre, ouverte à tous les fidèles.

Doc. 2 Les territoires palestiniens au terme des accords d'Oslo (1995)

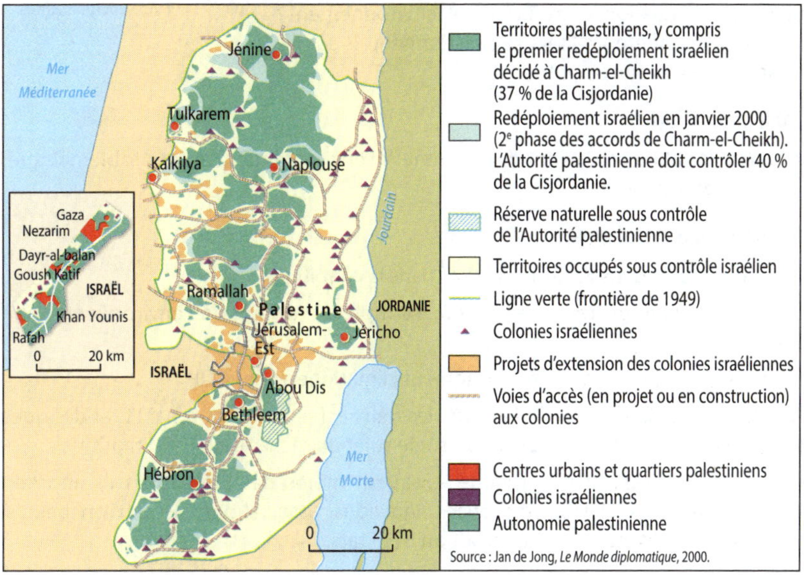

Source : Jan de Jong, *Le Monde diplomatique*, 2000.

Cahier spécial BAC

Corrigé

DISSERTATION

1 TRAVAIL PRÉPARATOIRE (AU BROUILLON)

Analyse du sujet

Le sujet proposé est composé de trois mots-clés.

- « Environnement » est déjà assez connu et ne demande pas à être explicité ici, mais il faut le considérer à travers les différents aspects vus dans le chapitre.

- « États » est au pluriel, ce qui peut renvoyer à l'ensemble des États du monde comme aux États chacun de leur côté (donc au singulier). Cela permet de dégager deux échelles d'étude, qui correspondent aussi aux échelles d'approche de l'environnement : l'échelle internationale pour les États, les enjeux environnementaux planétaires ; l'échelle nationale et ses subdivisions avec les enjeux environnementaux locaux.

- Le troisième mot est « et ». L'objectif de cette dissertation est de mettre en relation les deux termes du sujet : quelle relation entre État(s) et environnement ? Comment les différents États se positionnent-ils sur les questions d'environnement ?

> **MÉTHODE**
> Il ne faut pas négliger ces petits mots courants dans la formulation du sujet, sous peine de passer à côté du sujet. « Les États-Unis et l'URSS entre 1945 et 1991 » est bien un sujet sur leurs relations (guerre froide) et non une étude successive de l'une, puis l'autre des superpuissances.

Problématisation

Comment les États perçoivent-ils et gèrent-ils l'environnement et ses problématiques, à différentes échelles ?

Mobiliser ses connaissances

- On peut puiser dans les études faites dans le chapitre :

– cours 2 sur la forêt française comme exemple de gestion de l'environnement par l'État ;

– cours 3 sur la question du réchauffement climatique et des COP ;

– cours 4 sur les États-Unis, qui aborde les deux échelles (gestion par l'État des questions environnementales, implication sur le sujet du réchauffement climatique).

- Les autres points du programme évoquent moins des États. Mais ils abordent d'autres acteurs (sociétés, entreprises, individus, associations…) dont on peut se demander s'ils aident ou limitent l'action des États.

- Par ailleurs, vous pouvez, et devez même, puiser dans vos connaissances et dans l'actualité pour élargir les exemples. Votre propos doit être général, ne pas se contenter d'aligner des morceaux d'études – vous pouvez déjà commencer par tisser des liens entre les études du programme : on voit bien par exemple l'idée générale de l'action de l'État, de la politique environnementale en croisant les cas de la France et des États-Unis. Peut-être en connaissez-vous d'autres (par exemple, les parcs ou réserves naturelles dans de nombreux autres pays, comme en Afrique) ?

MÉTHODE

Si le programme s'appuie beaucoup sur des études précises, l'objectif reste de manier des notions : vous devez être capable de généraliser.

- Enfin, prenez bien soin de mettre en avant les diverses disciplines de la spécialité : ce sujet permet de faire de la géographie (les échelles), de l'histoire (des politiques étatiques anciennes, une évolution des questions à l'échelle de l'humanité), de la géopolitique (le rôle de l'ONU), des sciences politiques (les acteurs).

Choisir le plan

Un plan en trois parties se dégage de la problématisation et de la mobilisation des connaissances :

– une première partie à l'échelle nationale : quelle politique environnementale un État peut-il mener ? Est-ce une de ses missions, manifestant son contrôle du territoire ?

– une deuxième à l'échelle internationale : comment les États se mobilisent-ils face aux questions environnementales planétaires ? En quoi sont-elles devenues un des enjeux des relations internationales ?

– une troisième partie permet d'apporter des nuances, montrant les limites de l'action des États avec l'intervention d'autres acteurs (en examinant leurs relations avec les États, pour rester dans le sujet).

2 PROPOSITION DE CORRIGÉ (PLAN DÉTAILLÉ)

En bleu, les éléments tirés du cours, en vert les éléments provenant d'autres sources.

Introduction

Depuis la deuxième moitié du XXe siècle, les questions environnementales se sont hissées au sommet des préoccupations des opinions publiques : pollutions locales, catastrophes industrielles, réchauffement climatique… La perception de l'environnement a changé : d'un simple cadre où l'homme pouvait puiser ses ressources, il est devenu un enjeu de la survie de l'espèce humaine qui n'en est qu'un des maillons. La question de l'action et du cadre dans lequel la mener pour protéger l'environnement est posée. Or, le pouvoir est organisé dans le cadre de l'État, reflet de la souveraineté des nations qui composent l'humanité. Comment les États perçoivent-ils et gèrent-ils l'environnement et ses problématiques ? À l'échelle nationale, chaque État, souverain, peut mener sa propre politique environnementale. Les questions environnementales se posant à l'échelle planétaire, elles deviennent un enjeu des relations internationales. Mais l'État est-il le cadre d'action le plus efficace quand d'autres acteurs ont aussi un rôle à jouer ?

I. À l'échelle nationale : les questions environnementales, nouvelle manifestation de la souveraineté des États dans la maîtrise de leur territoire ?

A. Des politiques étatiques anciennes

– L'exemple de la France et de la forêt depuis Colbert, jusqu'à l'ONF aujourd'hui

– L'exemple des États-Unis (Yellowstone, Th. Roosevelt, Environment Policy Act de 1969…)

– Élargissement : d'autres parcs ou réserves naturelles (en Afrique du Sud, par exemple)

B. Les enjeux de ces politiques

– Préserver ou conserver : le débat américain

– Enjeux économiques (protéger *et* exploiter ?)

– Enjeux sociaux (divers usages de l'espace, par exemple de la forêt), dimension patrimoniale (préserver les paysages)

Transition : l'Unesco et le patrimoine mondial de l'humanité (classement de sites naturels)

II. À l'échelle internationale : les États, unis pour assurer la survie de l'humanité sur la planète ?

A. Une communauté internationale active depuis la fin du XXe siècle

– L'ONU et le PNUE (1972), Sommets de la Terre, COP (Kyoto 1997, Paris 2015)

– À d'autres échelles : exemple de la politique environnementale de l'UE (Natura 2000)

B. Des questions qui reflètent les contradictions et les rapports de force dans les relations internationales

– Désaccords sur les politiques à mener : refus des États-Unis de se soumettre aux accords des COP (au nom de leur souveraineté nationale), critiques des pays du Sud sur le développement durable vu comme un frein à leur développement (la position du Brésil sur l'Amazonie : exploitation souveraine ou préservation pour la planète ?)

– Des gagnants du réchauffement climatique ? Ouverture des routes maritimes arctiques et de nouvelles terres cultivables pour la Russie, le Canada ?

Transition : un égoïsme des États souverains incapables de se mettre d'accord et inconscients de l'urgence ? → intervention d'autres acteurs

III. Les autres acteurs : avec, contre ou sans les États ?

A. Le rôle des entreprises

– Les principales responsables de la dégradation de l'environnement dans un contexte de révolution industrielle libérale ? Le laisser-faire des États doit-il laisser place à une reprise en main juridique plus stricte ?

– Des entreprises qui répondent aux besoins du développement durable par la recherche et l'innovation – rôle de l'État dans ces démarches (incitation, financement…)

B. Le rôle des individus

– Les individus et leurs comportements et modes de vie : les dégâts de la société de consommation ; premiers acteurs du changement des modes de vie, en application de nouvelles règles édictées par les États ou allant plus loin, sans les attendre

– Les actions des associations, ONG (Greenpeace, WWF, etc.) : pression, critiques face à « l'inaction » des États

Conclusion

Dans un monde divisé en États, ceux-ci sont les premiers acteurs de l'action environnementale, que ce soit à leur échelle souveraine, nationale, ou ensemble à l'échelle de la planète, même si d'autres acteurs issus de la société peuvent pallier leurs défaillances. Seront-ils plus efficaces ou peut-on espérer qu'une meilleure coordination de ces acteurs soient bénéfiques à l'environnement et donc à l'humanité ?

ÉTUDE CRITIQUE DE DOCUMENTS

1 TRAVAIL PRÉPARATOIRE (AU BROUILLON)

Analyse du sujet

L'étude proposée s'inscrit dans le chapitre « Faire la guerre, faire la paix » et le titre du sujet semble s'intéresser au 2e point. Mais la consigne, si elle détaille bien à la fin cet aspect (efforts de paix, effets et limites) demande aussi de définir le conflit pour lequel il s'agit de négocier la paix. Le plan suggéré par la consigne peut être suivi, mais on peut aussi choisir un plan chronologique, même si celui-ci risque de déboucher sur un traitement séparé des deux documents.

MÉTHODE

Le plan est en général suggéré par la consigne, mais proposer un autre plan peut valoriser la copie, à condition qu'il soit pertinent.

Analyse des documents

- Le premier document est un discours du président égyptien Anouar al-Sadate le 20 novembre 1977 devant le parlement israélien : les deux principaux acteurs du conflit israélo-arabe ouvrent le dialogue, ce discours est historique en ce sens qu'il marque une rupture (premier paragraphe), une première ouverture vers la paix après trente années de conflits, comme le rappelle Sadate. Cette rapide allusion demandera à être explicitée en rappelant les jalons chronologiques de ce conflit, ainsi que les acteurs (« les États de la confrontation »). Le président égyptien au passage replace la question dans un cadre international, cite l'ONU ; il faudra rappeler le rôle de la communauté internationale sur ce dossier. Par ailleurs, le président met sur le tapis les principaux fondements du conflit : occupation de territoires par Israël (ils sont cités), question de Jérusalem, situation des Palestiniens. Il faudra là aussi les expliciter.

MÉTHODE

La mise en contexte du document est impérative et montre votre capacité à exercer un recul critique, exigée à ce stade de votre enseignement.

- Le second document est une carte qui synthétise les effets sur le terrain des accords de paix signés entre Palestiniens et Israéliens à partir des accords d'Oslo de 1993, montrant l'acceptation par Israël d'un retrait des territoires palestiniens, mais d'un retrait encore partiel, l'Autorité palestinienne, prélude à la création d'un État ne contrôlant que des morceaux de territoire, « en peau de léopard ». Par ailleurs, il montre la construction du mur de séparation, signe d'une défiance de l'État d'Israël vis-à-vis de tout pouvoir palestinien, loin d'une logique de paix ou la mettant en tout cas en doute.

- Enfin, il faut croiser et lier les documents. Deux éléments émergent et rendent possible la mise en relation :

– les deux documents parlent bien de paix dans la région comme le suggère le titre du sujet, ils montrent aussi les difficultés à l'établir et l'enjeu territorial au cœur des négociations ;

– la question palestinienne, évoquée par Sadate et centrale dans le **Doc. 2**, permet de faire le lien : la paix avec les Arabes à partir de la fin des années 1970 a transformé le conflit israélo-arabe en conflit israélo-palestinien.

MÉTHODE

Quand l'étude comporte deux documents, il faut impérativement trouver des liens entre eux. On peut aussi pointer les différences, chaque document peut apporter un point de vue spécifique, pourquoi pas contradictoire, sur un même sujet.

2 RÉDACTION DE LA RÉPONSE

« Paix à tous sur la terre arabe, en Israël et partout dans ce vaste monde ». Dans son discours à la Knesset, le Parlement israélien, le 20 novembre 1977, le président égyptien Anouar al-Sadate, successeur de Nasser, crée la surprise dans l'opinion publique internationale après trente ans de conflit israélo-arabe. Les racines du conflit sont anciennes et portent sur le partage du territoire entre les populations locales à l'issue d'une phase de protectorat colonial britannique qui a suivi la disparition de l'Empire ottoman en 1918. La paix semble ici souhaitée par les acteurs du conflit eux-mêmes et effectivement, elle se fit à partir de la fin des années 1970. Mais elle a laissé en suspens un des facteurs du conflit, la question des Palestiniens et de leur État. Le second document rappelle, par une carte du territoire palestinien à l'issue d'accords plus récents, qu'aujourd'hui encore, malgré ces autres efforts de paix, la question n'est toujours pas réglée.

Pourquoi la paix met-elle autant de temps à régler la question du conflit israélo-arabe ? De nombreuses sources de conflit ont régulièrement embrasé la région. Depuis quarante ans les négociations de paix, sous l'égide de la communauté internationale, sont permanentes.

MÉTHODE

L'introduction est une obligation des consignes officielles et fonctionne comme pour la dissertation, on peut y ajouter la présentation des documents proposés à l'étude.

Sadate rappelle qu'Israël et son pays ont connu « quatre guerres en trente ans ». Plus loin, il affirme qu'il est le « chef d'État du plus grand pays arabe, sur les épaules de qui reposent la plus grande partie du fardeau et la responsabilité principale dans le problème de la guerre et de la paix au Proche-Orient » ; en effet, toujours plus loin, il rappelle que l'Égypte n'est pas seule en parlant des autres « États de la confrontation » donc d'une alliance qui intervient dans ces conflits. Cette alliance est menée par l'Égypte, disposant de forces armées importantes et menant depuis Nasser une politique de panarabisme, c'est-à-dire d'unité du monde arabe.

MÉTHODE

Sadate présente l'Égypte comme l'acteur arabe principal du conflit. Il vous faut expliquer cette position, en gardant un recul critique.

Après 1945, la question de l'indépendance de la Palestine britannique semble insoluble quand les Arabes et les Juifs, issus de l'immigration sioniste, rêvent chacun d'un État mais séparément sur la même terre. Le plan de partage proposé par l'ONU en novembre 1947 est rejeté par les Arabes et quand Israël proclame tout de même son indépendance le 14 mai 1948, une guerre éclate immédiatement menée effectivement par une coalition de pays arabes (Égypte, Irak, Syrie, Liban, Transjordanie). Israël repousse l'attaque et réussit à conquérir des territoires, provoquant l'exode de nombreux Palestiniens. L'armistice de 1949 confirme sa victoire et son indépendance dans des frontières élargies. Mais l'État palestinien ne voit pas le jour, les morceaux de territoire restants étant annexés par ses alliés (la bande de Gaza par l'Égypte, la Cisjordanie par la Transjordanie qui devient Jordanie). Jérusalem est coupée en deux, l'ouest à Israël, l'est restant arabe.

MÉTHODE

Veillez à ne pas transformer votre étude en dissertation déguisée récitant des connaissances : les quatre guerres doivent être mentionnées sans être décrites dans le détail, les informations importantes doivent rester reliées à la consigne : « fondements, acteurs du conflit », ainsi qu'au document (citations).

Les hostilités reprennent par trois fois : en octobre 1956 dans le contexte de la crise de Suez, en 1967 lors de la guerre des Six Jours (5-10 juin 1967) où Israël, dans une attaque préventive, anéantit les capacités des forces égyptiennes et fait de nouvelles conquêtes. Ce sont ces territoires que cite Sadate et qu'on retrouve sur la carte, qualifiés de « territoires occupés » : le Sinaï égyptien, le Golan syrien et les restes de territoires palestiniens (Gaza et Cisjordanie : « la rive occidentale du Jourdain »).

Un quatrième conflit éclate avec la guerre du Kippour en octobre 1973 où l'armée israélienne est mise en difficulté par les armées arabes avant de rétablir la situation.

Sadate rappelle ce moment délicat où Israël faillit subir la défaite (« Vous devez abandonner aussi la croyance [...] les leçons de l'affrontement entre vous et nous. »). À l'époque, Sadate est devenu le président de l'Égypte et c'est lui qui a mené l'offensive. Sa présence quatre ans plus tard à Jérusalem est donc une rupture dans cette logique de conflit et ouvrit effectivement la voie à la paix comme il le propose dans son discours.

Mais si cette démarche a permis de mettre fin au conflit israélo-arabe, la guerre du Kippour étant la dernière des guerres israélo-arabes, elle n'a pas pour autant fait disparaître les tensions dans la région. Ce conflit est devenu un conflit israélo-palestinien. En effet, les Palestiniens restent sous occupation israélienne à Gaza et en Cisjordanie, y compris Jérusalem-est (la « Jérusalem arabe » du discours de Sadate). Dans les années 1980 les tensions débouchent sur une autre forme de conflit, asymétrique, entre armée israélienne et population palestinienne notamment lors de la première Intifada (« guerre des pierres », 1987), les difficultés à faire la paix amenant à une seconde Intifada en 2000. Les organisations nationalistes palestiniennes mènent le combat, en premier lieu l'OLP (Organisation de libération de la Palestine) de Yasser Arafat, ensuite concurrencée par le Hamas, d'inspiration islamiste. La carte montre que les Palestiniens ne contrôlent qu'une partie de leurs territoires et qu'aujourd'hui encore Israël maintient sa présence, en particulier parce que comme le montre la carte, il existe dans cet espace des colonies juives. Cette politique de colonisation a commencé dès l'occupation de 1967, immédiatement aux anciennes frontières et autour de Jérusalem ainsi que dans la vallée fertile du Jourdain.

Les conséquences de ces conflits sont nombreuses et rendent particulièrement compliquée leur résolution, ardues les négociations de paix. Dès 1977 Sadate pose les conditions de la paix mais d'une paix équilibrée où chacun a à y gagner et qui soit complète et durable – il ne veut pas d'un énième « accord de dégagement » du terrain, d'arrangements purement militaires dans le cadre de l'armistice. À la fin de son discours, en effet, il dit : « Qu'est-ce que la paix pour Israël ? Vivre dans la région avec ses voisins arabes en sûreté et en sécurité. [...] Vivre à l'intérieur de ses frontières, à l'abri de toute agression. À cela je dis oui. Obtenir toutes sortes de garanties [...]. À cette demande, je dis oui ». Il s'agit rien moins que la reconnaissance, jusqu'ici refusée par les Arabes, de l'existence de l'État d'Israël, avec des garanties, notamment celle des frontières.

Mais justement, la question des frontières est au cœur de la négociation à venir. « Il y a de la terre arabe qu'Israël a occupée et qu'il continue à occuper par la force des armes. Nous insistons sur un retrait complet de ce territoire arabe, y compris Jérusalem arabe. » Sadate fait ici référence à l'occupation de 1967. Or cette occupation a déjà été condamnée dès 1967 par le Conseil de Sécurité de l'ONU par sa résolution 242, une autre résolution (338) en 1973 enjoignant les belligérants à trouver un accord pour une paix « juste et durable » – termes que reprend Sadate qui mentionne cette pression de la communauté internationale pour appuyer sa démarche auprès des autorités israéliennes. Les États-Unis jouent d'ailleurs un rôle diplomatique majeur, permettant en 1978 les accords de Camp David entre l'Égypte et Israël qui se retire progressivement, jusqu'en 1982, du Sinaï. Un accord de paix semblable est signé avec la Jordanie en 1994, incluant un partage de la ressource en eau du Jourdain frontalier.

MÉTHODE

Sadate fait allusion à des « résolutions », il est indispensable d'expliquer auxquelles il fait référence.

Cet accord de paix s'inscrit dans une logique de négociations, toujours sous l'égide des États-Unis, qui a débouché en 1993 sur les accords d'Oslo avec l'OLP. Là aussi, la reconnaissance de l'État d'Israël, encore refusée par Arafat jusque-là, est acquise, Israël acceptant le principe en retour d'un État palestinien sur les territoires occupés. Israël admet ce que disait Sadate en 1977 : « Il n'est pas admissible que vous demandiez pour vous-mêmes ce que vous refusez aux autres. » La carte montre qu'à l'issue de plusieurs accords, l'armée israélienne a commencé son retrait – il est total sur la bande de Gaza, partiel en Cisjordanie – laissant des zones entières au contrôle direct de l'Autorité palestinienne. D'autres zones, notamment de circulation, sont sous contrôle mixte. Israël maintient sa présence en revanche en particulier dans les portions où sont situées des colonies juives. C'est là un des principaux problèmes qui freinent la paix dans la région, les colons, formant une partie influente de l'électorat, refusant le départ et le gouvernement israélien ces dernières années renforçant même la colonisation. L'autre problème non résolu est celui de Jérusalem : les Palestiniens veulent établir la capitale d'un futur État à Jérusalem-est alors qu'Israël affirme vouloir garder intégralement la ville pour en faire sa capitale, en conservant en son sein des quartiers arabes y compris des espaces sacrés pour les musulmans (esplanade des Mosquées). La solution proposée en 2020 par le président américain Donald Trump, affirmant le droit des Palestiniens d'établir leur capitale « à lest de Jérusalem », est un tour de passe-passe sémantique auquel la diplomatie est habituée sur ce dossier. Israël s'appuie en effet sur la version anglaise et non française de la résolution 242, le français retrait « des territoires occupés » (donc tous) étant traduit par « *from occupied territories* » (« de territoires occupés », donc potentiellement, pas tous...). Enfin, la question des réfugiés palestiniens, ou plutôt de leurs descendants, déplacés depuis 1948 et vivant en exil dans les pays voisins est un autre point de désaccord.

REMARQUE

Le texte fait régulièrement référence à la question religieuse, ici dans un esprit de paix et de réconciliation des monothéismes. Le corrigé proposé ne s'y arrête guère, mais les consignes prévoient que vous puissiez aussi remobiliser des notions du programme de Première, où vous avez travaillé notamment la question de la relation État/religion – sans en faire le cœur de votre propos.

La paix est donc difficile, les progrès sont limités, partiels et font de ce dossier un des plus longs à résoudre, comme une nouvelle guerre de Cent Ans. Certains dirigeants ont payé du prix de leur vie leurs efforts de paix. Brisant l'unité du monde arabe aux yeux de nombreux États arabes et même de son opinion nationale, Sadate est assassiné en 1981 par un commando de militaires. Yitzhak Rabin, le Premier ministre israélien qui a signé les accords d'Oslo, l'est à son tour en 1995 par un extrémiste juif, bloquant depuis le processus de paix.

Épreuve orale – Sujet type

QUESTION

Depuis 1945 et encore plus, depuis la fin de la guerre froide en 1991, l'ONU est le principal instrument de paix et de stabilité de l'ordre international. Issue du besoin d'une diplomatie permanente, né dès le début du XXe siècle et une première fois concrétisée par la SdN, l'organisation a très tôt compris l'importance d'agir aussi dans d'autres domaines, économiques, sociaux et culturels. Elle s'est dotée ou associée à des agences et organisations internationales (Unesco, FMI, OMS, etc.) et a créé des programmes spécifiques comme le PNUD ou le PNUE.

Les actions économiques, sociales et culturelles de l'ONU sont-elles plus efficaces que l'action diplomatique et militaire, plus classique ?

EXPOSÉ

Introduction

L'Organisation des Nations unies est créée à l'issue de la conférence de San Francisco par la signature de la Charte des Nations unies (26 juin 1945). Elle remplace la Société des Nations créée par le traité de Versailles (1919), qui s'était montrée impuissante à empêcher une nouvelle guerre mondiale. Elle est surtout au départ le prolongement de l'alliance des vainqueurs pour maintenir le nouvel ordre mondial une fois la paix revenue. Mais elle accueille au fil du temps de nouveaux États, des vaincus de 1945, les nouveaux États issus de la décolonisation, pour regrouper aujourd'hui la quasi-totalité des États de la planète (193 en 2020). Tirant les leçons de l'échec de la SdN, elle complète son action, classique et fondamentale, dans le domaine diplomatique par des moyens militaires (le Conseil de sécurité peut ordonner ou mener des opérations). Mais dès le départ, elle estime que la paix ne peut être maintenue qu'en garantissant des conditions de vie satisfaisantes à tous les peuples et s'intéresse aussi aux actions dans les domaines économiques, sociaux, culturels. En faisant le bilan de plus de 75 ans d'existence, dans quels domaines l'ONU semble-t-elle la plus efficace ?

I. Succès et échecs de l'ONU

L'ONU semble donner régulièrement l'exemple de blocages sur des conflits majeurs, remettant en doute sa capacité à maintenir la paix, par exemple lors de la guerre du Vietnam ou plus récemment de la guerre civile en Syrie. La guerre froide expliquait en grande partie cette situation, États-Unis et URSS usant fréquemment de leur droit de veto pour défendre leur bloc. Depuis la fin de la guerre froide, l'ONU a réussi à mener de nombreuses opérations, comme lors de la guerre du Golfe dès 1991 pour libérer le Koweït de l'invasion irakienne. Mais la seconde intervention américaine en Irak (2003) s'est faite en-dehors et même contre sa volonté. Par ailleurs, malgré les résolutions 242 ou 338 du Conseil de sécurité, le conflit israélo-palestinien n'est toujours pas résolu. Sur des menaces nouvelles comme les cyberattaques, les débats à l'ONU semblent encore balbutiants et peu constructifs. Dans le domaine de la justice internationale en revanche, des avancées ont eu lieu avec la mise en place de tribunaux pénaux internationaux, sur le modèle du procès de Nuremberg en 1945-1946, jugeant les crimes de guerre et contre l'humanité de la guerre civile en Yougoslavie ou du génocide au Rwanda.

Kofi Annan, secrétaire général de l'ONU entre 1997 et 2006 cherchait à débloquer l'action diplomatique. Mais il a eu conscience que l'ONU semblait plus efficace dans d'autres domaines et a voulu renforcer son action économique, sociale, culturelle. L'ONU dispose en effet d'agences, de programmes ou collabore avec des organisations qui ont connu un certain nombre de succès. L'Unesco est une des organisations les plus consensuelles qui soutient par exemples les efforts d'éducation, notamment d'alphabétisation des femmes et de protection du patrimoine mondial de l'humanité (classement de sites culturels, naturels, qui souvent permettent le développement du tourisme). Ainsi, l'Organisation mondiale de la santé (OMS) a réussi à lancer des programmes d'éducation à la santé, de vaccinations et éradiquer des maladies endémiques comme la variole. En 1964, à l'instigation des nouveaux pays indépendants d'Asie et d'Afrique, l'ONU lance le Programme des Nations unies pour le développement, qui se penche sur la question des inégalités Nord/Sud et crée l'IDH pour les mesurer. C'est notamment ce programme que Kofi Annan souhaitait redynamiser avec ses OMD (Objectifs du millénaire pour le développement) pour éradiquer la pauvreté. Enfin, l'ONU s'est aussi dotée en 1972 de son équivalent pour l'environnement, le PNUE, réussissant à obliger les États à se rencontrer annuellement dans les COP d'où sont issus le protocole de Kyoto (1997) et les accords de Paris (2015).

II. Les limites d'un fonctionnement intergouvernemental

Mais ces derniers exemples montrent aussi que même dans ces domaines l'ONU a ses limites. Le PNUD et les OMD n'ont pas réussi à réduire les inégalités que la mondialisation tend à modifier et par endroits, à renforcer. Les COP successives semblent impuissantes à enrayer le réchauffement climatique. Les accords une fois signés ne sont pas toujours suivis d'actions car celles-ci dépendent du bon vouloir des États, qui restent souverains et aucun mécanisme de sanctions n'est prévu. Certains États par ailleurs, en particulier les États-Unis refusent de signer ces accords au nom de leur souveraineté et de la défense de leur modèle économique et social. C'est aussi au nom de la défense de leurs intérêts qu'ils refusent toujours, avec d'autres États comme la Russie, la Chine ou l'Inde, de passer d'une justice internationale ponctuelle à une justice permanente prévue pourtant dans les premiers débats de l'ONU et instituée depuis 1998 dans la Cour pénale internationale de La Haye.

Dans tous les domaines, diplomatiques comme sociaux, culturels, etc., les actions de l'ONU ne dépendant que de la réussite des négociations diplomatiques entre les

États. Si un accord semble plus facile à obtenir sur des sujets culturels ou sociaux que dans des crises politiques à dimension militaires, échecs et succès sont possibles d'un côté comme de l'autre. Ainsi, sur le plan diplomatique, l'ONU a aussi obtenu des réussites : la Convention de Montego Bay de 1982 a proposé une solution internationale au partage des espaces maritimes (même si, là aussi, les États-Unis n'ont pas ratifié cette convention). Des missions de maintien de la paix, parfois à dimension humanitaire, ont eu lieu et sont encore en cours comme en Haïti ou au Kosovo.

Conclusion

L'ONU n'est pas un gouvernement mondial, mais bien une organisation intergouvernementale. Ses réussites, dans quelque domaine que ce soit tiennent d'abord à la capacité à obtenir un accord et résulte du jeu diplomatique. Pour être plus efficace, l'ONU doit-elle se tranformer et renforcer ses pouvoirs, dépassant les États ? À une échelle moins large, les difficultés de la construction européenne incitent à rester modeste sur ce sujet.

QUESTIONS POSSIBLES POUR PROLONGER L'EXPOSÉ

- Développer un des exemples en lien avec le programme (une crise diplomatique, les COP…).
- Citer d'autres acteurs intervenant à l'échelle internationale, notamment dans les domaines économiques, sociaux, culturels. D'autres organisations internationales, plus efficaces, plus influentes (OMC, FMI, BM) ? ONG ?
- Évoquer la réforme de l'ONU, en particulier les équilibres entre puissances (notamment au sein du Conseil de sécurité) et le fonctionnement, en général, de l'ONU.
- Évoquer d'autres échelles d'action (le cas de l'UE).

PROJET D'ORIENTATION EN RAPPORT AVEC LA QUESTION

Des études en sciences politiques/géopolitique (université, écoles de sciences politiques) pour une carrière dans la diplomatie, les organisations internationales ou les ONG.

Les motivations personnelles

- Contribuer à l'organisation d'un monde stable et en paix où les conditions de vie permettent à chacun de vivre et de s'épanouir.
- Représenter votre pays à l'échelle internationale.

Les qualités requises

Les carrières diplomatiques demandent une formation exigeante, où les quatre disciplines de la spécialité ont toute leur place, en plus du droit et d'une bonne maîtrise au moins de l'anglais. Les compétences et capacités de travail doivent être solides (analyse, réflexion, recul critique) et vous devrez faire aussi preuve d'un certain savoir-être (contact, retenue, souplesse et fermeté, etc.).

Les éventuelles questions du jury

- Citer d'autres exemples que ceux du programme, notamment récents, voire d'actualité, d'actions de l'ONU aussi bien diplomatiques que sociales, culturelles, etc.
- Prendre position, avec un regard critique, sur ces actions en développant une argumentation.
- Quelles études envisagées pour atteindre votre objectif ? Connaissance des différents parcours possibles.

Toutes les réponses sont valables à partir du moment où vous les argumentez (dans le respect des lois républicaines). N'hésitez pas à prendre position : vous montrerez ainsi que vous êtes au-delà de l'exposé de faits, mais que vous maîtrisez le sujet de la discussion.

QUELQUES EXEMPLES DE SUJETS POSSIBLES POUR LE GRAND ORAL

On peut croiser les thèmes sur de nombreux sujets.

– **Approfondir une notion : la diplomatie** – thème 2, mais aussi 1 (droit de la mer), 4 (Unesco), 5 (COP) ; la puissance (thèmes 1, 2, 6)

– **Littérature et cinéma** : élargir l'étude faite sur les génocides juif et tzigane à d'autres sujets (l'espionnage dans la guerre froide, la conquête spatiale, le rapport des Américains à la nature à travers le western).

– **Les enjeux du renseignement** dans les conflits actuels, en particulier dans la lutte contre le terrorisme (thèmes 6 et 2).

Vous pouvez aussi choisir de creuser une des études et/ou de l'élargir.

– **La valorisation du patrimoine au niveau de votre région**, à l'exemple des Hauts-de-France.

– **Mémoires et guerres** : partir d'une expérience personnelle (voyage sur un lieu de mémoire lié aux guerres…)

– **Les conflits au Moyen-Orient** : d'autres exemples en lien avec le conflit israélo-arabe ou les guerres avec l'Irak.

Enfin, des croisements sont possibles avec les autres spécialités.

– **Avec les HLP** : le deuxième thème du programme offre des possibilités avec « Histoire et violence » (en lien avec les thèmes 2 et 3 sur la guerre ou les mémoires) ou « L'humain et ses limites » (en lien avec le thème 5 sur l'environnement), éventuellement dans le premier thème, avec « Éducation, transmission et émancipation » (à lier au point sur l'alphabétisation des femmes du thème 6).

– **Avec les SES** : les questionnements proposés sur croissance économique, innovation, mutations du travail et de l'emploi avec le thème 6 sur les enjeux de la connaissance; croissance et écologie avec le thème 5 sur l'environnement; le rôle de l'école avec le thème 6; croissance, innovation avec le thème 1, en particulier la Chine...)

– **Avec l'anglais** : les axes « Exploration et voyage » (à lier au thème 1 sur la conquête des océans et de l'espace) et « Ancrage et héritage » (à lier avec le thème 4 sur le patrimoine).

– **Avec les sciences** : en SVT, le point « Les climats de la Terre : comprendre le passé pour agir aujourd'hui et demain », en résonnance avec le cours 3 du thème 5 sur l'environnement) ; en NSI croisement possible entre « Sécurisation des communications » et questions liées au cyberespace de la fin du thème 6.

Annexes

LEXIQUE

A

Agence spatiale européenne (ASE ou ESA) : fondée en 1975 par dix pays européens, elle compte vingt-deux membres en 2019. Elle initie et coordonne les travaux d'exploration de l'espace extra-atmosphérique, mais aussi les programmes de lanceurs (Ariane) ou de télécommunication et de navigation par satellite (Galileo).

Alphabétisation : acte de transmettre et de maîtriser les compétences de base (lecture, écriture) indispensables à l'accès à la connaissance.

Amnistie : loi qui met fin aux poursuites et aux condamnations.

Anthropocène : de *anthropos*, « homme » et *kainos*, « nouveau ». Époque de l'histoire de la Terre marquée par les activités humaines. On parle aussi d'anthropisation et de pression anthropique pour désigner l'impact de l'homme sur le milieu par son occupation et ses aménagements qui conduisent souvent à son artificialisation.

Apollo : programme américain d'exploration de la Lune lancé en 1961 et actif jusqu'en 1975. Si la mission d'Armstrong (Apollo XI) est la plus connue, six missions lunaires ont réussi : de Apollo XI à Apollo XVII.

Astronaute : il existe plusieurs termes pour désigner la présence de l'homme dans l'espace. Les Américains parlent d'« astronautes », les Français de « spationautes », les Russes de « cosmonautes » (*cosmos* signifiant « univers ») et les Chinois de « taïkonautes » (*taikong* signifiant « grand vide » en chinois).

Authenticité : d'abord appliquée aux chefs-d'œuvre en Europe, cette notion visait à reconnaître que le bien était ancien et n'était pas une copie. Mais avec la reconnaissance d'autres patrimoines (hors d'Europe, immatériel), elle permet d'attester que les matériaux, les méthodes utilisées et le lieu correspondent à l'époque de la création du bien.

B

BBNJ (*Biological Diversity Beyond National Juridiction*) : « biodiversité marine dans les zones situées au-delà de la juridiction nationale », c'est-à-dire en haute mer. Ce terme juridique complexe désigne en réalité la prise de conscience de la nécessité de ménager un patrimoine mondial aquatique naturel (faune et flore).

Biodiversité : diversité des espèces vivantes (végétales, animales) dans un milieu donné.

BRI (*Belt and Road Initiative*) : expression anglaise utilisée à l'échelle internationale pour désigner le projet géostratégique chinois des « nouvelles routes de la soie » adopté par le président Xi Jinping à partir de 2013. Il vise à faciliter les échanges avec l'Europe, l'Afrique et le reste du monde, notamment avec des routes maritimes (*road*) et des ceintures terrestres de communication (routes et chemins de fer).

C

Calvinisme : branche du protestantisme fondée par Jean Calvin au XVIe siècle.

Casques bleus : force de maintien de la paix de l'ONU reconnaissable par les belligérants grâce à la couleur très vive du casque des soldats.

Collier de perles : expression désignant la présence de la marine chinoise dans les ports d'Asie et du Moyen-Orient pour sécuriser la route de l'approvisionnement pétrolier, les ports formant les perles d'un collier.

Communauté internationale : ensemble des États qui jouent un rôle dans la diplomatie et les affaires de la planète.

Communauté scientifique : ensemble des scientifiques d'un domaine ou de tous les domaines de la science, travaillant en réseau et selon des méthodes communes.

Conférences des parties (COP) : réunion annuelle des États signataires de la convention du climat depuis 1992.

Conseil de sécurité de l'ONU : organe exécutif de l'ONU en charge du maintien de la paix. Il est composé de quinze membres, dont cinq sont permanents (États-Unis, Russie, Chine, France et Royaume-Uni).

Conteneur/porte-conteneurs : boîte standardisée de transport des marchandises correspondant à un équivalent 20 pieds. Les porte-conteneurs sont les navires les transportant.

Contumace : se dit d'un procès où l'accusé est absent.

Cosmodrome : base de lancements d'engins spatiaux.

Crime culturel : depuis 2016, le droit international prévoit qu'une destruction volontaire d'un patrimoine peut être condamnée par un tribunal en tant que crime de guerre.

Cyberattaque : attaque menée sur le cyberespace en utilisant des moyens numériques.

Cyberespace : espace de communication de données et d'informations créé par la mise en réseau d'outils numériques (ordinateurs, etc.).

D

Défrichement/déforestation : conversion d'une forêt en culture par arrachage des souches. La déforestation désigne la disparition totale de la forêt.

Dénazification : processus dirigé par les Alliés à la fin de la Seconde Guerre mondiale pour éradiquer le nazisme dans les institutions et la vie publique allemandes.

Différenciation : principe qui vise, dans un objectif d'équité, à demander aux États des efforts correspondant à leurs capacités et leurs responsabilités.

Dissuasion : moyen d'empêcher un conflit en décourageant l'adversaire d'une agression par la supériorité nette de ses moyens militaires. La possession de l'arme atomique en représente le meilleur exemple.

Djihad : mot arabe signifiant « effort sur soi vers le chemin de Dieu », employé le plus souvent au sens de guerre sainte pour propager ou défendre l'islam.

E

Einzatsgruppen : « unités spéciales », groupes mobiles armés nazis chargés de rafler et d'exécuter les populations juives à l'arrière du front soviétique à partir de 1941.

Effet de serre : phénomène physique entraînant une élévation de la température atmosphérique, provoquée par l'absorption et la réémissions vers les sols des rayonnements infrarouges produits par la terre.

Environnement : littéralement, « ce qui entoure », c'est-à-dire l'ensemble des éléments naturels (faune, flore, sols, etc.) auxquels l'homme est relié.

Épuration ethnique : pratique politique ayant pour objectif de créer des territoires avec une homogénéité ethnique, au moyen de la déportation ou du déplacement forcé de populations.

Espace extra-atmosphérique : terme défini en 1967 par le traité de l'espace. Espace situé au-delà de l'atmosphère terrestre. Il comprend de fait la Lune et tous les autres corps célestes.

F

Forêt : vient du latin *foresta*, qui désigne une grande étendue boisée (par opposition à un bois), définie par un statut juridique particulier. Les usages du commun y sont interdits. La forêt domaniale fait partie du domaine privé de l'Etat (les anciennes forêts royales).

Fosses océaniques : dépressions océaniques situées dans les zones de subduction (passage d'une plaque sous une autre) ou d'accrétion (éloignement des plaques). Profondes de plusieurs kilomètres, ce sont des espaces particulièrement peu explorés.

Fuite des cerveaux : l'anglais utilise l'expression « *brain drain* » pour désigner la circulation des personnes hautement qualifiée – « fuite » indiquant un bilan arrivées/départs négatif.

G

Géostratégie : qui concerne les questions d'appropriation des territoires (ressources ou intérêt stratégique) dans le cadre d'un affrontement économique ou l'éventualité d'un conflit armé.

Gestapo : « police secrète d'État » créée en avril 1933. Elle est à la fois police secrète et police privée du parti nazi.

Guérilla : « petite guerre » durant laquelle une armée régulière est attaquée par surprise par des combattants mobiles, organisés en petits groupes. C'est la forme des guerres d'indépendance, par exemple.

Guerre : lutte armée entre deux ou plusieurs groupes, qui peuvent être des États, des entités souveraines, mais aussi des groupes sociaux ou religieux.

Guerre absolue : guerre qui porte les traits généraux du conflit guerrier à son paroxysme, notamment en matière d'engagement idéologique et de violence contre l'ennemi.

Guerre asymétrique : guerre qui oppose deux adversaires d'inégale puissance, le plus souvent une armée régulière à des groupes ou individus armés.

Guerre civile : guerre qui oppose deux ou plusieurs groupes sociaux à l'intérieur d'un État. Ils peuvent se disputer le pouvoir ou le contrôle d'un territoire.

Guerre irrégulière : conflit qui ne respecte pas les cadres juridiques et stratégiques de la guerre.

Gyre : terme désignant les tourbillons marins dans l'océan mondial dans lesquels s'accumulent les déchets, notamment les plastiques. Pour le plus vaste d'entre eux, on parle même de « sixième continent ».

H

Harki : de l'arabe *harka* (« mouvement »), ce terme s'applique aux soldats de certaines « unités supplétives autochtones » d'Algérie engagées avec l'armée française pendant la guerre d'Algérie.

Haute mer : terme utilisé pour désigner les « eaux internationales », au-delà des juridictions nationales. L'espace de « haute mer », qui débute à 200 milles marins, s'est sensiblement réduit sur le globe avec la création des ZEE.

HUMINT : moyens humains utilisés sur le terrain pour mener des opérations d'espionnage.

I

Imprescriptibilité : en droit, crime que l'on peut poursuivre sans condition de temps ou de lieu.

Inaliénabilité : protection qui garantit qu'un bien (et en particulier les collections des musées publics) restera toujours dans le domaine public.

Ingérence : possibilité pour un État d'intervenir à l'intérieur d'un autre État.

J

Juste : titre attribué depuis 1953 par le mémorial Yad Vashem aux personnes non juives ayant sauvé des Juifs de l'extermination nazie. Plus de 4 000 Français l'ont reçu.

Justice pénale internationale : juridictions chargées de la répression des infractions au droit international humanitaire et au droit pénal international (crime contre l'humanité, génocide…). Elles disposent d'une compétence extraterritoriale.

Justice transitionnelle : ensemble de mesures (judiciaires ou non) auxquelles un nouveau pouvoir a recours pour rétablir la paix et le droit dans un contexte de sortie de conflit ou de transition démocratique.

L

Lanceur : fusée capable d'envoyer une charge utile dans l'espace. Le lanceur européen Ariane en est un exemple.

Liberté des mers : principe théorisé au XVIIe siècle par le Hollandais Grotius, qui consiste à naviguer librement sur les mers et les océans en raison notamment des dangers qui leur sont liés. C'est un point important de la doctrine maritime des États-Unis.

Lieu de mémoire : élément matériel (lieu de bataille, monument…) ou immatériel (œuvre littéraire, institution…) à partir duquel un groupe (national, religieux…) s'identifie à un passé commun (souvent un événement traumatique ou fondateur) et cherche à en perpétuer le souvenir.

Loi mémorielle : loi exprimant le point de vue officiel d'un État sur un événement dans le but de lutter contre la négation de faits historiques avérés (en France, ces textes portent sur les génocides arménien et juif, l'esclavage, la traite négrière).

M

Malgré-nous : surnom donné aux Alsaciens et Mosellans enrôlés de force dans l'armée allemande (la Wehrmacht) durant la Seconde Guerre mondiale.

Maritimisation : dépendance croissante des économies des États du monde envers les mers et les océans (importation de matières premières, exportation de produits finis, croisières). Elle se manifeste notamment par le développement spectaculaire des ports.

Mécénat : soutien financier pour l'art ou le patrimoine, du nom de Mécène (68-8 av. J.-C.), qui y consacra sa fortune.

Mémoire : ensemble des souvenirs d'un individu, d'un groupe. Le patrimoine est formé de « lieux de mémoire » (symboles, événements, monuments…).

Mémoire collective/mémoire individuelle : la mémoire collective est la représentation sélective d'événements du passé qui participent à la définition de l'identité d'un groupe. La mémoire individuelle est constituée des souvenirs d'une personne. Alors que les historiens et les sociologues ont pour objet d'étude la mémoire collective, les neurologues et psychologues travaillent sur la mémoire individuelle et la psyché.

Mémorial : lieu de mise en scène publique de la mémoire, allant des simples monuments aux morts aux centres culturels, comme le mémorial ACTe de Pointe-à-Pitre, dédié au souvenir des victimes de l'esclavage.

Mercenaire : soldat professionnel qui combat dans n'importe quel conflit contre de l'argent.

Mer territoriale : espace maritime sur lequel s'étend la souveraineté nationale (généralement jusqu'à 12 milles marins à partir du rivage).

Mille marin : unité de mesure des distances marines. 1 mille = 1 852 mètres.

Missile : fusée transportant une charge explosive (classique ou nucléaire). Les missiles de croisière voyagent dans l'atmosphère, tandis que les missiles balistiques se déplacent lors d'une courbe ascensionnelle dans l'espace. Leur portée est de plusieurs milliers de kilomètres.

Mondialisation : explosion des échanges commerciaux et des communications sur la planète après les années 1990. Elle est notamment marquée par la prédominance des échanges maritimes.

Mouvement pangermaniste : mouvement allemand né au XIXe siècle qui souhaitait rassembler tous les Allemands et germanophones dans un seul État.

Muséification : situation dans laquelle le tourisme, devenu activité unique, empêche toute évolution des paysages et des activités d'un territoire.

N

Nacht und Nebel : décret émis en 1941 par les nazis pour faciliter la disparition de tous les ennemis supposés du Reich en les déportant.

NASA : National Aeronautics and Space Administration. Agence spatiale étatsunienne, fondée en 1958 par le président Eisenhower, son siège est à Houston. Elle coordonne les programmes militaire et civil américains.

Navette spatiale : véhicule transportant des passagers dans l'espace, capable de les ramener et d'effectuer plusieurs missions. Les deux programmes de navette sont Challenger (États-Unis) et Bourane (URSS).

Néolithique : période historique marquée par des mutations techniques (dont l'utilisation de la pierre polie) et sociales. Période d'essor de l'agriculture et de la sédentarisation.

New Space : expression désignant depuis les années 2000 l'ensemble des acteurs privés participant aux projets spatiaux. Pour des raisons d'économie ou de recherche de rentabilité, ils substituent des acteurs privés (Space X notamment) aux acteurs publics.

O

Optimum climatique médiéval : période qui se caractérise par un réchauffement du climat.

Orbite : trajectoire courbe et rotative que définit dans l'espace un objet attiré par un autre en fonction de la gravité.

P

Patrimoine : héritage collectif, légué par les générations passées et à transmettre aux générations futures. Il est le résultat d'une sélection ou d'une création de biens par un groupe à un moment donné (patrimonialisation).

Patrimoine immatériel : ensemble de pratiques, de rites et/ou d'expressions ayant une valeur patrimoniale et contribuant à l'unité d'une communauté.

Patrimoine mondial de l'Unesco : ensemble de biens culturels et naturels sélectionnés par l'Unesco (Organisation des Nations unies pour l'éducation, la science et la culture) et qui présentent un intérêt exceptionnel pour l'héritage commun de l'humanité.

Paysage culturel : partie visible du territoire qui est le résultat de l'aménagement par les hommes en fonction des contraintes et des ressources, comme le paysage urbain historique. En 1992, cette troisième catégorie est ajoutée sur la liste du patrimoine mondial.

Petit Âge glaciaire : période climatique caractérisée par une série d'hivers longs et froids.

Pied-noir : terme utilisé après 1962 pour désigner les « Français d'Algérie ».

Plateau continental : prolongement naturel du continent sous l'eau. Espace de fortes potentialités pour ses ressources sur et sous le sol marin, il représente aujourd'hui l'enjeu d'une extension de la ZEE (passant de 200 à 350 milles marins).

Principauté : petit État indépendant à l'intérieur du Saint-Empire romain germanique.

Processus génocidaire : suite d'actions et de décisions qui mènent à l'extermination en passant par les étapes de la discrimination, de l'arrestation, de l'internement et de la déportation.

Puissance : capacité d'influencer l'ensemble du monde dans tous les domaines (économique, commercial, financier, politique, diplomatique, militaire, culturel). Elle désigne surtout la capacité d'un État à faire appliquer son influence et sa suprématie au moyen de forces de projection. Celle-ci se manifeste aujourd'hui plus particulièrement sur les mers et dans l'espace.

Q

Querelle des historiens : débat d'opinion qui a opposé en 1986 intellectuels et historiens sur la place du national-socialisme dans l'histoire récente de l'Allemagne et sur la comparaison des crimes nazis avec ceux du stalinisme.

R

Rapatrié : appellation qui désigne tous ceux qui sont revenus d'Algérie après l'indépendance en 1962.

Restauration : ensemble des actions visant à redonner à un bien une apparence proche de son état initial, sans pour autant effacer les traces des modifications qu'il aurait pu subir.

Restitution : rapatriement dans le territoire d'origine de biens culturels considérés comme volés dans le cadre d'une relation d'inégalité ou de violence. Le terme « retour » est plus neutre.

Révolution industrielle : processus historique, notamment technique et économique, qui fait basculer les sociétés du stade agricole au stade industriel.

S

Samudaripen : terme désignant les persécutions et le génocide commis envers les Tsiganes pendant la Seconde Guerre mondiale, en Allemagne nazie et dans les territoires qu'elle occupait. Dans certains pays, on emploie le terme de « Porajmos » qui signifie « dévorer ».

Satellite : corps en orbite autour d'un corps plus important. On distingue les satellites naturels (la Lune) et les satellites artificiels.

Septentrional : du nord.

Services secrets : services de renseignement, utilisant des méthodes, y compris illégales, nécessitant la discrétion, voire le secret.

Shoah : terme qui signifie « catastrophe » en hébreu, et désigne le caractère spécifique du génocide juif. Dans certains pays, on préfère utiliser le terme d'« Holocauste » (qui se traduit par « sacrifice »).

Sinti et Roms : noms des deux principales communautés regroupant les Tsiganes, cette dernière appellation ayant en Allemagne une connotation péjorative qu'elle n'a pas en France.

SNLE : sous-marin nucléaire lanceur d'engins. Véhicule particulièrement moderne, il est doté de moteurs nucléaires qui le rendent indétectable. Armés d'ogive, c'est la pièce maîtresse de la dissuasion nucléaire.

Société de la connaissance : forme d'évolution de la société dans laquelle la connaissance prend une place centrale dans l'organisation des relations sociales, de l'activité économique.

Sonde : engin automatique non habité envoyé hors de l'atmosphère pour explorer l'espace. Prodige de technicité, contrairement aux satellites, elle ne reste pas en orbite terrestre.

Souverain : celui qui détient le pouvoir.

Souveraineté : autorité suprême d'un État sur un territoire délimité. Elle s'exerce sur le territoire terrestre et la « mer territoriale ».

Space Act : loi adoptée en 2015 par le président américain Barack Obama visant à permettre aux compagnies privées d'exploiter et de tirer profit des ressources extraterrestres, et ainsi stimuler la participation du privé aux programmes d'exploration spatiale.

Sylviculture : traitement scientifique technique et commercial de la forêt depuis la régénération jusqu'à son exploitation.

T

TECHINT : ensemble des moyens technologiques pouvant être utilisés à distance dans l'espionnage.

Terrorisme : action de violence extrême ayant pour but de terroriser une société et de la faire vaciller.

Thalassocratie : du grec *thalassa*, « mer », et *kratos*, « pouvoir ». Désigne une puissance politique fondée principalement sur la maîtrise des mers. Ce terme est un véritable projet géostratégique pour les États-Unis dans la bouche de son inventeur l'amiral Alfred Mahan.

Traité : acte juridique par lequel des États établissent des règles et décisions communes.

Transfert de technologie : dans une relation entre deux partenaires (entreprises, par exemple), transmission volontaire de connaissances, de savoir-faire de l'un (détenteur) vers l'autre (demandeur).

Travail de mémoire : expression qui se diffuse dans les années 1990 pour désigner le processus de commémoration des victimes d'un événement, dont la connaissance et la transmission sont jugées nécessaires pour tirer les enseignements du passé.

Tribunaux (ou juridictions) gacaca : se prononce « gatchatcha » ou « gazon ». Tribunaux chargés de juger les crimes du génocide. Le terme renvoie à l'herbe au sol sur laquelle se tiennent ces tribunaux qui s'inspirent d'un mode de gestion local des conflits.

V

Vandalisme : destruction ou dégradation commise sur le patrimoine (en référence aux Vandales, peuples germaniques auxquels on attribue la destruction de Rome au Ve siècle).

Z

ZEE : zone économique exclusive. Terme apparu lors de la convention de Montego Bay. Elle s'étend sur 200 milles marins à partir du littoral et prévoit une « souveraineté économique » (droit d'exploration et d'exploitation des ressources marines), mais non une souveraineté politique.

CARTES

Capitale régionale
Limite de région
Limite de département
N
ROYAUME-UNI
BELGIQUE
LUX.
ALLEMAGNE
SUISSE
ITALIE
ESPAGNE
Océan Atlantique
Mer Méditerranée
0 200 km
RÉGION ÎLE-DE-FRANCE
1. HAUTS-DE-SEINE
2. SEINE-SAINT-DENIS
3. VAL-DE-MARNE
VAL-D'OISE
YVELINES
PARIS
ESSONNE
SEINE-ET-MARNE
0 20 km
HAUTS-DE-FRANCE
PAS-DE-CALAIS
Lille
NORD
SOMME
AISNE
OISE
NORMANDIE
SEINE-MARITIME
Rouen
MANCHE
CALVADOS
EURE
ORNE
BRETAGNE
FINISTÈRE
CÔTES-D'ARMOR
ILLE-ET-VILAINE
Rennes
MORBIHAN
PAYS-DE-LA-LOIRE
MAYENNE
SARTHE
LOIRE-ATLANTIQUE
Nantes
MAINE-ET-LOIRE
VENDÉE
ÎLE-DE-FRANCE
Paris
CENTRE-VAL-DE-LOIRE
EURE-ET-LOIR
Orléans
LOIR-ET-CHER
LOIRET
INDRE-ET-LOIRE
CHER
INDRE
GRAND-EST
ARDENNES
MARNE
MEUSE
MOSELLE
BAS-RHIN
Strasbourg
MEURTHE-ET-MOSELLE
AUBE
HAUTE-MARNE
VOSGES
HAUT-RHIN
BOURGOGNE-FRANCHE-COMTÉ
YONNE
CÔTE-D'OR
Dijon
HAUTE-SAÔNE
DOUBS
TERRITOIRE DE BELFORT
NIÈVRE
SAÔNE-ET-LOIRE
JURA
NOUVELLE-AQUITAINE
DEUX-SÈVRES
VIENNE
CHARENTE-MARITIME
CHARENTE
HAUTE-VIENNE
CREUSE
CORRÈZE
DORDOGNE
Bordeaux
GIRONDE
LOT-ET-GARONNE
LANDES
PYRÉNÉES-ATLANTIQUES
AUVERGNE-RHÔNE-ALPES
ALLIER
PUY-DE-DÔME
LOIRE
RHÔNE
Lyon
AIN
HAUTE-SAVOIE
SAVOIE
CANTAL
HAUTE-LOIRE
ISÈRE
ARDÈCHE
DRÔME
OCCITANIE
LOT
LOZÈRE
AVEYRON
TARN-ET-GARONNE
GARD
GERS
Toulouse
TARN
HÉRAULT
HAUTE-GARONNE
HAUTES-PYRÉNÉES
ARIÈGE
AUDE
PYRÉNÉES-ORIENTALES
PROVENCE-ALPES-CÔTE-D'AZUR
HAUTES-ALPES
ALPES-DE-HAUTE-PROVENCE
VAUCLUSE
ALPES-MARITIMES
BOUCHES-DU-RHÔNE
Marseille
VAR
CORSE
HAUTE-CORSE
Ajaccio
CORSE-DU-SUD
GUYANE
Cayenne
200 km
MARTINIQUE
Fort-de-France
25 km
GUADELOUPE
Basse-Terre
25 km
LA RÉUNION
Saint-Denis
25 km
MAYOTTE
Dzaoudzi
10 km

1. L'UE et les États associés

- 27 États membres
- Ancien État membre de l'UE
- États non membres de l'UE mais fortement intégrés à son influence

2. Les États candidats à l'UE

- Candidatures acceptées, négociations en cours
- Candidatures officielles
- Candidatures potentielles

1. Crimée : région ukrainienne ayant proclamé son rattachement à la Russie par référendum au printemps 2014. Ce rattachement, validé par la Russie, n'est pas reconnu par les autorités ukrainiennes ni par la communauté internationale.

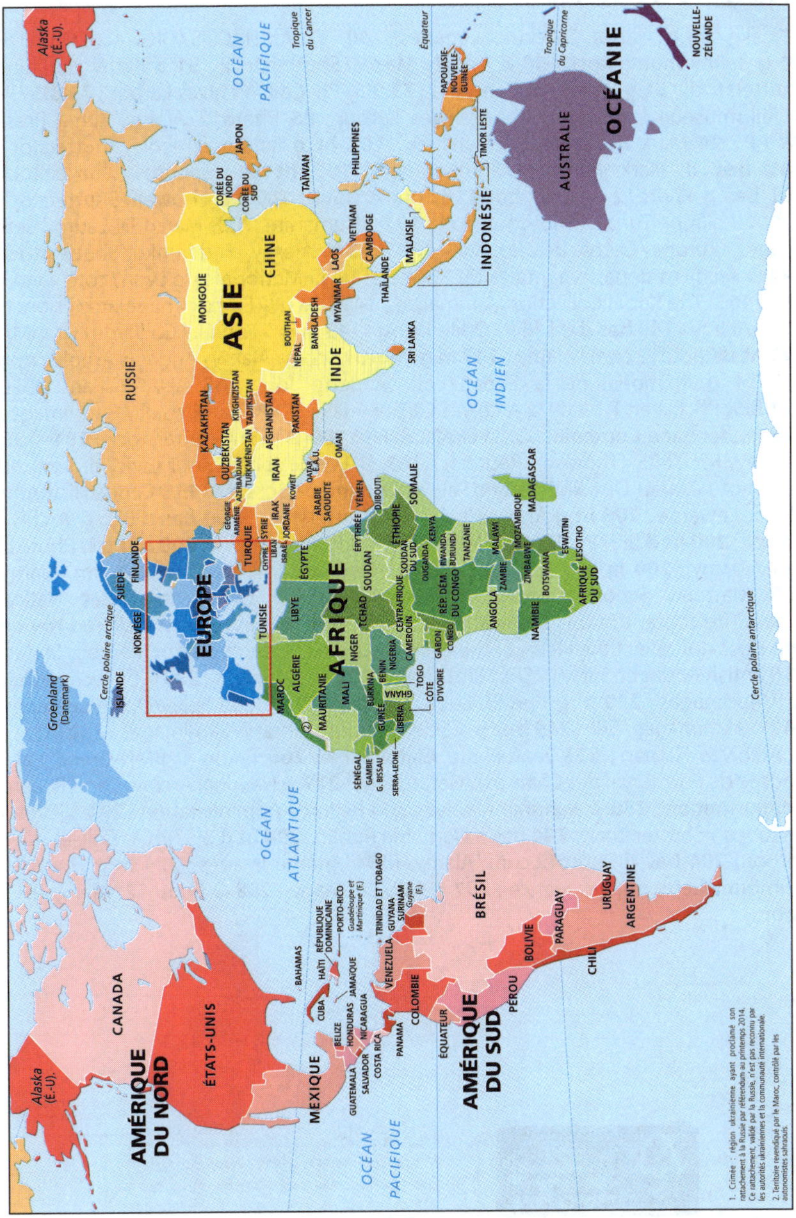

1. Crimée : région ukrainienne ayant proclamé son rattachement à la Russie par référendum au printemps 2014. Ce rattachement, validé par la Russie, n'est pas reconnu par les autorités ukrainiennes et la communauté internationale.

2. Territoire revendiqué par le Maroc, contrôlé par les autonomistes sahraouis.

Annexes

Crédits photographiques

17 akg/John Parrot/Stocktrek Images ; **40** © AMTI/CSIS/DIGITALGLOBE/DR ; **50 g** 360b/Shutterstock ; **50 d** Arkady Mazor/Shutterstock ; **51 d** Kathy Hutchins/Shutterstock ; **51 g** Library of Congress ; **73** BIS/Ph. Coll. Archives Larbor ; **75 BIS**/Ph. © Rijksmuseum, Amsterdam – Archives Larbor ; **85** Photo12/Alamy/Zuma Press ; **88** AP ; **94** Mark Reinstein/Shutterstock ; **101 ht g** landmarkmedia/Shutterstock ; **101 bas d** Mark Reinstein/Shutterstock ; **101 ht d** irisphoto1/Shutterstock ; **101 bas g** Photo12/Alamy/World History Archive ; **102** Dan Howell/Shutterstock ; **118** © Philippe Turpin/Photononstop ; **122** L'Humanité ; **128** Marco Di Lauro/Getty Images Europe/Getty Images via AFP ; **134** Alexey Fedorenko/Shutterstock ; **142** © Archives départementales du Rhône et de la Métropole de Lyon/cote 4544 W 11 ; **146** © The Kobal Collection/Aurimages ; **149 bas g** © Franck Chapolard/Photo12.com/Alamy ; **149 bas d** © DRFP/Odile Jacob ; **149 m d** © Raphael Gaillarde/GAMMA ; **149 ht d** Photo12.com/Alamy ; **149 m g** Photo12.com/Alamy/Andreas Arnold/dpa ; **149 ht g** Mémorial de la Shoah/coll. Mariette Job ; **168** ADAGP, Paris 2020 ; **171** BIS/Ph. Eileen Tweedy © Archives Larbor – DR ; **174** © Santi Visalli/GettyImages ; **178** © Stephane Compoint/ONLYFRANCE. FR ; **180** EQRoy/Shutterstock ; **181** © Joe Penney/REUTERS (Thomson-Reuters) ; **187** © Fondazione Musei Civici di Venezia ; **192** Photo © Inrap, Dist. RMN-Grand Palais/Dominique Bossut ; **195** © Centre Historique Minier Lewarde ; **200 ht g** Anton Chalakov/Shutterstock ; **200 bas d** BIS/© Archives Larbor ; **200 ht d** BIS/Ph. Tanta et Makovska © Archives Larbor ; **200 bas g** © Photo12.com/Alamy ; **200 m g** The Print Collector/Heritage Images/Photo12.com/Alamy ; **205** Matthias Scholz/Photo12.com/Alamy ; **213** © Organisation des Nations Unies/The content of this publication has not been approved by the United Nations and does not reflect the views of the United Nations or its officials or Member States. ; **215** British Antarctic Survey/SPL/Biosphoto ; **226** AKG-Images ; **239** © Collection Dagli Orti/Aurimages ; **249 ht g** neftali/Shutterstock ; **249** © John Foley/Opale/Leemage ; **249** © akg-images/SPL ; **249 bas g** © Science Photo Library/akg-images ; **252** BIS/Ph. © Archives Nathan ; **253** Jean-Pierre Clatot/AFP ; **266** Photo © RMN-Grand Palais (musée de Port-Royal des Champs)/Gérard Blot ; **277** © National Archives and Records Administration ; **280** © National Archives and Records Administration ; **294** © Everett Historical/Shutterstock ; **294** bas d Domaine Public ; **294 ht d** BIS/Ph. © Coll. Archives Larbor ; **294 bas d** Photo12.com/Alamy/RBM Vintage Images ; **294 m g** The Asahi Shimbun/Getty Images France ; **297** © MP/Leemage ; **298** © Photo12/Alamy/DOD Photo

N° éditeur : 10281578 - Dépôt légal : juillet 2020
Achevé d'imprimer en février 2022 par l'imprimerie Clerc à Saint-Amand-Montrond en France